No Work, No School—A Family's Journey to the Ends of the Earth

不上班，不上学 陪孩子穷游到地极

苏哲彰 吴碧清 著

中国文联出版社
http://www.clapnet.cn

No Work, No School
–A Family's Journey to the Ends of the Earth

不上班，不上学
陪孩子穷游
到地极

苏家班
剪　影

No Work, No School
–A Family's Journey to
the Ends of the Earth

爸爸，苏哲彰

毕业于斯坦福大学和西北大学，拥有六项专利的美国硅谷电脑芯片专才，多家高科技公司的管理顾问；2001 年放弃高薪高科工作，携家来到中国，从顶端科技设计师，成为农村公厕设计者，帮助少数民族贫困儿童至今。是家庭穷游文化总设计师。

妈妈，吴碧清

毕业于加拿大哥伦比亚大学，专修心理学；三个孩子出生后，成为全职太太、全职母亲，并用自己的信仰和专业帮助和陪伴婚姻、家庭有困难的父母；擅长厨艺、绘画，帮助中国边陲少数民族妇女掌握更多生存技能。是家庭穷游文化的拉拉队长。

老大，苏宛慧

18 岁，间隔年时 11 岁。被几所北美大学的工商学院录取，但她申请休学一年和家人再过一次间隔年，穷游丝绸之路。宛慧擅长团队活动统筹，是毕业班的班长，创办过英文营会，自学钢琴，是家里中文底子最强的，毕业后希望成为创业者。是家庭穷游旅程的开垦者。

老二，苏恩礼

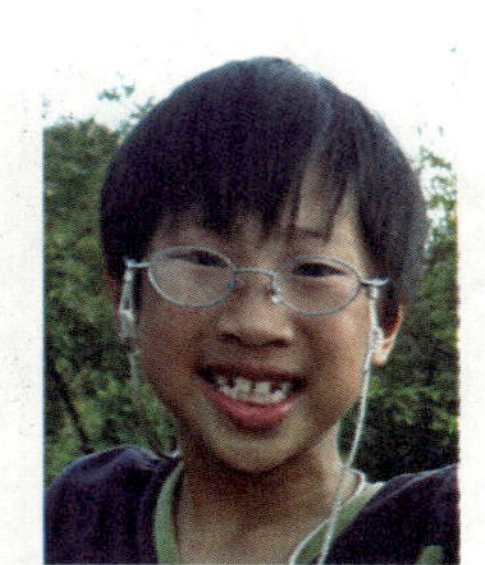

15 岁，间隔年时 8 岁。恩礼热爱历史、科学，喜读世界名著，常常自编笑话讲给全家人听。恩礼擅长做家务活（如洗碗）、打乒乓球和篮球，喜欢自己创作钢琴曲，番茄炒鸡蛋和炒饭是他的拿手菜。恩礼喜欢静默思考人生的意义，对人富有感情。是家庭穷游列国的研究者。

老三，苏敏慧

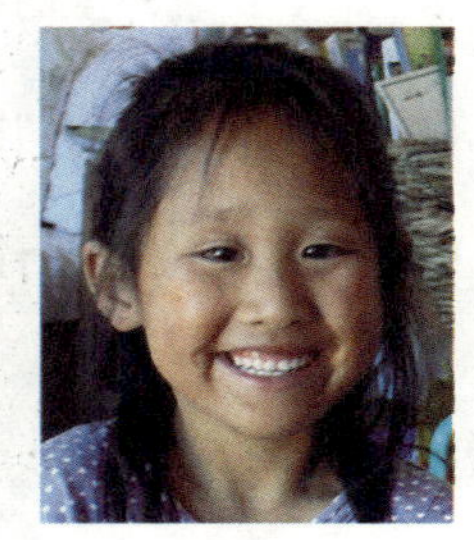

13 岁，开始闯荡天下时 6 岁，是家里最年轻的背包客。敏慧个性坚定有韧劲，喜欢自己上网学习弹吉他，手脚灵活，喜欢运动、杂耍、绘画、唱歌、听音乐。很会照顾小动物，特别能鼓励和安慰家人。是家庭穷游间隔年的冲刺者。

第二章　穷游南美洲：饥饿、冒险、奇遇　023

第五章　间隔年在继续　263

推荐序一　不可思议的全家间隔年

蒋佩蓉 / 文

那一天是 2012 年 7 月 10 日。

我们收到晢彰的邮件，说他出差到北京，想和我们叙叙旧。转眼，距离我们1989年初次相遇，已经隔了 23 年。当时，我们夫妻刚从波士顿搬到洛杉矶，担任大学团契辅导工作，晢彰正是我们服侍的一名大学生。似乎是转瞬之间，他大学毕业，结婚生子，成了三个孩子的爸爸，携全家到中国工作！时间流逝得太快，我们离开洛杉矶来到北京之后，一直没有机会跟上他成长的步伐。所以我们邀请晢彰到家里吃晚饭，叙叙这二十多年的故事。

热切分享了彼此生命的起伏和经历后，我们告诉晢彰，我们的长子凯文，决定在读大学前实践间隔年，冲闯他的梦想。如今已是他间隔年的最后阶段，正独自在欧洲徒步旅行。平时，当我们和朋友分享这件事时，朋友会先好奇地问："间隔年是什么？"但这次是例外。晢彰说，他和全家也一起度过了一个间隔年！这次轮到我们讶异、惊叹了！没听错吧？他的孩子们还那么小，正在读小学呀！

我们请他讲讲他全家间隔年的故事，结果越听越想听，越听越目瞪口呆，觉得太不可思议了！简直无法想象，怎么会有这样的夫妻，他们从哪儿来的勇气，敢于中断人生最重要的事业发展期，做出如此疯狂而勇敢的选择，一起追求他们的梦想，通过穷游，全家一起探索广阔的世界。我们的心充满惊讶、疑惑以及浓浓的好奇和羡赏，忍不住问了更多的问题。越深入了解，我们越欣羡不已。于是，两个念头出现在我脑海：

1. 你们一定要合写一本书，与全世界分享你们的非凡壮举和独特感悟！

2. 我和丈夫双目相对，会心一笑，开始思索，我们有没有勇气如此行？

我鼓励晢彰写书分享他的全家间隔年。他说："我们的冒险都以英语记录在博客上，有兴趣的亲戚朋友可以通过阅读博文一路陪伴我们，与我们一起在旅途中历险。"

晢彰重返职场后，工作非常忙碌，很难抽出时间写作。但他的妻子碧清，在孩子们入睡之后或许能有时间写书？我联系了我的编辑，她对他们的故事非常感兴趣。碧清也愿意尝试，可她从没有写过书。我的编辑和我深知，写作能力可以培养，但独特的人生感悟，或有趣的生命故事是无比宝贵和可遇不可求的。我非常乐意就我有限的写作经验给他们提供意见和反馈。就这样，借着邮件，我和碧清开始由网络联结的友谊。我期待有一天我们可以面对面相见……

皙彰和碧清的故事启发了我们——我们也需要休假，度一个间隔年，以回到洛杉矶为终点，我们搬到中国之前的起点。我们步入间隔年的理由也许和他们不同，比如我们人生所处的阶段、旅行风格、目标、旅游地点、所见所闻和结果都不一样。无可否认，我们所度过的这个间隔年，即停下匆匆的脚步让生命安静地休息一年，是我们婚姻生活中最丰盛的经历，任何事都无法取代这一年。如同皙彰所说，我们活着就不要有任何遗憾。

我们也即将出版我们家的间隔年游记。如果你有机会阅读这两个来自不同家庭的间隔年故事，你会发现，虽然这两本书的内容和写作宗旨不一样，但仍有异曲同工之处，更有奇妙的灵巧互补。虽然我们在写作之前，从来没有商量过！

无数个夜晚，碧清安顿孩子们睡下之后，开始整理、书写一家人在间隔年的点点滴滴。两年过去了，她终于跑完了全程，用这种方式

23年后在北京和皙彰再度重逢

为他们的全家间隔年画下了完美的句号。你们手里所阅读的这本书，是以细密的爱、细腻的心和牺牲睡眠所挤出的时间熬炼出的结晶。我确信你的心会受到震撼、感动和启发，如同 2012 年 7 月的那一晚，我和为千第一次听到时一样，那种触动深刻而难忘。

当我读整部书稿时，时而惊奇，时而开怀大笑，时而感动到落泪，情不自禁要为这个家庭加油、打气。他们的分享全然敞开且坦诚，生命旅途中的酸、甜、苦、辣都毫无保留地展现在读者面前。我真心实意地向每一个家庭推荐这本书，不论你和家人是否会尝试亲子间隔年，一起历险人生，体验穷游。晳彰、碧清和孩子们的经历可以帮助你们创造交流机会，进行高品质的亲子互动探讨，全家人一起探索生命的意义，明白生命中真正在乎、想得到的是什么。至少，你们可以和他们一样，一家人坐下来，讨论你们的家庭宣言是什么，然后开始你们的家庭历险记。

Bon Voyage！

敬祝一路顺风，旅途愉快！

推荐序二　品尝破碎，重新整饬，做真正有智慧的生活艺术家

刘岚 / 文

2002 年，我开始人生旅途的探险，辞职开办了昆明市首家亲子园。作为新鲜事物，我这家教育机构吸引了很多特别的家庭，而碧清一家总是能引起我最大的好奇和兴趣。

每次来上课，碧清都是拖家带口的：怀里抱着一个，手里牵着一个，前面还跑着一个。我常常猜，她是不是进城务工的村妇？毕竟她带着三个孩子，穿着又那么朴素——碧清一家人都很朴素，与我们亲子园那些时尚精致的辣妈们形成鲜明对比。而最让我好奇的，是碧清的言行举止和教育方式。

每次上完课，碧清总是会很认真地了解课程背后的设计构思，这使得我与碧清有更多机会接触。在交流中，我得到碧清很多的肯定和鼓励，这也使我看到，这位缴学费来上课的妈妈，具有超出我想象的丰富内涵和教育方法。我俩都喜欢有创意的教学方式，她的点子总是能激发我的潜力。每当我设计出一个新的课程主题活动时，碧清会告诉我日本、中国台湾、中国香港、美国、加拿大分别是怎样做的，如同跟我谈烹饪般讲得活色生香。我这个教育探险者终于找到了同伴，她让我更加肯定教育就该是有趣好玩的，设计教学活动就该如预备美食般，鲜活而充满吸引力。

我这位土生土长的土老师，越来越大胆地学习按自己的内心直觉力设计课程。当我的创意教学不断得到家长的支持时，我也更加坚定了前行的方向。我决定请充满智慧的碧清加入我火热的教育事业中！没想到碧清居然拒绝了！理由是她最主要的工作就是在家。这算什么工作？！这样的话，她的智慧岂不白白浪费？“你出来工作一定会赚到大把的鲜花和掌声的！”我无数次游说着她。最终碧清跟我约定，每周我们共同学习一次。我很高兴，这是我们合作的开端。

在接下来定期的学习中，碧清常常在厨房中边为家人做美食边畅谈生活中的教育。我越来越被她迷住，我发现了美玉！这位站在厨房中教导的主妇是位真正有智慧的生活艺术家！

因着这份厨房里的吸引力，我开始自己人生旅途的探险：怎样的家才是温暖和谐的？怎样

的家庭氛围是有吸引力的？怎样的厨房是有凝聚力的？怎样的亲子关系是合乎中道的？怎样的夫妻关系是真正亲密的？怎样的家庭生活是有爱和充满情趣的？一系列的人生问题扑面而来，使我的心越来越无法抗拒，想知道碧清是如何把家庭生活烹饪得如此美味！

命运使然，我的生活遭遇到了狂风巨浪。这巨浪逼着我不得不将生活精简。我开始回归生活最基本的要素，买菜做饭，简单的社交生活，精简的好友，精简的生活需要……人生减法真难做！冲突、破碎、疼痛、抑郁、愤怒、不安、挣扎、纠结、发狂……回家真难啊！家里有太多的挑战，有真实要面对的自己，有难堪的内在生活，有好多的破碎。家里无法让我伪装，家里有我不想亲密的亲密关系……原来无法回家是种逃避？为何当我开始被碧清一家人的生活迷住时，当我盼望拥有温暖和谐的家庭生活时，却经历着完全的破碎？！无奈之下，我只有学习品尝破碎……

慢慢地，我发现这份简单生活让我尝到简单的丰富。我的内心更加丰富而踏实了，我的生活更加规律了，我在关系中更自由了。生活开始展现出踏实的一步。

我的家庭和我的原生家庭都没法面对生活中的破碎部分吗？没有破碎怎有重建？没有重建怎有重生？没有重生过的生命又怎能深深扎根于平凡的家庭生活中呢？没有用心经营过的日常生活又怎能孕育出能面对挑战的生命呢？本来以为成长是不断往高处去，没想到却是破碎后渗进泥土里。在泥土中，我终于因着“我愿意”开始嗅到芬芳。

原来碧清之所以把家庭生活经营得这样美好，就是因着简简单单的“我愿意”。这份决定里有承诺，有坚守，如此这般，一个美丽的家庭画卷才能徐徐展现在我们面前。

书如其人，通过这本书，我再次感受到他们一家人的真实与坦诚。他们一方面与读者分享他们真实的旅途生活，一方面也带给读者内在生命的成长。我盼望更多的读者阅读本书后，会思考自己人生旅途该如何走好。这才是本书的最大价值！我盼望更多的人像我一样被这样真实美好的家庭影响，从而有机会去重新调整和审视自己的生命和家庭生活。

建设美好家园的路虽艰难，结果却无比美妙。祝福大家勇敢上路！

刘岚：云南岚心蕙质亲子教育工作室创办者，儿童游戏治疗师，亲子关系顾问，家庭游戏教养模式践行者，注重教育理论的融合与生活化的应用。

两位妈妈一起编织创意教育的梦想

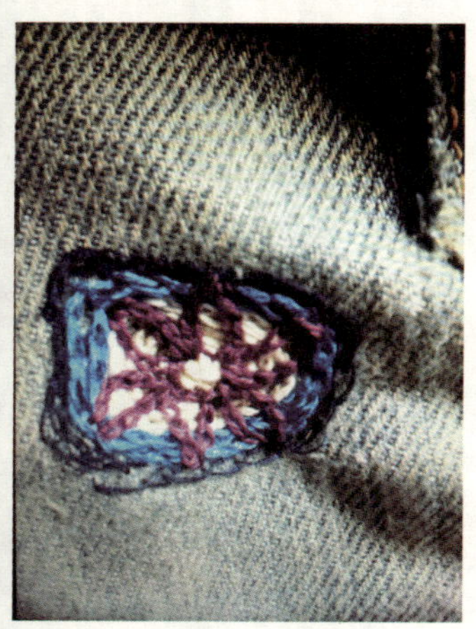

为孩子绣出生命的彩虹 ╱|

链式线迹，绣出妈妈的爱

自序一　我的裤子有个洞

苏哲彰 / 文

“你们在忙什么呀？”孩子们问一对法国夫妻。

“我们在缝裤子！”他们解释道。

“噢，我的裤子也有个洞！我妈也给我缝过裤子，还绣上了各种图案！”老三敏慧告诉他们。

于是我们开始交流怎样补破洞才能让裤子在穷游时更耐用，这真是太有趣了！之前在玻利维亚和秘鲁之间的普诺岛上，我们见过一个女孩用连环绣（Chain stitching）的方法补裤子。这种绣法是把每一针都打成圆圈，像锁链一样环环相扣，这样既补得结实还能绣成好看的图案。于是在妈妈的手中，敏慧的裤子就成了艺术品！

我们裤子上的每一个洞蕴含着在南美洲冒险的丰硕心得：攀岩，长途跋涉安第斯山脉，在智力的沙漠骑单车、沙丘冲浪，在阿根廷骑马奔驰……补了洞的裤子吃苦耐劳地陪伴我们上山下海，穷游地极，直到鞠躬尽瘁！我们坚持不在南美洲买衣服，因为那里卖的服饰都来自中国。客观地说，价格并不算贵，但我们习惯了国内的批发价，在异国就买不下去了。有一次，我的裤子再也承受不住拼搏的户外生活，后裆撕裂30厘米，实在无法补救，只得报废。我在秘鲁的菜市场里赶紧用外套绑在腰上，盖住屁股，直到买到新裤子为止。

我们全家很珍惜裤子上的每个破洞、补丁和绣工。环环相扣绣出来的图案象征着生命历程的结果：亲子穷游虽然朴素，缝缝补补很艰辛，但在我们心里，补丁就像一道挥洒自如的彩虹，永葆清新自然、璀璨斑斓的美。

我们的家庭间隔年分为三部分：

一、在南美洲穷游三个月，带着孩子体验户外生活，同时享受文化探索的乐趣。

二、在北美洲住三个月，带着孩子到美国、加拿大认识曾经的自己。

三、在中国云南省一个偏远的彝族村住六个月，带着孩子一起体验农村生活。

没想到，生活可以这么精彩！

花了九个小时登顶玻利维亚的雪山

在多伦多刚学会站立的碧清

自序二　破碎后有蓝天

吴碧清 / 文

“请问毛毛虫和丑小鸭有什么共同点？”

“啊！我知道，那就是我嘛！”

“你知道吗？你现在虽然是塌塌的小鼻子，嘴巴翘翘的可以挂猪肉，眼睛笑眯眯像个小弯月，但是妈妈觉得好可爱，妈妈好喜欢你。有一天毛毛虫会变成蝴蝶，丑小鸭会变成天鹅哦！”妈妈搂着小小的我坐在她腿上，柔声安慰着我。

是的，长大后的我，每当看着毛毛虫缓缓爬行，或者手捧着我在村里养的一只只毛茸茸的小鸭子时，就会想起童年时和妈妈的对话。我小时候非常顽皮，一点儿都静不下来，时常需要爸爸妈妈陪我玩，这挺考验他们的耐心。上小学后，我的种种不足慢慢显露出来：我学不会心算，连最基础的 20 减 17 都能要我的命，十根手指头不够用，索性鞋袜都脱了，凑足 20 再慢慢减。我加拿大的数学老师实在无法相信，竟然有中国人数学一塌糊涂到无可救药。我妈妈也不清楚为什么我在学业上处处碰壁，也许我有学习障碍，只是没有被诊断出来。但是，她从不指责我，总是耐心陪伴我，鼓励我不要自暴自弃。

“孩子，天生我材必有用，妈妈相信你有用，不是每个人都是读书的材料。上帝给了你创造能力和外交能力，一定有一条适合你的道路。”

“但是我所拥有的不能换来优异的成绩单或高文凭呀！”我哭着说，妈妈帮我擦眼泪。

长大后，尤其是结婚生子后，不再有妈妈在身边帮助擦眼泪，很多眼泪只能默默地往肚里头流。

嫁给哲彰之前，我过着封闭安稳的生活。跟父母在温哥华的生活非常舒服，我是一只追求安逸生活的井底之蛙，没有愿景去探索外面的世界。我喜欢可预料、一成不变的日子。

然而，哲彰的外公、爸爸都喜欢旅行。哲彰从高中时就和姐姐结伴环游，在不同地方做短期社区公益活动，关怀服务印第安原住民。他不会选择固定而重复的工作和生活方式。

我们坠入爱河的时候浑然不知彼此喜欢和向往的生活方式截然不同。有很多年我们争吵到底什么样的婚姻、家庭生活才是正常的，适合我们养育孩子，滋养彼此的心灵和情感。我追求

理家同伴和侠侣结伴成为穷游客旅

面对真实的自己，接纳彼此的不同，是结成亲密关系的必经之路

常规安稳的生活，他觉得沉闷窒息，觉得灵魂被套牢无法展翅翱翔。他追求挑战和变化，让我的心不安，缺乏安全感。

我害怕我在他眼里不再有趣，不再是值得他付出时间和关注的碧清。他越焦躁不安，不耐烦待在家里陪我和孩子过擦屁股、抱奶瓶的日子，想要出去做别的事，我就越想固守现状，不能总想着离家到处去飞翔。我生命的焦点是用我认为最好的方式养育我们年幼的孩子：睡眠、起居、饮食都有规律，定时定量不能随便更改。虽然没有变化的日子很枯燥无聊，但有利于孩子稳定地成长。

以前听说婚姻是恋爱的坟墓，结了婚，一起面对生活的挑战才理解为什么会有这样的话。婚后第六年，我时常和哲彰发脾气，觉得他不再是恋爱时那个浪漫的哲彰，不再全身心专注在我身上。他对我的态度让我感觉自己不再是他所在乎的唯一。哲彰也很失望，觉得我不再是约会时对他温柔、耐心、百依百顺的碧清，什么都欣赏他，愿意陪他到处游玩。我要的是理家同伴，他要的却是一位侠侣。

到了婚姻的第十个年头，我们争吵的次数越来越频繁，越吵越认真，吵到深夜甚至清晨，身心交瘁，很痛苦。我们有太多的不同，都想把对方变成自己期待的样子。剧烈而无休止的争吵之后，两人筋疲力尽，一想到还要维持这桩婚姻，养育三个孩子，就情绪低落，心灰意冷。当身、心、灵的状态跌到谷底，我们不得不问自己，这是怎么啦？到底哪里出错了？我们有可能重建比现状更好的生活吗？

我们以为婚前阅读了很多婚姻指导书，知道所有的答案，就可以拥有很美满的婚姻，到了婚姻的第十个年头，才发觉我们明白得太少了。我们甚至都不知道如何沟通，既能够表达心里的感受又不伤害到彼此，我们要学的还很多。

曾经无数个夜晚，我和哲彰流泪争吵，自暴自弃的念头都出现过。终于，我们低头承认，

单靠自己的力量已经到了没有希望的尽头，我们太有限、太无力了。我们一起去上课寻求专业婚姻心理辅导，学习沟通、道歉和拥抱。经过痛和泪，我们才明白，没有人的婚姻或亲子关系是一夜之间成长为美丽的天鹅或蝴蝶的。诚实面对自己的丑陋，接纳真实的彼此，是成长必经之路。

从 2005 到 2008 年，我和哲彰对这三年的婚姻生活深刻反思，彻底省察，鼓足勇气触摸婚姻的痛点，敞开心扉给彼此机会认识真实的自我，用心去了解作为夫妻、父母的我们，是如何在生命的跑步机上盲目地追求那些不值得追求的目标，心态越来越不健康，最终迷失了自我。我们多年的困惑、迷失和冲突，终于在接受婚姻辅导的过程中化解了。比如，昔日的家庭教育让我们崇尚“君子远庖厨”，追求浪漫和文艺，却都不擅于家政，可家事又必须做；再比如，从小的成长环境不同，我图安稳他喜冒险，导致了多少具体的矛盾。无论是什么原因，都需要我们彼此坦然面对，揭下面具，学习接纳真实的自己。

我没有傲人的文凭，只是大学毕业；我没有华丽的头衔，称号是“三个孩子的妈妈”。每一次填表格，我的职业就是妈妈。对我而言，那是一份真实的工作，是我 18 年的创业心血。我妈妈和婆婆是我实践中的榜样：不论多辛苦多劳累，一日三餐都有变化，而且始终亲自动手。我的持家本领没有妈妈和婆婆厉害，于是她们一次又一次耐心地示范给我看，不会指责我笨手笨脚。耐心、接纳和等待是两位妈妈送给我的礼物。这就是真实的我。

我虽然在人生的起步阶段进步如乌龟一样慢，学业上困难重重，但父母的鼓励、丈夫温暖的爱与尊重，一直陪伴着我。如今我居然能完成一本书，对我而言，原本遥不可及的梦想竟然不可思议地实现了！这本书是我和丈夫以及三个孩子一起用心灵和诚实写就的，是我们面对跨文化的疼痛，经历婚姻的憧憬、失望、破碎和重整之后冲出来的血路，是我们刻骨铭心的记录。

我们全家选择以爱、恩典、真理和冒险作为家庭宣言和文化基石。跨文化的应用就是：学而实行之，出发！一起穷游和体验真实的人生吧！

序一　追求属于你自己的故事

苏宛慧 / 文

距离我们全家间隔年已经过去 6 年了，我也快 18 岁了。我坐在饭桌前，看着挂在墙上的照片，感受着南美洲在我心里留下的痕迹。每一张照片都代表着我身份的一部分，历历在心。在沙丘冲浪的照片提醒我要有勇气；在哥伦比亚和妈妈、弟弟和妹妹依靠在橘红色墙边的照片，提醒我生活需要潇洒和浪漫；火山爆发的照片提醒我生命本身就是一种探险——没有探险，就没有意义；一家人在海上学习冲浪的照片提醒我，生命就是一个学习的历程，不管你在哪里，活到老，学到老；跟爸爸、弟弟和妹妹在马丘比丘的照片警醒我，在生命里，人是最重要的，所以要更加珍惜和家人、亲友在一起的时间……

我们每一个人都有属于自己的独特故事，能激励和感染别人。我和家人徒步所留下的回忆成为“我是谁”的一部分。我希望我的寥寥几笔不但能给你带来欢乐，还能传授勇气和动力，鼓励你们追求属于自己的南美洲。

生命本身就是一种探险

爷爷送我的帽子陪伴我
走遍天涯海角

序二　我习惯了冒险和穷游

苏恩礼 / 文

我是个徒步旅游长大的孩子，习惯变化和冒险。我喜欢尝试不同国家的饮食，认识不同的文化，处处睡不同的地方。

当我爸爸决定留职停薪一整年，这个决定深深地影响了整个家庭。他做这个决定是因为他想每天陪伴我们，想互相了解彼此，知道我们的思想感受。他为了做这些，决定跟整个家庭徒步旅游南美洲三个月，然后在北美洲的加拿大和美国生活三个月，在彝族村尝试农村生活六个月。这些经验改变了我的人生方向，使我知道自己要成为什么样的人。在南美洲徒步旅游，我知道了生命充满冒险和乐趣，不管任何生活背景或经济能力，我都能开心地过日子。当我看到在彝族村生活的农民们辛辛苦苦地做农活，为了支持他们的家庭和孩子的教育，我深深地被感动。

8岁那年，我度过了有趣、有挑战、有温馨、有爸爸陪伴的、有声有色的一年。这让我一生难忘。这些经历让我觉得当我长大后，我无法想象要长期定居在一个地方的日子。我已经习惯云游四海、了解不同文化、不同生活方式、冒险和穷游的生活。

写下这些回忆，给我机会重温和爸爸妈妈姐姐妹妹一起冒险的经历。我希望很多人可以读这本书，改变许多家庭的生活。

写在南美洲的诗

一二三四五，五个大背包，

一二三四五，全家上路了。

穷游南美洲，我们一起走。

踏入盐沼湖，踏入干沙漠，

踏入高山脉，踏入大草原；

只要一起走，到哪都可以。

经历暴风雨，经历极寒冷，

经历长饥饿，经历长痛苦；

什么使我坚持继续往前走？

是家人的仁爱和支持。

享受好食物，享受美风景，

享受新经验，享受好时光；

享受生命中的一切。

秘鲁不再是个地名，而是我生命的一部分

序三　没有这些就没有今天的我

苏敏慧 / 文

2008 年，我们一家到南美洲徒步旅行。我们写这本书的目的是通过分享旅行的经历，鼓励家庭旅行。这次旅行是爸爸妈妈带着我们一起出去穷游。我们旅行时会玩两天，然后休息一天，休息时要写作业。我写了一些小片段，其实我写得很不情愿，因为我们是为了完成语文作业而写的。虽然我不喜欢，但是在所有语文作业中，写作文最不花时间，因为练习册、造句、预习等需要几天时间才能完成，而作文一天就能写完。我虽然不喜欢写作文，但是因着写这本书，给我机会回忆那一年的愉快经历。

我很感谢我的家人，如果没有他们，就没有我 6 岁那年美好的家庭旅行回忆。没有这些就没有今天的我。

跟彝族村的孩子一样，
背着篓子捡柴去

自得其乐、随遇而安

Amana

No Work, No School
–A Family's Journey to
the Ends of the Earth

不上班，不上学
陪孩子穷游
到地极

第一章　觉醒、探索、行动

亲子情感的联结不一定都是在平坦道路上建立的，很多时候要经历争执的暴风雨，一起度过受伤的疼痛；需要通过道歉、理解和原谅，活出真实而有改变的生活。之后，信任度才会加深，被爱的感觉才能深入心田，然后扎根、萌芽、开花，结出生命的果子。仁爱、喜乐、和平、忍耐、恩慈、良善、信实、温柔和节制不是一夜之间就能拥有的品德。

爷爷奶奶恒心的祷告陪伴着
我们迈出信心的第一步

1.1 填补生命的漏洞（妈妈）

“该我和妈妈坐了。”

“才怪，该我了！”

“谁说的？你之前睡在最靠近妈妈的床位，现在该我了！”

从小声争辩到扯着嗓子吼叫，三个孩子的争吵声如雨季的雷鸣，由远而近越来越激烈。同时伴随着小动作，撅屁股，抢位子，都想把对方挤出去。哎，我这个当妈的缩着头，都不敢看接下来的场面。

“爸爸啊－啊－啊！哥哥推我！”

“妈妈－呀－呀－呀，妹妹掐我！”

“不公平，我先到的！姐姐用屁股把我从位子上挤下来了！”

“妈妈争夺大战”如狂风暴雨般进行着。三个孩子在座位上朝对方扔东西，全然不顾公共场所应有的礼仪，什么说话要轻声、什么不可大声喧哗等基本礼貌，早被中烧的怒火所吞没，抛到九霄云外……此时的孩子们根本不在乎身在哪个国家、什么场所，此刻只要能得到妈妈，什么都无所谓。尽管爸爸在出门之前一再叮嘱和鼓励他们要学习友爱，可一展开权益争夺大战，这一切就都忘记了，不在乎旁观，更不在乎面子，场景甚是混乱！

此情此景，正发生在我们一家五口穿梭于南美洲城际间的长途客车上。我扭头，郁闷地望着窗外，思考自己到底是怎么找上这些纠结不清的麻烦的……

我真的想不通。三个孩子已经 11 岁、8 岁和 6 岁了，为什么还会为了谁坐或睡我旁边而激争不休？为什么他们不能自立，放我一马，给我一点喘息的空间？自从有了三个孩子，“妈妈争夺大战”就没有止息过，谁先坐在妈妈腿上，谁先投入妈妈的怀抱，谁有权与妈妈独处，等等，诸如此类的战争令我疲惫不堪，却是他们夜以继日、乐此不疲的争吵话题。

2001 年我们刚到中国的时候，我还没有意识到孩子们争宠的厉害。姐姐和弟弟还算相安无事，当老三敏慧两岁时，姐姐 7 岁，恩礼 4 岁，妈妈就成了三个孩子竞相猎捕的战利品。起初他们还会彼此帮忙，生活也逐渐能自理，我以为争吵只是暂时的，长大了会懂事一些。哪曾想，战争的激烈度不断升级，发展到互相扯头发、咬人、掐人、拳打脚踢、尖叫，甚至骂人的能力也越来越强悍，强悍到不分伯仲。当我们全家外出的时候，即使爸爸就坐在旁边，他们依然像爸爸不存在一样，一如既往地争吵谁该坐在妈妈的腿上，谁该被妈妈抱在怀里。因此，有时我真的不想出门，孩子们的激烈争执不仅令我尴尬困窘，且心情落寞，没有胃口吃饭，只想躲在家里得享片刻安宁。

有些事情令我困惑不已：

1. 为什么获得大人的关注那么重要？孩子们都怎么想的？

2. 为什么妈妈成了孩子争夺的战利品？

3. 为什么没有人要爸爸，即使他有空？

4. 为什么孩子们会拼命地想得到妈妈的拥抱？

在南美洲，城与城之间路途遥远，我们有足够长的时间讨论这个话题，解开大家的心结。我也由衷地感激同车旅行的当地人。他们当中有做父母的，也有老人和孩子，虽然他们听不懂英语，但他们能通过孩子们的行为，马上认出这是一场同胞间的争宠战，眼里流露出的笑意表示他们接纳和谅解：为人父母的挑战，他们懂。

“说来听听，为了靠近妈妈争得死去活来，值得吗？为什么你们那么在乎这个？我真的搞不懂。”

“妈妈，我就是喜欢！”

“跟你在一起会让我平静下来，你知道我想要什么。”恩礼如此说。

“妈妈——是——我——的！”妹妹抱住我的腿。

“爸爸就在这里，为什么不抢他？”我问道。

“爸爸不知道我们要什么！”恩礼嗫嚅地答道。

从开吉普车到电动车，现在是每个人骑自己的自行车

“他没时间和我们说话，他只在乎我们的作业和考试成绩，一点都不好玩。他只在乎分数，而不在乎我们的感受或我们怎么样。”宛慧说。

“爸爸不陪我玩，也不念故事书给我听。”老三紧紧抱住我的腿。

老三出生不久后，我丈夫的工作变得非常忙，时常出差在外，即使在家也要电话不断地处理公事。老三跟我和保姆很熟，对爸爸却比较陌生。可以说，孩子们小的时候，爸爸在他们的生活中不是主角，只是配角。虽然他人在家，但我们感受不到他的心。

老大宛慧四年级的时候，已经和爸爸无话可说了。她最讨厌爸爸询问她学校的成绩和表现，即使爸爸尝试和她沟通别的话题，宛慧也会不耐烦，感到恼火。她觉得和爸爸之间有一堵看不见的墙，无法跨越，不能坦然沟通，分享感受。这令我这个当妈的冷汗直冒。

老二性格安静，在爸爸面前如隐形人。虽然他内心渴望得到爸爸的注意，却不会开口主动向爸爸争取。他只是默默涂鸦、画画、看书、玩积木，等待爸爸偶尔的青睐。

老三有时候会冲到爸爸面前，让他亲亲、拥抱一下，然后就迅速跑回妈妈的怀抱，讨她想要的东西。

至于我这个妈妈，三个孩子的全职妈妈，早已筋疲力尽，身、心、灵透支。我渴望丈夫能给予更多的支持和陪伴，让我能留出一点时间和空间来调整自己的生活步调。我很爱孩子们，但是长时间被锁定在育儿的生活模式中，让我快要窒息了。当时我们已结婚十年，家庭生活对我来说越来越苦闷，我只是一位妈妈、保姆、管家婆。我好怀念原来那个自由自在的自己。

结婚十年，家庭成员的情感已变成重灾区，每个人的心灵、情绪、情感都饥渴到临爆点，一旦碰触就岩浆喷飞。当时晢彰36岁，我35岁，宛慧9岁，恩礼6岁，敏慧4岁。五个人的性格、习惯、表达自我的方法都不一样，不知道如何友爱相处，让彼此得到尊重和接纳。每当我们尝试着拉近距离，感觉就像撞上一堵隐形的墙，心里愈加难过和泄气。

2005年，我们找了专业的婚姻家庭辅导，与澳大利亚的咨询专家一起评估和研讨遇到的问题。通过层层抽丝剥茧，重新认识我们到底是什么样的人，到底怎样才能重建健康的家庭生活。

我和丈夫虽然在婚前读了很多有关婚姻、家庭、育儿的书籍，但步入家庭生活后，立即被淹没在水深火热之中，所学的道理都忘了！我们没有意识到，无论多大年纪，无论在生命的哪个阶段，人都在寻找终极问题的答案：我是谁？我不是谁？我存在的意义是什么？

每个孩子都是宝贝，但是妈妈需要喘息的空间才会健康

寻找真实的自己是生命的过程

真实会令人刺痛。我不喜欢看到真实的自己。35 岁的我，拥有所有我想要的：梦中情人、三个孩子和稳定的家庭生活。我不再是自由自在的单身贵族，不再是职场中的合伙人，而是妻子和妈妈。起初我以为这两个身份足以给我带来爱情、浪漫和满足感。然而现实是，我的情绪越来越低落，越来越觉得自己没用，被焦虑、郁闷和苦毒情绪包围，被枯燥繁杂的育儿、家务琐事捆绑得快要窒息。我越想找回过去的自由，就越有一种惘然若失的感觉。我不由自主地埋怨孩子们对我的需求，抱怨丈夫给予的支持不够，开始想办法抽离，让自己放松，比如把孩子交给保姆，我出去做做美容等。

孩子是欺骗不了的，他们能敏锐地感觉到妈妈内心的动荡和浮躁，闻出危机的味道，因此他们哭闹得更厉害，表现得更暴躁。

后来情况比我以为的更糟，孩子们不但会直接感受到父母内心的冲突和挣扎，还会把成年人的问题内化成自己的问题。孩子很容易相信一个很有破坏性的谎言：都是因为自己不够乖、不够听话、成绩不够好，才让爸爸妈妈不开心、不满意、争吵不休，最后爸爸妈妈会不要他们的。

我发现，每个孩子内化的方式因性格不同而反应不同。

宛慧是老大，她通过努力照顾自己，照顾弟弟妹妹，弥补我的疏忽，来博得我的认同和注

向自己的梦想前奔

意力。我不想照料的事情，她就扮演起成年人的角色承担责任。她从 6 岁起就不再是无忧无虑的小女孩，而是承担责任的小大人甚至是替补妈妈。

“妈妈，你忘记带雨伞了，在这里。记得加衣服，外面很冷。”

“弟弟和妹妹不应该饭前吃零食，叫他们饭后再吃吧。”

“妈，我们要迟到了，你的包和书在这里，赶快走吧。妈，你记得带钱了吗？”

“妈，我的功课需要检查、签字。请看我哪里需要改正。我的老师会检查家长有没有检查，再签字。妈，你能不能晚一点睡？请看我哪里需要改正？”

她非常擅于安排生活次序，确保作业或该做的事情都是按部就班完成的。她安排自己和弟弟妹妹玩耍的时间，监督我不要忘东忘西，提醒我什么时间该做什么。年复一年，时光飞逝，不知不觉，宛慧的欢笑声少了，玩耍的时间几乎没了，9 岁时的她已经早熟得像个成年人，承担很多不该她承担的责任。我当时没有意识到孩子在小小年纪像个成年人是不健康的。我只知道，她为我承担越多，我需要担心的就越少。结果宛慧付出了没有童年的代价。

老二恩礼，变得越来越安静，自己玩自己的，用他的方式讨好妈妈，那就是给妈妈空间。有时候他躲在角落偷偷哭泣，不让我知道他心里难过。他不断压抑内心的愤怒、恐惧、挫折等情绪，直到小小的心再也容不下而爆发。那时他会愤怒到说不出话，只能咆哮、狂叫和哭泣……然后突然沉默，不再吭声。我消极无奈的态度，无声地扼杀了他乐天、好奇、喜欢探索的本性。

我们在美国有一位亲戚是特殊教育老师，她通过观察，确认我们的儿子是健康、正常的。恩礼没有任何先天性的语言障碍，没有聋哑倾向。恩礼迫切需要表达自己，然而夹在伶牙俐齿的姐妹中间，他没有机会发言。这位亲戚教导我们如何帮助恩礼慢慢地一字一字、一句一句把他的感受和想法表达清楚。我需要教姐姐和妹妹如何尊重恩礼，不打断他说话，让他有安全感，可以从容不迫地表达自己。在状态好的情况下，我会按照建议去做，可当时我大多数时候过着消极、彷徨无助的日子，索性睁一只眼，闭一只眼，让宛慧、敏慧控制家里的沟通，让恩礼坐冷板凳。喜欢举一反三问问题的儿子，逐渐在沉默中失去活力。

老三非常爱撒娇、发脾气，经常和哥哥姐姐吵架、争宠，总是要得到妈妈的注意。当她很乖巧的时候，如蜜一样的甜，但当她发脾气的时候，我一个人很难控制局面，需要和丈夫一起安抚她。我甚至没有勇气单独面对这个孩子。管教她时常令我饱尝挫败的痛苦，因为我筋疲力尽，没有多余的精力和妹妹单打独斗。我爱她，但我没有给她树立好界限，以至于她 3 岁就养成比较娇惯的性子，不习惯被管教。

敏慧和姐姐一样，个性坚韧不拔，拒绝接受“不”，总要想办法说服我们。我可以动用权柄把老大老二强制压下来听话，我说了算。但面对老三，不论我嗓门多大，她比我更能吼叫，我只有无助地流泪。我很爱她，但对她束手无策。只有当皙彰为我打气，支持我守住管教的原则，联手管教孩子时，我才比较有力量，不会觉得孤独无助。

“所以，你们的意思是喜欢爸爸妈妈关注你们，这会让你们觉得被重视，有安全感是吗？”我总结了一下对话。他们一起轻轻地点头。

“你们希望爸爸妈妈做什么，让你们能感到有改变？”我丈夫问。

“我们要轮流坐在你们旁边，轮流跟你们睡，也要爸爸多陪我们玩！”他们开心地说。孩子们没有读过心理学，但他们很清楚地知道自己需要什么——要一位人在、心在、手脚在、头脑更在的爸爸。

“我有预备哦！我准备了很多游戏可以在旅途中玩，不论在班车上还是徒步爬山的时候，随时随地都可以玩，我的时间全是你们的！爸爸为你们服务！”皙彰微笑着回答。

我一边享受丈夫和孩子们的交流，一边沾沾自喜——我的春天来临了！那些千疮百孔、快要粉身碎骨的失落日子，包括心灵孤寂的旱季，独自面对孩子们的争吵而流泪的雨季，沉思婚姻问题而不得的冬季……我终于熬过来了！虽然重整婚姻家庭生活，是一条漫长而艰辛的旅途，但是能在旅途中重新学习一字一句地表达心里的需要和感受，不再狂风怒吼发泄脾气，实在太值得庆祝了！我的心花朵朵绽放！

哈哈，所有的钱在爸爸身上，他是孩子们的移动银行——他负责兑换各国货币。在南美洲，我的西班牙语水平是零，成了聋哑人。但皙彰会说西班牙语，陌生的异国旅途，很自然地转换了我们夫妻的角色，爸爸安排衣食住行，排解纠纷，提供安保。从日常行程、旅舍床位，到饮食吃喝，一切都是爸爸安排，没有他，我们立刻无法生存。孩子们很现实，如今和爸爸混才对，于是很自然地开始粘爸爸，而不是我。爸爸有所有问题的答案，有足够的资源和主意供应他们

心里的春天来临了

的需要。我真的放大假了，可以坐下来轻松地看好戏，看爸爸和孩子们磨脾气，如何面对孩子的争吵和需要。

孩子们从出生至今，这是他们平生第一次经历一周 7 天、每天 24 小时有爸爸的陪伴，并且还是一整年！当爸的哲彰总算明白，为什么他心目中的小天使们会有不可爱的时候，会让当妈的我怒火冲冠，在他下班后还给他臭脸看。人性很自私，孩子一般会把最丑陋、让人抓狂的一面发泄在照顾他们最多的人身上，因为在这里他们有足够的安全感表现真实的自己。而面对较少见到的爸爸，则会展现出最好的一面，以得到“玩乐和关注”。

我们夫妻的角色交换改变了家庭的动力与节奏。在我们徒步穷游的前三个月，生活的管理权在爸爸的手上。孩子们很快觉悟到，他们需要和爸爸建立紧密的关系，他们的需要才能很快得到回应。我成了丈夫的助理而不是大老板。说实在的，当爸爸终于和孩子们发脾气的时候，我心里暗爽，心想早该让他尝尝我的痛苦，理解孩子们如何有本事让我心烦、恼火、大眼瞪小眼。而孩子们也终于明白，平时总是好脾气、笑眯眯的爸爸，耐心耗到极限时，会和妈妈一样发脾气……

有爸爸在，我也可以排队玩

默契是一种双向沟通的联结。不论年龄差距多大，双方都需要付出努力来建造健康的关系。孩子们和爸爸之间通过亲密的接触，翻转了爸爸在他们生命中的角色和地位。旅途中，他们有充足的接触时间，有足够的机会发生碰撞、争执，擦出火花（发脾气），然后在安全的范围内一起面对冲突，学习化解误会，达成情感的共识，让心灵之间更透明，进而惺惺相惜。

亲子情感的联结不一定都是在平坦道路上建立的，很多时候要经历争执的暴风雨，一起度过受伤的疼痛；需要通过道歉、理解和原谅，活出真实而有改变的生活。之后，信任度才会加深，被爱的感觉才能深入心田，然后扎根、萌芽、开花、结出生命的果子。仁爱、喜乐、和平、忍耐、恩慈、良善、信实、温柔和节制不是一夜之间就能拥有的品德。不经过人性的冲突、彼此的委身、宽恕的历练，没有父母的陪伴和敬畏上帝的心，亲子之间的情感联结很难稳定、成熟。

孩子们这一路可以得到爸爸全身心的关注，以及充满智慧而又温馨的陪伴教导。他们能在爸爸面前展现真实的自我，也能得到爸爸的接纳和肯定，这段经历对他们来说是无比宝贵的。

孩子们为了得到关注，会争吵，这是正常的。当他们感到饿或累的时候会烦躁，这也是正常的。孩子们需要知道父母愿意付出时间和他们碰撞，互相磨平以自我为中心的棱棱角角，愿意陪伴他们建立生命界限，协助他们认知自己是谁，以及怎样才能感受到被重视、被尊重、被爱。

身为母亲，我只能在累倒、透支之前尽力给出我仅有的，但力量单薄。然而加上父亲的心力，孩子争吵的频率逐渐减少。我们在旅途中热情洋溢，笑语不断，体验异国他乡的风俗民情……

旅途中，我们不断在填满生命中的漏洞，让彼此更完满。

1.2 疯狂的“家庭梦想”：全家间隔年（爸爸）

千里之行始于足下。

——老子《道德经》

“你们觉得一年不去上学怎么样？”一天我心血来潮问宛慧、恩礼和敏慧。当时是 2007 年。

“爸爸，你又有什么疯狂的想法了？”孩子们争先恐后地问道，既兴奋又有点不敢相信。

七年前，即 2000 年，我第一次有了“疯狂的想法”。当时我还是硅谷的企业管理顾问，我的妻子碧清刚生了老二恩礼，而老大宛慧也只有三岁。为了方便她带孩子、买菜，我还给她买了一辆越野跑车作为生日礼物，我们也在考虑买第一栋属于自己的房子。然而我们最后决定卖掉所有家当和新跑车，举家迁往云南，加入一家服务中国 8 万名儿童的扶贫机构。

七年后，我们仍然住在中国，但四口之家成了五口之家，在云南住了还不到一年，老三敏慧就出生了。在工作中，我曾经和无家可归的孩子们一起在昆明机场的停车场清理公交车里的塑料瓶；曾经在普洱地震后参与紧急赈灾，将帐篷和救济品分发给灾民；曾经在红河哈尼族彝族自治州村民的泥砖房里住了几个晚上，每晚都有老鼠在我枕边窜来窜去。碧清除了在家照顾孩子，有时晚上会出去帮助昆明当地有困难的妇女，有时也在亲子园讲亲子教育方面的课。当时老大宛慧 11 岁，在明通小学上完四年级后就由碧清在家给她上课；儿子恩礼 7 岁，上小学一年级；敏慧 5 岁，上幼儿园。

“可是，我们新买的房子才装修不到三个月，我们搬进来还不到一个月呢！”妻子碧清说，“而且要找谁来接管你的工作？”

当时我们刚有了第一套属于自己的房子。那时国内有个电视节目叫《交换空间》，这个节目给了我灵感，我们一家五口人精心设计了这个适合我们居住的安乐窝。想起之前租房子的种种不便，我给房子设计了 76 个插座和电灯开关，50 盏大大小小的灯，每个衣柜里都分隔成上下两层，这样孩子们可以自己动手收拾衣服，不需要大人帮忙。在宛慧自己设计的房间里，衣柜门上是一面顶到天花板的落地大镜子。恩礼和敏慧的房间就像儿童乐园，有一个木滑梯和一面用来攀岩的墙，可以沿着墙爬上去再溜滑梯下来。我们把客厅也设计得跟儿童游乐场似的，有绳梯和气垫吊椅。我们爱极了新房子，无法想象刚搬进去又要马上离开。

当时我在一家非营利慈善机构担任云南、四川和新疆的区域经理。我和主管商量，说我想休息一年，停薪留职。可是我们还没找到合适的人来接管工作。

在犹太人的文化中有一种习俗，就是农民耕种六年之后要让土地休息一年，他们把这一年称作“安息年”。我们当时在中国已经生活了六年，同样感到需要一年时间来休息，就是我们的“家庭间隔年”（Gap Year）。但工作、孩子的教育和新家都让我们感到这个想法不太可能实现。

那段时间，有一对澳大利亚的夫妇做我们夫妻的婚姻家庭导师，指导我们如何改善婚姻生活。他们给我们布置的任务之一，就是拟定一份家庭梦想宣言。我们夫妻经过讨论，又参考了孩子们的意见，写下的家庭梦想是：“我们希望我们的家充满乐趣，敢于冒险，不断认识世界，努力学习且活出上帝的真理。”我们把宣言做成大海报贴在餐桌旁边，以便彼此提醒。

我深入考虑了间隔年的计划。考虑到我们的家庭梦想和孩子们正在迅速长大这一事实，我意识到对于“家庭间隔年”来说不存在真正完美的时机。若等到我们觉得经济能力足够，孩子们肯定都长大了，我和妻子也老了，无法再享受旅行的乐趣。我必须跨出信心的第一步，忠于我们的家庭梦想并努力让它成真。

为了跨出第一步，我们和孩子们一起头脑风暴，看看我们和他们各自的期待是什么。原来连我们 5 岁的小女儿都很清楚自己要什么、不要什么。他们清楚地知道这次旅行不仅是为了大人休息，更是为了让全家人可以一起付出努力，提升能力，享受乐趣，收获经历，使梦想成真。

在赤道实现疯狂的家庭梦想

1.3 千里之行始于计划（爸爸）

教孩子们制订旅行计划要从提问开始。

第一个问题是："这一整年我们要做什么？"

"我不想要爸爸去读书。"一个孩子说。

"我也不想让爸爸去上学，或是去美国找一份临时的工作。"另一个孩子补充道。

"我们要爸爸陪我们！"三个孩子不约而同地说。

我们在附近的饺子馆里按惯例召开"家庭会议"。几年前我们就决定全家要定期开会，讨论家里比较重要的事情，比如每周可以看多少次电视，如果一个人打骂另一个人，要对他采取什么惩罚措施，等等。我们轮流主持会议，就连5岁的小女儿也不例外。这次讨论意义重大，我想让孩子们一起思考这些问题，与他们分享我内心的想法。

每次回美国，朋友们问我最多的问题是："在中国生活最大的困难是什么？"我的回答出乎他们意料，不是居住环境、饮食或孩子的教育，最大的困难是没有足够的时间陪伴家人和朋友，尤其是我年过九旬的爷爷奶奶和外公。每次去美国探亲再返回中国以后，我心里都知道这可能是我最后一次见到他们。所以除了和家人在一起，我最想做的就是花时间陪陪亲人朋友，特别是家里的老人。

"如果我们去农村住一段时间呢？"我抛出了下一个问题，"不只是去看看，而是真正住在那里。"

来中国之前，我们就很想去农村工作，服务中国农村的贫困人群。但考虑到孩子们还小，尤其敏慧才刚出生，主管建议我们住在城市，帮助流浪儿童。但我们从未忘记最初的心愿，我也不希望生活中留下遗憾。

饺子馆会议之后，我们又开了几次家庭会议，最后决定最初三个月去世界某个地方背包旅行，希望一家人的关系能因此更紧密，然后再去北美洲与亲戚朋友相聚三个月，最后去云南边

远的农村住六个月。

接下来我们要考虑去哪里背包旅行。我们讨论了不同的方案，如去非洲、欧洲、中东、澳大利亚、南美洲等等。我在网上查了每个地方的消费水平、安全问题、签证、交通等各方面情况，发现欧洲国家和澳大利亚消费太高，我们一家五口去旅行三个月会吃不消；非洲内战频发，国家之间的陆上交通不够便利，也被排除在外；中东有些国家局势动荡不安，对很多国家的人不友善，所以也不合适。综合考虑各方面因素，我的结论是南美洲不但价钱合适，相对来说比较安全，而且离北美洲很近，而我们是无论如何都要去北美看亲戚朋友的。

经过一番调查以后，我问大家：“你们想不想去世界上最大的原始森林？或者是在温暖的热带海洋里浮潜，徒步去全世界最高的瀑布？我们还可以登上位于安第斯山脉海拔高达4000米的全世界最大盐田，可以去看著名的马丘比丘印加国遗址（The Incas Ruin of Machu Picchu）。”我为他们描绘了一幅令人兴奋而又充满异域风情的美景。在我的怂恿下，这个提议全票通过。

“我们真的可以不上学吗？”这是孩子们最关切的问题。如果我们真的要花一年时间休整，孩子的教育就成了问题，必须好好规划。

“既然我现在在家给宛慧上课，那我们就可以先学习南美洲的历史和地理，让她身临其境地去看看那些地方。毕竟百闻不如一见！”碧清提议。

“敏慧还在幼儿园，我们教她英语自然拼读就可以了。至于恩礼，我们可以事先买好他的语文、英语及数学课本和练习册，这样他可以在旅程中继续学习。”我和妻子商量。

为了省钱，我们的间隔年只能选择很简朴的旅行方式。

自己背自己的衣物。除了出发去南美洲必须乘坐飞机，其他时间我们都乘坐大巴。去加拿大温哥华看外婆的时候，因为她的公寓比较小，我们只能睡客厅地板。在农村期间我们住在村民家里……

我们必须在身体、心理和知识上为这次旅行做好准备。首先我们必须学习最基础的“生存西班牙语”。孩子们找了一张教授基础西班牙语的 CD，我们一起学习一些简单词汇和用语，如从 1 到 100 怎么说，一周七天怎么说，各种颜色怎么说，如何跟人打招呼等。当然最重要的一句西班牙语是“请问厕所在哪里？”宛慧不光学了南美洲的历史和地理，还读了一本关于印加帝国的儿童小说。另外两个孩子则看了一本介绍南美洲相关知识的填色图册，把里面要涂的颜色都涂上。

按照计划，届时我们会去海里浮潜、游泳。为了让孩子们提前接受训练，我们定期带他们去游泳池，让他们戴着潜水面具和通气管游泳。游泳池的人看到我们如此全副武装，不停从池边跳进水里又钻出来，觉得很奇怪。当时敏慧只有 5 岁，不太敢独自游泳，但还是坚持不懈地练习，因为她非常渴望去南美洲浮潜。最后她终于做到了！

穷游前的体能锻炼很重要

为了锻炼耐力，我们会从家里滑轮滑到市中心，全程有好几公里，然后去昆明第一家麦当劳买吃的犒赏自己。为了给运动增添一点乐趣，我们滑轮滑的时候会排成火车的形状，爸爸在最前面当“火车头”，三个孩子在后面排成一队，抱住前一个人的腰。

我在前面要小心看车，确保孩子们的安全，碧清开电动摩托车垫后。虽然我们很小心，有时还是会发生意外。有一次我们滑轮滑经过一家餐厅，碧清看到一个小偷抢了客人的手提包后从餐厅里跑出来，于是伸腿把那个人绊倒了。小偷摔了个嘴啃泥，被逮住了。后来发生的事让我们大吃一惊，从餐厅出来很多人，对小偷拳打脚踢，不断用脚踢他的头和肚子，都流血了。我过去制止他们，他们停下手，怒气冲冲地转向我，怀疑我跟小偷是一伙的。有几秒钟时间气氛相当紧张，我感到害怕，但还是鼓起勇气告诉他们，打人是不对的，不管那个人干了什么。最后警察来了，我们也迅速离开现场。

孩子们会观察父母的一举一动，看我们如何实践生活的原则。我们并不一定要先坐飞机、大巴去新的目的地，才能过目标明确、不惧风险的生活。无论我们身在何处，生活的意义都源自我们的价值观和生活方式，而这种价值观和生活方式正是在我们日常生活中体现出来的。

感恩的是，距我们计划的间隔年还有几个月时，我的单位找到了合适的人代替我，并同意我请一年的假，停薪留职。我已经在这家单位工作了七年，我这辈子还从未在一个地方工作这么长时间。在交出电脑、工作证和钥匙的那一刻，我确实觉得失去了某种安全感。但我知道这个决定是正确的。

“孩子们，如果你们要全家一起去旅行，功课一定要跟上。如果你们不想做功课，我们就不出门。”我提醒三个孩子，他们立刻同意了。这样的旅行一辈子可能只有一次，他们当然不想错过。

旅行的过程会很艰苦，为了让他们有心理准备，我补充道：“为了省钱，我们会住非常简陋的青年旅舍，坐长途大巴，还要走很多路。你们不许抱怨哦！”

随着这番警告，我们的家庭间隔年就开始了。

/\ 穷游到地极——出发

第二章　穷游南美洲：饥饿、冒险、奇遇

我们用 88 天游历了 8 个国家、41 个城镇，住过 36 家青年旅舍，坐过 18 次夜班车，创造了世界之最：参观了世界最高、最宽的瀑布、海拔最高的湖泊和城市、最大的盐田、最干旱的沙漠、最大的都市公园、最大的河流、最高的喷泉……

南美洲穷游之旅，完全改变了我们人生的方向

2.1 饥饿的祝福（妈妈）

“妈，我好饿！”小女儿敏慧喊道。

“我要吃东西！”恩礼直截了当地请求。

“我们为什么吃那么少，还要分着吃？”宛慧也在问。

全家人肚子咕咕直叫，像热锅炒豆子一样，甚至互相都能听到。这叫声使我们的脾气越来越大。

那天，我们匆匆忙忙赶上了一趟公交车，要去哥伦比亚一处海滩玩。之前我们利用仅有的一点时间买了些烧烤串。对五个饥肠辘辘的人来说，烤串的分量相当于一份轻便早点。我们以为到了海滩就可以买东西吃了。我们在礁石附近的海里浮潜、筑沙雕，享受日光浴，期间只吃

在去安赫尔瀑布的路上吃饭，怎么样吃都可以

了一点自带的饼干。

下午两点，由于一直游泳、浮潜、玩沙，大家都饿坏了，而海滩附近刚好有人摆摊卖吃的。

“什么？！五美金一个小蛋饼！”我们倒吸了一口气。

我们无可奈何地买了一个蛋饼，五个人分着吃，吃完赶紧去赶回城的公交车。

谁知又上错了车，等我们回到市中心已经晚上七点，原本三四点即可回到城里。当时我们饿昏了，孩子们连吵闹的力气都没有了，头发上沾着沙子，浑身脏兮兮的，看起来就像流浪儿，抱着肚子蹲在路边，十分可怜。我们已经没有一点城里人的样子，有的只是疲惫和饥饿。

皙彰总算找到一家还没打烊的大型超市，里面还有美食广场。

“我要一盘炒饭，一盘土豆沙拉，一盘意大利面。”皙彰点了菜。

这简直是一场盛宴，盘子里的东西对我们来说价值千金！食物一摆上桌子，孩子们二话不说，立刻拿起叉子埋头大吃！时间仿佛凝固了，超市里的喧闹声也消失了。

忽然皙彰打破了沉默：“嗨，吃慢一点，不要这样狼吞虎咽！慢慢来，悠着点吃，不然会噎着的。哎呀，怎么吃那么多！”

孩子们突然停下来盯着他看，他也突然不说话了。他这辈子还从来没说过这样的话！我们爆笑了整整十分钟。

“爸爸，你听到你刚才说什么了吗？”孩子们擦了擦笑出来的眼泪。

“你在家里总是叫我们快点吃，多吃一点，说我们吃得不够，还要再吃点、再吃点！我们从来没听过你叫我们慢点吃，省着吃，不要吃那么多！”

我和丈夫终于意识到饥饿的美妙，这是我俩当父母以来第一次跟孩子们唠叨不要吃那么多！他们本来挺挑食的，可现在简直就是饿虎扑食，连生洋葱和大蒜都能吞下去。老三最爱挑三拣四，常常因为不愿意吃蔬菜而闹情绪，但此时她已经饿得来不及挑食了，有什么吃什么。她以前吃得最少、最慢，现在看到她埋头猛吃，和哥哥姐姐一样迅速把盘子里的饭菜一扫而光，我们开心极了，忽然觉得之前几个小时的饥饿是值得的。虽说我俩也很饿，但看到孩子们吃得津津有味，真是一种享受。看来每一分钱都花得很值！

循环吃法：别具一格的饮食文化

由于是第一次全家一起徒步背包旅行，在后勤安排方面缺乏经验，低估了每天徒步走6-8个小时对孩子们的体力消耗。我们是按照两个大人三个孩子的饭量做预算的，没料到，旅途中孩子完全是大人的吞吐量。为了让大家少花钱还能吃饱，我们独创了别具一格的饮食文化，每次点两到三份套餐，再要五个汤匙或叉子，把主菜一盘一盘沿桌子传一圈，每人吃一口再递给下一个人。我们管这种方式叫“循环吃法”。有时我们甚至连喝汤也用这个方法，只点一碗汤，大家轮着喝，每人每次喝两口。

在西方，不管穷富，聚餐的时候每个人都只吃自己的那份饭菜，不像亚洲人在同一个盘子里夹菜或从同一个碗里舀汤喝。我们把亚洲的吃法又改进了一下，变成“循环吃法”。这对南美洲的人来说简直不可思议。在他们看来，一个人就应该吃一份饭菜，他们不能理解为什么这家人要分吃两三份菜，这是不合文化礼俗的。其实我们确实也没饿到要给每个人点一份主菜的地步，但他们以为是我们太穷的缘故，所以时不时会给我们加菜或免费送点吃的。这种情况下我们不会为了面子而推辞，也不在意别人觉得我们很荒唐。只要有人喂饱我们，就很开心了！

在秘鲁，排排队吃炒饭

有一次我们在秘鲁的菜市场吃午饭，那里只有一个摊位卖炒饭，摊前只摆了三把椅子，其中两把已经被人坐了。我们想都没想就决定延用“循环吃法”。

“来！我们在这个位置前排队，大家轮流吃，每次一人吃两口，这样公平吧？”爸爸皙彰提议。

“爸爸，赶紧让我们排队吃饭吧，好饿呀！”有人发牢骚。

“哎，你都吃两口了，不能再吃了！轮到我了，赶紧排到后面去。”有人抗议。

“哎呀，再吃一口嘛，再给我一秒钟！”前面的人赶紧又扒了一口饭。

“喂，该我了！”另一个孩子强烈抗议。

我们一家人就排在那把椅子后面，一人坐下来吃两口就排到队伍后面去，下一个人坐下再吃两口，虽然吵闹但很有秩序。五个人就这样轮流吃一碗炒饭。忽然闹哄哄的菜市场安静下来，旁边正吃饭的两位客人也停下来，盯着我们看。他们从没见过一家子像我们这样，大人带着孩子排在一把椅子后面轮流扒饭，而且一家人只吃一碗饭！菜市场里忽然爆发出一阵哄笑！我们这才意识到我们吃饭的方式太有趣了，也跟着笑起来。

吃饭是关乎生存的大事，而我们创造的吃饭方式赋予了它新的生命力与特质。我们并非刻意要把某种文化形态注入衣食住行当中，只是按照我们认为最有效率、最实用的方式去做罢了。

太阳岛上的薯条

乘船抵达太阳岛（Isla Del Sol）后，我们决定先在岛上逛一圈再回码头吃午饭。逛着逛着，看到一位老奶奶在路边卖汉堡包和炸薯条。孩子们已经饿了，虽然早餐很丰盛，但顶不了几个小时。现在的孩子们，看别人吃饭会肚子饿，走路会肚子饿，在大巴上一觉醒来也会肚子饿！饥饿如影随形，好像是我们团队中的一员。于是晢彰买了一个汉堡包，五个人分着吃，每人咬一口然后递给下一人。就这样我们一边逛小岛一边分吃汉堡包。回到码头的时候，那个老奶奶朝我们招了招手。

吃饭的方式：好吃、好玩、有趣！
该我吃了

“这个给孩子们。”她一边用西班牙语解释，一边把一大袋薯条塞进老三敏慧手里。我们惊讶得说不出话来。她又笑着用西班牙语说：“是免费的！”我们十分感动，给了她一个拥抱，用西班牙语跟她道谢。她挥挥手说再见，看着我们欢天喜地地拎着薯条跑回码头。

“妈妈，她只是个村民，跟我们比起来她真的很穷。为什么她要送给我们东西吃？”孩子们百思不得其解。

“我估计她觉得我们很可怜吧！这里的人不会像我们这样分吃食物，即使最穷的人家，吃饭时也是各吃各的份……他们无法理解我们的做法，五个人怎么可能分一个汉堡包！另外，你们看起来都很小，又很可爱。虽然宛慧已经 11 岁了，但在这里的人看来就像个 8 岁的小孩，而恩礼看起来只有 5 岁，敏慧的身高跟这里的 3 岁小孩差不多……看在你们很可爱的份上，她

难忘的土豆泥炸球

何乐不为呢？”暂彰跟他们解释。

想起路边小贩们对我们的好，心里就充满了感恩。路边卖食品的老奶奶好像都很喜欢我们，而我们也很喜欢她们，南美洲因此给孩子们留下了很美好的印象。或许不是所有路边摊老板都这么慷慨，大部分游客也享受不到这种爱心免费午餐。但他们的善举让我们一家感受到一种浓浓的被接纳的爱。他们虽然贫困，却相当慷慨、友善。我相信孩子们一辈子都会记得他们的好意，我们也因此愿意一直关注、祝福南美洲，回馈他们的爱。

哥伦比亚奶奶的便当

饥饿和等待

我不认识你，

你不认识我，

我们无法沟通。

你说西班牙语，我只会英语和汉语，

但我们俩都认识饥饿。

彼此会心微笑，

一丝恩典，一点分享，

道出长长久久的爱。

——妈妈碧清

“快点快点，我们得马上收拾好行李。我们必须要赶上从哥伦比亚的圣玛尔塔（Santa Marta）到委内瑞拉巴伦西亚（Valencia）的班车，只剩不到一个小时了。”暂彰气喘吁吁地催我们。

“什么？我以为明天才走呢！”我觉得很意外。

“我刚才去了圣玛尔塔的车站才知道，南美洲复活节期间班车全部停运。这就像在中国，春节前后客流量最大。如果我们赶不上这趟班车，接下来一个礼拜都走不了，因为复活节全国放假。如果我们在圣玛尔塔逗留一个礼拜，接下来的行程就都要延后了。”哲彰解释道。

我们手忙脚乱地把所有东西塞进背包，确认没有落下东西之后直奔车站。从打包到上车我们花了不到一个小时，从来没这么慌张过。还好最后赶上了班车。

“妈，难怪你整天唠叨我们要把东西收拾整齐，放在固定的地方……我再也不想把自己搞得这么慌张了……我真的好怕落下什么东西。”敏慧气喘吁吁地说。

从这里到委内瑞拉有 12 个小时车程，而我们已经来不及买吃的了，只带了饼干和水。我们以为和其他长途大巴一样，途中会停车让旅客上厕所或买东西吃。由于哥伦比亚境内毒品交易猖獗，委内瑞拉会严格检查所有从哥伦比亚入境的车辆，仿佛所有旅客都有携带毒品的嫌疑。

经过第一个检查站时，我们还觉得挺好玩的，因为士兵带着缉毒犬一起上了车。这条深黑色的狗长得胖乎乎的，非常友善。我们偷偷给了它一块饼干，它狼吞虎咽地吃完了，还把饼干屑舔得一干二净，我们高兴地摸了摸它的头。尽管车上的氛围略显紧张，孩子们还是很冷静又很享受地看着狗狗工作，也就是看着它在过道里走来走去。最后缉毒犬和士兵都下了车，班车再度出发，我们也渐渐放松下来，享受这段旅程。

“Arriba！”有个小女孩冲我们咧嘴笑，说了一句西班牙语。

“爸爸，她在说什么？”敏慧问道。

“她说的是‘起来’！”哲彰回答。

“Abajo!”小女孩忽然躲到座位下面。

“爸爸，她说的是不是‘下去’？”敏慧灵机一动。

“是的……我感觉她想跟你玩哦。”哲彰说。

那个小女孩和敏慧就在车上玩躲猫猫。她一会儿说“Arriba”，一会儿说“Abajo”，敏慧就跟着她一会儿直起身子，一会儿躲在下面。后来宛慧和恩礼也加入了，四个孩子一起玩“Arriba”

和“Abajo”。尽管我们的孩子不会说西班牙语，小女孩也不会说英语，他们却能玩在一起，漫长的旅途因此而不再枯燥。

很快到了哥伦比亚和委内瑞拉的边境上。这里的边检严格得出乎我们意料，所有旅客都要带着背包、行李箱和其他随身物品下车，把东西一样一样拿给警察检查。

等到前面两辆大巴检查完后，太阳早已下山，气温骤降，天也越来越黑。当我们这一车旅客检查完毕已是半夜，所有商店都关门了。大家又累又饿，无精打采地把东西重新收拾好，最后瘫坐在座位上。等待检查期间大家都很紧张，因为万一出现突发状况或是碰上警官发火，就不知道接下来会发生什么了。

孩子们都饿坏了，低声抽泣着。有一位哥伦比亚奶奶刚好坐在我们旁边，她朝孩子们招手，把自己带的炒鸡肉盒饭递给他们。

她用西班牙语说：“给孩子的。”

我们被深深打动了。我们这对外国夫妻带着三个小孩，不是一个，而是三个，而这盒饭是她仅有的食物。她微笑着点点头，看着三个孩子分吃她的盒饭。

“妈妈，我们可不可以给前面的小女孩吃一些？她今天一整天只吃了一盒酸奶和一点饼干。”敏慧问道。

孩子们把盒饭分成四份，等他们都吃完自己那一份，就把盒饭给了那个小女孩。那盒饭根

爱就是一起分享

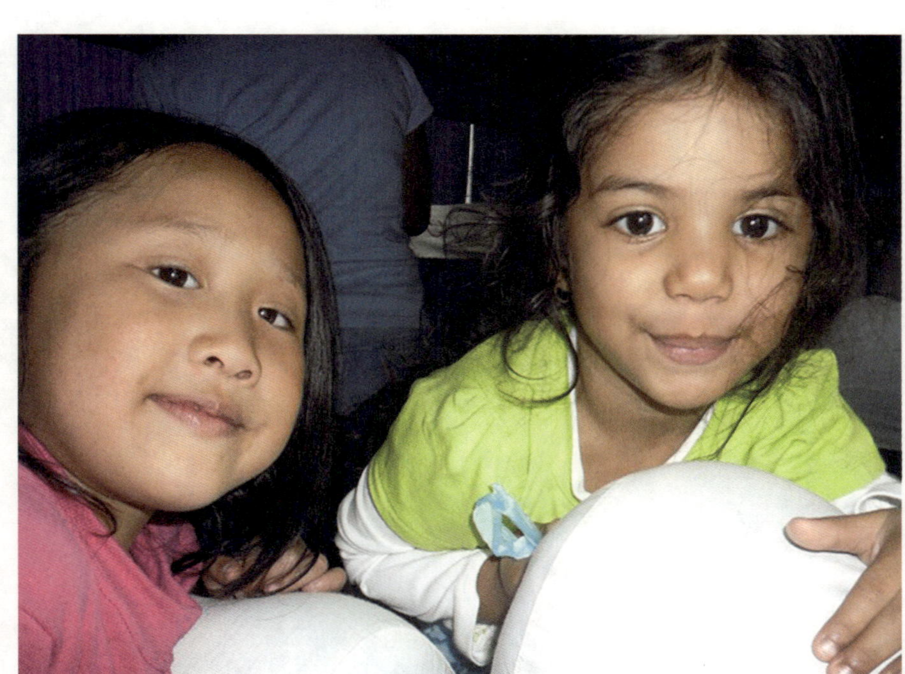

本不够四个孩子吃饱，只够塞牙缝，但小女孩吃的时候他们都愉快地看着她，因为和他人分享食物让他们感到很满足。哥伦比亚奶奶和小女孩的妈妈眼里都闪着泪光，每个人都为孩子们的互帮互助感到喜出望外。

那一夜，我学到关于爱的一课。

美食大冒险：麦德林公共医院食堂

食物是我们生活中很重要的一部分，也是我们身份和文化的一部分。我们无须判断哪种食物更好，只需以一颗感恩之心去探索、接纳和理解。

肚子饿的时候我们会为了食物而争吵，对食物的好奇会让我们开怀大笑。出于习惯，我们会吃得漫不经心；出于感恩，我们会用食物来表达爱意；出于尊重，我们借助食物和他人沟通。回顾这一路穷游学到的一切，我们意识到食物是跨文化沟通的桥梁，是表达爱的一种方式。

哥伦比亚是我们南美之行的第一站，在这里我们一家揭开了“食物大冒险”的序幕。我们全家人都喜爱美食，旅行到哪里，就把对食物的热情带到哪里。孩子从小习惯家里有什么吃什么，在街上看到任何新奇的食物也都要尝一口。所以每到一处，我和皙彰都带他们享受当地人吃的路边摊。

皙彰有个企业管理学同学住在哥伦比亚，他非常慷慨地招待我们住他家。而他的司机拉斐尔（Rafael Aldana），也成了我们的向导。

我们请拉斐尔带我们去吃哥伦比亚最有特色、最便宜的美食，于是，在拉斐尔的带领下，我们欢天喜地地进了麦德林公共医院（Medellin Public Hospital）的食堂。他帮我们点菜。食堂的工作人员看到我们都被逗乐了，因为亚洲游客到医院食堂吃饭让他们很意外。而我们感觉像回到家一样，种类繁多的食物让人想起中国的快餐店。

“哇，妈妈，这个菜太好吃了！你一定要学会做！”孩子们惊叹道。

让我惊讶的是，哥伦比亚菜里的很多食材跟中国一模一样。比如美味的哥伦比亚式牛肚汤就是用炖烂的牛肚跟土豆、洋葱、胡萝卜熬出来的，再调入孜然、黑胡椒和盐，非常开胃，让

一本西班牙字典、一本英文字典就能跨国交流

人喝一口就觉得很满足，也让我们爱上了南美洲的家常风味。后来每到一个城市，我们都要品尝当地的牛肚汤，用来解馋或填饱肚子。

孩子们一到集市，就会迅速扫一眼别人在吃什么，然后点一份大多数人都在吃的食物。对他们来说没有什么菜太奇怪，或者太不起眼，食物就是食物，只要有很多人吃，甚至有很多人排队去买，就一定很好吃！我们养成了观察厨师做菜的习惯，还会厚着脸皮问他们用什么食材，如何烹制，打算回到家后上网查找菜谱，重温南美时光。

食物是不分社会阶层的。土豆、西红柿、胡萝卜、洋葱、大蒜、牛肚、牛舌、鱼、鸡肉、芹菜、菠菜、盐和胡椒对所有人一律平等，不管是富人、穷人，还是亚洲人、南美洲人。当地的摊主看到我们一家和拮据的打工者坐在同一个摊位上吃饭，都很惊讶。在他们的印象中，亚洲人都很有钱，他们也很少看到欧洲背包客带着孩子到集市上吃东西。而这一家子亚洲人坐在摊位前狼吞虎咽，好像饿了好几天似的，这对他们来说真的很新奇！面对他们的好奇，我们一点也不觉得害羞，因为饿了就是饿了，只要能美美吃上一顿，我们就感到愉快而心满意足。何况这里的东西又便宜又好吃，有时甚至还是免费的！孩子们能有这种经历让我倍感欣慰。

我们放下中产阶级的架子，毫不掩饰饥饿、真实的自我，好跟当地人真诚地沟通。我们完全融入他们，他们也真诚对待我们，给我们最实惠的美食。

2.2 我要睡在妈妈身边

五个人两张床，怎么睡（恩礼）

“我要睡这张床！”

“我想要那一张！”

“不，我不想跟你睡，我想跟妈妈睡！”

每到一个新地方，我和姐姐、妹妹就会为睡哪张床的问题争吵。

爸爸不希望我们在住宿和吃饭方面花太多钱，因为我们要在南美洲旅行三个月，开支不能超过预算。每到一个新地方，爸爸会先找最便宜的旅馆，订有两张床的房间。两张床要挤下我们五个人太不容易了！我们挤来挤去，抢被子夺枕头，每天不吵架才怪呢。

住青年旅舍的好处是可以省很多钱，同时锻炼自己在任何地方都能入睡的能力，有时还会遇到志同道合的游客。坏处是旅馆很吵，而且房间太小不够舒适。有的人对住的地方很挑剔，只想住五星级宾馆。但从小我的父母就教导我要入乡随俗。背包旅行的三个月期间，我们常常住便宜旅馆，我已经习惯了，现在住哪里都无所谓，不管是在野外睡帐篷，还是在森林里睡吊床，我都能迅速进入梦乡。只要你不挑剔住宿环境，旅行起来就轻松得多。

坐着、站着、趴着都能进入梦乡

好睡、好睡、累了都好睡

陪谁睡（妈妈）

读着儿子的文字，我记忆的匣子又被打开。我既欣慰孩子们都长大了，已经进入青春期，不会再赖着要和妈妈睡，又想起十年前带着三个小不点儿的艰辛日子，不禁百感交集。

当时三个年幼的孩子都缠着要我陪他们睡，我只恨自己没有三头六臂，没有宽广的母爱来包容三个拳打脚踢的小家伙。他们时常滚来滚去，把我从床上挤下去，而白天已经疲惫不堪的我，夜里会因为不能睡觉而暴怒起来，冲他们嚷嚷："我不要和你们睡！不要来烦我！去找爸爸睡！"

现在回想起来，我很感激丈夫有睡得不省人事的本领。孩子们还小的时候，我时常抱怨他夜里听不见宝宝的哭闹声，我这个可怜的妈妈只能一次次火冒三丈地起床照顾宝宝，为他们熬了一夜又一夜。等他们大一点，我会因为不胜其扰赶他们去找爸爸睡，又忍不住羡慕他们父子四人熟睡时乱成一团的甜蜜模样。

在南美洲旅行期间，丈夫哲彰往往平躺在床上，一只手臂环绕着老大，另一只手臂拥抱着老二，肚皮上还趴着老三。而我则可以轻松片刻，睡个安稳觉。直到有孩子惊醒，悄悄爬到我身边来，一会儿另一个孩子上完厕所，跑到另一边挨着我躺下……最后，我们开始玩轮流换床的追逐游戏！我换床是想要单独睡，结果换到哪儿，丈夫、孩子们跟到哪儿！

睡觉是件大事，睡眠习惯也是一个人个性气质的组成部分。如果我晚上没睡好，第二天就会变成一头脾气暴躁的野兽。孩子们也是一样，如果他们太累，没睡午觉或没休息够，也会像猛兽一样乱嚷嚷。说实话，虽然我们夫妻俩从书上读到过很多训练孩子睡觉的方法，但这些方法在我们家都不起作用。

我的三个孩子个性都很强，但他们和其他孩子一样有正常的依恋情结。他们喜欢靠着爸妈甜蜜地进入梦乡，但这对我来说就不那么甜蜜了，我的双手因为多年抱孩子的缘故而时常酸痛，腰和背部都受过伤，必须平躺着睡觉，所以我不希望有孩子滚到我身上来。

皙彰和我在训练孩子睡觉方面一直意见不一。他在亚洲文化背景下长大，认为父母陪孩子睡是理所当然的。而我的父母是以西方的育儿方式把我带大的，我还是婴儿时就要自己睡，而

爬玻利维亚的雪山，团队挤着睡

且有固定的作息时间。我和丈夫都不肯让步，最后只好采取折中的办法，孩子们也就“坐收渔翁之利”：入夜的时候，我们会把他们送到自己的房间睡觉，等到三更半夜，他们会悄悄从床上爬起来，跑进我们房间，这时皙彰会让他们睡中间，自己陪着他们睡，我则等他们睡着后悄悄溜走，随便在哪个孩子房间里找一张空床休息；皙彰醒来以后会去找我，挨着我睡；但过不了多久，孩子们就会发现妈妈的藏身之处，于是又跟过来……有的时候躲进房间已经不管用了，我只好躲到客厅的沙发床上，最后一家五口都挤在上面，连小猫也过来蹭个位置！

在南美洲旅行的时候，我们必须找一些有创意的方法来解决睡觉的问题。我们五个人往往只睡两张床，按规定一张床归爸爸妈妈，孩子们则轮流跟我们一起睡，每次一个。我们玩了很多有创意的游戏来决定怎么分配床位，以及地板上放行李的位置。皙彰总是有办法让整个过程变得有趣——哪个孩子不喜欢玩牌呢？何况赢的人可以睡得更舒服！我们做父母的也要跟孩子一起轮流享受特权。除非第二天我的身体会因为睡不好而无法正常运转，否则我不会打破规则。在我累得浑身酸痛的时候，控制脾气不是一件容易的事。孩子们都知道妈妈在努力，所以他们也付出努力，尽量让我们在累到极限的时候还能和平共处。有没有我们都大发脾气的时候？当然有了。

我很感激能有一个情绪稳定、性格平和的丈夫。不管睡没睡好，他都能保持一贯的状态，情绪不会大起大落。因为他比较冷静，所以在我非常情绪化的时候能安抚我。有时因为情绪不好，我无法好好回应孩子们的感受或期待，这时他就会接手孩子们的问题，让我休息一下，免得我跟孩子们大吵。在穷游旅行的路上，他除了是丈夫和爸爸，还扮演着经理、协调员、调解人的角色，这太让我们高兴了！

现在三个孩子分别为 17 岁、14 岁、12 岁。他们总算长大了，可以自己睡了。但我和他们相处的关键，仍然是尊重他们的需要以及我作为成人、妻子和母亲的需要。有时我半夜还是要起来照顾生病或做噩梦的孩子。有时我失眠，我可怜的丈夫不得不陪着我。睡眠是很重要的生活细节，如果我们在孩子们有需要的时候愿意关心、体贴他们，等到他们能懂得我们需要的时候，他们也会关心、体贴我们。当孩子还小，喜欢让父母陪伴的时候，我们有大把机会可以培养和孩子在情感上的联结。虽然我做不到每天晚上都陪他们睡，但我会尽力去做，如果实在疲惫不堪，我就会拒绝他们。他们知道我爱他们，于是也尊重我的界限。

睡觉的艺术（宛慧）

在南美洲徒步背包旅行的三个月中，我们跋山涉水，有许多难忘的经历。我们所做的每一件事都是一次探险，连过夜也不例外——床、吊床、帐篷、夜班车，我们全都睡过！

“Tres camas con banos?”（三张床加厕所？）是我们每回一到旅馆必问的问题，久而久之几乎成了我们的口头禅。通常我们会住青年旅馆，虽然没有暖气和空调，没有豪华的淋浴间，也没有那么多橱柜放东西，但对累了一天的我们来说已经舒适了。定好床位后我们中的四个人分睡两张床，剩下的那个人很幸运，可以独享一张床。当然我们会轮流享受独睡的美好。如果找不到三人间，我们一家就只能凑合着挤在两张床上。

可想而知，旅馆的房间不会很大，但我们会利用有限的空间施展拳脚，我选这个角落，你占那个墙脚。不出几天地上就乱七八糟地堆满了东西。慢慢地我们学会把东西整理得“乱中有序”，以便在离开时以最快速度把“家当”丢进包里，奔向下一个目的地。

委内瑞拉的安赫尔瀑布（Angel Falls）就是我们的目的地之一。哇，出乎我们意料的是，旅馆的大堂里挂着一排排吊床！虽然看别人睡成一个“v”字觉得很别扭，但亲身尝试后发现这种睡法也挺舒适的。吊床不但可以用来荡秋千，而且睡在里面就跟睡在摇篮里似的。夜晚微风习习，抚过脸庞，送我们进入梦乡……清晨我们在鹦鹉的叫声中睁开眼睛，往下一看，咦，我们的鞋怎么不见了？难道鞋长了腿不成？找了半天，原来是调皮的小狗夜里把鞋子一只一只拖进了自己的狗窝。从那以后我们睡觉之前都把鞋子拴在吊床上。

睡吊床的时候每人可以独占一张“床”，但在夜班车上睡觉就是另一回事了，完全没有私人空间。我们第一次在南美洲乘夜班车时就吃惊地发现，这里的夜班车和国内不一样，上面一张床都没有，全是普通的座位！虽然椅背可以放低，但也无法跟真正的床相比。不过有得睡还是比没有好，我们换着各种姿势，随着车子在山路上一摇一摆，慢慢进入梦乡。早上醒来，发现每个人都睡得东倒西歪，腰酸背痛更是家常便饭，而弟弟往往是屁股朝天。有一次因为山路陡峭，行李架上的行李竟然掉了下来，不偏不倚正好砸在弟弟脸上，早上醒来我们发现他的脸青一块紫一块的。

我们在瓦拉斯（Huaraz）徒步旅行四天，每天傍晚都会搭起帐篷，在地上铺好毯子，晚上

吊床的遐思——穷游的摇篮曲

就挤在帐篷里过夜。白天长途跋涉，晚上我们总是累得倒头就睡。这里的海拔高达 4000 多米，夜里很冷，地上会起霜。晚上睡觉之前我们给每个人划分地盘，可是早上醒来会发现我们都挤成一团，互相取暖。原来挤着睡也有挤着睡的好处。

当然我们也住过舒适的宾馆。爷爷的一位朋友帮我们预定过巴西亚马孙森林的 5 星级饭店。那里的环境让我们瞠目结舌。我们惊讶地发现在丛林深处竟然会有 5 层楼高的旅馆。不仅如此，马桶、空调等设备一一齐全，大床又松又软，吃的也是自助餐，种类繁多，饭菜十分可口，我们吃得津津有味。当然我们每晚都吃得饱，睡得香，可开心了。

在三个月的背包旅行中，我们总共去了 41 个城市，8 个国家，住过 36 家青年旅舍，坐了 18 次夜班车。这种“探险”的经历让我记忆深刻、受益匪浅。我学会了收拾东西，体验了独睡的自由和挤在一起睡的温馨，也见识了旅馆的朴实和饭店的豪华。最重要的是我学会了生活要有弹性，要能随遇而安。虽然生活当中常常会出现突发状况，但我还是可以从容面对，毕竟，生活中的一点一滴都值得学习。

玩西部牛仔电影，火车来了

全家一起搭帐篷，很有成就感

2.3 在亚马孙河钓食人鱼

两种文化的撕扯之痛（妈妈）

什么，你们带孩子在亚马孙河上钓鱼？

小时候我最喜欢的漫画书是《哆啦A梦》，里面有个故事是大雄到原始森林冒险。我做梦也没有想到有一天我会带着自己的孩子去原始森林冒险，就像漫画书里说的那样。童年时，故事书和漫画书是我认识亚马孙平原的唯一窗口，但里面讲的冒险和梦幻故事跟我并没有直接关系。一想到亚马孙森林，我脑海中会浮现出色彩鲜艳的鹦鹉、猴子、巨型树冠、蔓生植物和其他各色植被，它总是与长河、巨型昆虫、怪兽般的爬行动物以及冒险奇遇联系在一起。这听起来很危险，至于到底有多危险我也不了解，但我非常好奇。

"妈妈，我们到了亚马孙森林要看什么呀？"老三问。

木舟是亚马孙居民的生活必需

树獭虽然行动迟缓，但是会游泳哦

“去了就知道。那里有我们从未见过的奇观，听很多朋友说，这会是一次毕生难忘的经历。”我回答。

说实话，其实去之前我心里是很复杂的，既好奇，又害怕。我们对未知都会有一种恐惧。当时登革热在巴西许多地区爆发，蚊虫是主要的传播媒介。如果带有登革热病毒的蚊子咬了我们怎么办？疟疾是我的另一大恐惧。我们已经打了预防针，也带有治疟疾的药，可孩子们还那么小，他们会有事吗？当我们在昆明为这趟旅行做准备的时候，我有好几个月时间都在恐惧中挣扎。我既害怕生病，又渴望去见识外面的世界。我必须为自己和孩子做一个决定。丈夫很尊重我的想法，如果意见不能达成一致，他不会勉强我。但我必须想清楚。我问自己，到底是什么阻拦我踏出冒险与探索的第一步……

“不行，碧清。我不允许你和朋友出去野营。这样不安全。”我爸爸如此坚定地对我说。

“可是爸爸，我已经20岁了，而且温哥华是个安全的地方，我可以照顾自己。”我试着说服他。

“我是你爸爸，你要听话。等你结了婚，就轮到你丈夫为你的安全负责。但现在是我来负责，我的决定是不行，我要确保你的安全。”爸爸顽固地坚持道。

“什么，你们要带孩子去徒步背包旅行？为什么要让他们吃这种没必要的苦？难道没有其他更安全、更有效的旅行方式？你们为什么不把旅程安排得更舒适一点？”婆婆的声音在我脑海中回响。

“妈妈，为什么不呢？背包旅行没什么不好啊，孩子们会看到更真实的世界，这对他们来说也是一种教育。”皙彰平静地回答。

“难道欧洲或其他发达国家对孩子就没有教育意义吗？你为什么要选这些危险、穷困的地方？既然要去旅行，为什么不玩得更有品位、更有档次一点？为什么要让孩子们自己背包？如果背包太重，他们的背部会受伤，影响他们长身体。”婆婆和皙彰理论。

“妈，他们的年龄已经够大了，可以自己背包了。何况他们上学背的课本和作业本比这更重。”皙彰回答。

“你为什么不能像别人一样用比较正常的方式养育孩子？你为什么不能体谅他们一下，想想什么对他们最好？我想让他们吃更好的食物、睡更好的地方、过舒适的生活，这有什么不对？在比较好的环境里，孩子有更好的发展机会，学习效果也更理想，这不是常识吗？”婆婆试图劝阻皙彰。

“妈，带孩子去哪里旅行最好，怎样教育他们最好，每个人都有不同的理解。我们觉得，这个决定对全家人来说是最好的。”皙彰仍坚持他的观点。

“那好吧。我把我们在南美洲的朋友介绍给你，万一你们遇到困难可以找他们帮忙，我们也不用一直为你们的安全挂心。”在皙彰的坚持下，公公婆婆最终还是妥协了，并找了一个既能放我们走，又让自己心里比较踏实的折中方案。

载着全家人的小船在亚马孙河上漂浮，我不禁想，爸爸如果知道这件事会有什么反应。虽然他从小教育我们要勇敢，也教我们练武术，让我们不要怕挨打，但他对我们的人身安全却紧张到神经质。他非常害怕我和哥哥会发生意外，唯恐永远失去我们。小时候我们住在多伦多，他不许我们学游泳，怕我们会溺亡。他也不许我们在大街上骑自行车，怕出车祸。在我和哥哥成长的过程中，他总是严格监控我们的行为，限定什么可以做什么不能做。他的确时常在放学后或在周末带我们去跑步、打羽毛球、练武术，但他一定要我们不离开他的视野范围，这样才觉得安全。我们一离开他的视线他就不放心。

爸爸要确保我们安全，婆婆想让孩子们过得更有保障、更舒适，而我们必须做出自己的选择。如果听从他们，我们的家庭梦想就不能实现。我们会退回到2004年的困境中（正因为这个困境，后来我们接受了婚姻辅导）。要突破家庭文化和社会文化的局限，为婚姻、为自己和孩子做出决定是需要勇气的，因为父辈对于我们如何养育他们的孙子是有所期待的，而带着孩子以这种简陋的方式旅行、冒险、探索世界，并不符合他们的期待。

儒家的价值观要求孩子孝顺，孝顺意味着尊重并听从父母的意见。西方的教育则要求我们有批判性思维，要敢于质疑、审查所接收的想法与信念，并用常识去判断什么对自己和孩子最好，而不是由父母来决定什么对我们最好。过去我们被两种观念来回拉扯到几乎崩溃。由于这两种观念时常起冲突，我们的婚姻关系也一度十分紧张。我一直深感困惑，不知道怎样才能在我们夫妻之间以及与双方父母之间，建立既独立又不失尊重与爱的关系；我也一直挣扎于服从长辈与失去自我的纠结当中，以致内心常常充满愤怒、苦毒、空虚、失望和沮丧。

我想做爸爸的好女儿，也想做一个好媳妇讨婆婆的欢心。但不管我怎么努力，每次我顺从的时候，都觉得自己的心在萎缩，我活得越来越不像自己，渐渐失去了自我。在我的脑海里有太多价值观互相较劲。我认为中国传统文化对“好人”的定义是很狭隘的，比如儒家思想很重视关系中的“孝”、“礼”和“仁”，子女要听长辈的话；随着年龄的增长，对长辈的服从往往给子女造成越来越多的困惑甚至伤害。我想做正确的事情，但事实是，我们都是不完美而且有罪的人，不可能随时随地保持好的状态。

随着时间的流逝，我愈发感到自己需要借助批判性思维去计划并审查养育孩子的方式，我内心的挣扎也愈发激烈。在传统文化的要求和自我的需求之间，我努力想找一个平衡点，好让我可以更好地做自己，也可以有效训练孩子的创造性思维、独立思考能力、道德意识和生活技能，可以拥抱基于真理的价值观。但“孝”和“礼”的束缚，扼杀了我的创意思维和真实自我。我特别渴望能有自己的空间、想法、情感、心声、认同感、价值观——特别渴望被尊重。作为亚洲人，我继承了严格的儒家传统观念，但在这种观念里我找不到自己的空间，因为这种观念认为集体的和谐与诉求、长辈的权威比个人的心声和存在感更加重要。

我常觉得自己就像一根突出的钉子，为了和别人融洽相处总是被敲平，却又不甘心这样失去本位，委屈自己。我内心很想摆脱这种传统思维的束缚，它控制了我整个童年到成年的生活。然而，西方思维追求的个人主义、个体差异，有时又让我感觉有些冷漠，缺乏人与人紧密交往

猴子们争夺、互爱的种种行为，
给我们上了一堂课

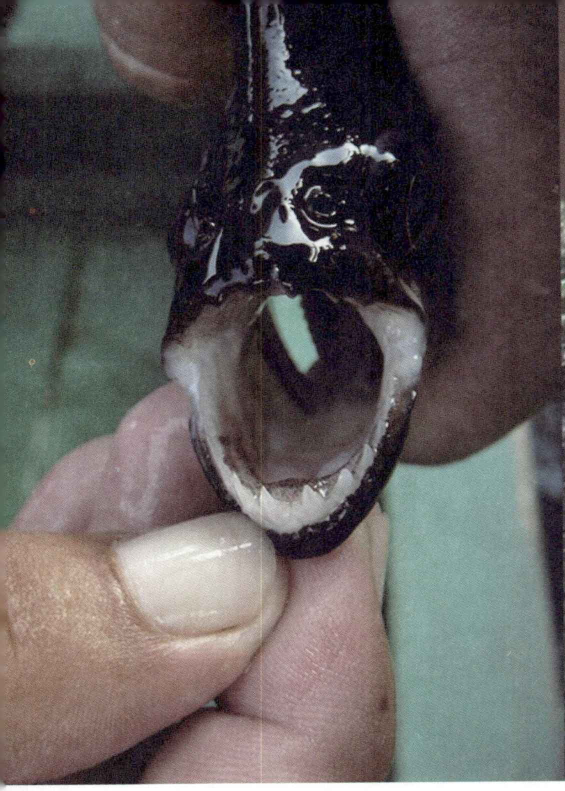

钓食人鱼固然好玩，但是有风险

跟这些五彩斑斓的鹦鹉如此亲近，令人怦然心动

带来的温暖，这种温暖我可以在亚洲的社会文化里找到。

我发现在亚洲文化背景下，只要我清楚每一种人际关系的结构特点、次序以及双方在关系中对对方的期待，就会有安全感，知道什么能做什么不能做，知道特定的行为会引发何种结果。但在西方社会我只能靠自己去建立关系。这么多的声音快把我的脑子撕裂了。

一颗心受了伤就会痛。当它觉得被冒犯、不受尊重的时候就会感到愤怒，充满怨恨、苦毒，不肯原谅。如果心灵觉得不平安，任何情感、期待、羞耻感或罪疚感、传统文化要求的责任感、义务感都无法说服它，让它服从。以往在一番挣扎之后，我往往为了取悦别人，满足传统文化对我的期待而服从他人，而真实的我却被挤压、被掩埋起来。然而一个人的承受力是有限的，被压抑久了总有一天会火山爆发，过去被忽略的一切都会涌现出来。这么多年被压制的情绪、想法累积在一起，最后让我内心完全崩溃，借助跨文化辅导我才慢慢找回内心的安宁，经历自我修复。在这个漫长的过程中，我要把心里所有的价值观整理清楚。最后，《圣经》里的经文为我指明了方向：

你们必晓得真理，真理必叫你们得以自由。（约 8:32）

主就是那灵，主的灵在哪里，哪里就得以自由。（林后 3:17）

不要效法这个世界，只要心意更新而变化，叫你们察验何为上帝善良、纯全、可喜悦的旨意。（罗 12:2）

凡是真实的、可敬的、公义的、清洁的、可爱的、有美名的，若有什么德行，若有什么称赞，这些事你们都要思念。（腓 4:8）

这些出于真理的宣告已经超越了文化的局限。无论我在哪里，跟谁在一起，我的前途如何，我都可以透过这一崭新的视角去评估我的价值观、世界观和信念，从而找到真实的东西。我需要某种绝对不变的真理来衡量我的生命目标、我的价值感和存在感。

当我们的小船随亚马孙河的波涛漂荡时，我的思绪也随之起伏，渐渐回到现实。

我忍不住想，如果我是亚马孙河的原住民，会是什么感觉？他们本有自己的土著文化和生活方式，几个世纪前被葡萄牙人侵略，失去了他们独一无二的语言和身份，还要养育下一代，在日益遭到破坏的生态环境中，在日益锐减的热带雨林里生存下来。因为身处社会最底层，怎样有尊严地活下去对他们来说也是一种挑战。看到他们眼里的痛苦与渴望，我的思绪和心情开始明朗……我要把孩子们带进真正的热带雨林，带进亚马孙原住民的生活中。我不需要说明什么，当孩子们的目光与当地的居民接触，他们自然而然会领会到原住民的需要和无奈，以及参与扶贫、帮助社区发展的重要性。

亚马孙森林教室（妈妈）

“妈，你看！真正的猴子！它们骑在妈妈背上呢！”恩礼惊叹道。

“那不公平！那些大猴子在抢小猴子的香蕉！”敏慧指出。

“哇，你看！那些猴子为了抢香蕉，在游客中间躲来躲去。”敏慧发现。

“嘿嘿……这让我们想起谁呢？”晢彰笑着问。

“爸爸！”三个孩子一起抗议。

“哦……说得好！”我笑了。我喜欢这种出自生活实例，幽默而形象的教育。这些小猴子为了抢香蕉在游客面前互相追逐、大打出手的样子，跟我的三个孩子还真像！他们之间也常常争夺各种东西，如座位、食物、父母的注意力、睡觉的地方等等，现在他们可以看到他们互不相让的时候是什么样子了，我不必再多说什么。其实晢彰也没有明着说他们。可是当孩子看到猴子们的手足之争跟自己如此相像时，也忍不住笑了。我从未想过猴子也能教育小孩！

“孩子们，你们觉得可以怎么改进呢？”我问。

“哎哟，妈，你知道答案。”

“真的吗？答案是什么？”

“我们不是猴子，我们可以轮流着来，也可以分享！”他们答道。

不要拎嘛

“哎呀，你们真聪明！谢谢你们给我上了一课！”

“哇，这是不是很奇妙？在亚马孙森林中央，在鹦鹉、猴子和各种奇异动物的天然栖息地里，我们被它们包围着！这真是莫大的福气。来，我们好好把握这个学习机会，认识一下亚马孙的环境、地理和文化。”晢彰建议。

亚马孙森林就是一间崭新的教室，我们有生以来从未见过面积如此广阔的热带雨林。这里美得让我们屏住呼吸，每样东西看起来都那么大，树林绿得如此浓烈，花朵如此鲜艳，令人叹为观止。我们在丛林里徒步前进，导游要带我们去看火蚁山丘。丛林里的火蚁特别大，身长达三四厘米，我们每走一步都要特别小心。

“小心！万一被火蚁咬了，你们全身就会像火烧似的难受。如果火蚁数量过多是有可能把人咬死的。”导游警告我们。

恩礼十分着迷地径直向火蚁山丘走去！对一个 8 岁孩子来说，任何昆虫都有莫大的吸引力。他想在安全范围内尽可能靠近火蚁。晢彰陪他一起弯腰观察，同时一只眼睛盯着导游，想知道他警告的安全范围有多大，靠多近才是“太近”。在这位经验丰富的导游设立的界限以内，我们给予儿子探索的自由，爸爸也陪着他，以增强他的信心。宛慧、敏慧和我则紧紧跟着导游。

“各位女士们，先生们，我来告诉你们为什么在亚马孙丛林里必须把脚步放轻、放慢。”导游边说边警告我们离树远一点，然后他拿起棍子在树上敲了一下，刹那间一大队火蚁就从树上爬下来！这景象相当壮观，又十分吓人。我很惊讶孩子们脸上并没有恐惧，他们全神贯注地

小心火蚁

观察，不放过每一个细节。这些都是我们有生以来从未见过的场面。大自然太奇妙了！我们唯有在肃静中致以最深的敬意。我们全家在原始森林里继续前进，三个孩子没有再推搡、打闹，只是安静、专注地观察并记住导游教的每一件事。

现场观摩学习的效果是很难形容的。我们可以通过书籍去了解亚马孙森林，也可以看相关的电影和电视节目，但置身其中带给我们的震撼，是其他任何方式都无可比拟的。这里空气的湿度特别高，所有人都汗流浃背，蚊子可以穿透牛仔裤叮得人很痒，但我们没有一个人抱怨发牢骚。放眼望去，翠绿欲滴的鲜艳色彩映入眼帘，沾着露水的嫩叶散发浓郁的芳香，我们唯一能做的就是在敬畏与肃穆中深吸一口气。无须他人教导，透过眼睛看到的、肺部呼吸到的、皮肤感受到的，还有粒粒如珠的汗水以及拂过发梢的清风，对原始森林的敬意已经注入孩子们的每一个细胞。我们的情感与灵魂对上帝之创造充满了深深的崇敬。

“成为亚马孙丛林的一部分是什么感觉？我希望你们能对几个世纪以来亚马孙原住民的生活有所了解。丛林就是他们的家，人们应当对它心怀敬意，不应该为了开发农业、商业用地而砍伐、焚烧树木，以致毁掉整片森林。你们知道吗，亚马孙森林是世界的氧气罐，是地球之肺！一旦亚马孙平原的森林锐减，中东地区的气候就会改变，这也是为什么沙特阿拉伯的冬天一年比一年冷。被毁掉的树木和森林越多，全球气候受到的影响就越大，这是千真万确的。”导游

原始森林有尊严，是需要尊重而不是征服

告诉我们。他的话让我们陷入沉思。

通过新闻和网络了解全球气候变化与亚马孙森林的关系，跟置身其中，亲眼看见它的美丽，感受截然不同。人类对环境资源漫不经心、不假思索的系统性破坏让我们有切肤之痛。无论读多少书都无法让孩子如此敏感、深刻地意识到保护环境的重要性。他们从此有了责任感，知道不能为了搜刮资源而肆意破坏环境。

亚马孙森林里的家常便饭——钓、吃食人鱼（妈妈）

“下面我们要体验一下当地人是怎么钓食人鱼的。”导游宣布。

我们兴奋得心扑扑直跳。孩子们读过很多食人鱼的资料，知道这种小鱼能置人于死地。现在我们不但可以亲眼看到活生生的食人鱼，还能把它们钓上来当盘中餐，真是一次探险！等小船划到比较平静的水域，导游就抛锚停船。出乎我们意料的是，他带的不是那种先进、华丽的鱼竿，而是一根根竹竿，上面绑着渔线和钓钩，钓钩上是大块大块的牛肉。

“吃惊吗？哈哈，不用担心。亚马孙丛林的原住民世世代代都用这么简单的工具来钓鱼：一根竹竿、一条渔线、一个钓钩、一块牛肉。这没什么大惊小怪的，他们不需要借助现代工具钓鱼或生存。今天我要给你们示范一下地道的原住民是什么样的！在亚马孙河上钓鱼实在不是什么浪漫或稀奇的事。你只需要耐心一点，具备一些基本常识，还要有幽默感。”导游笑着说。

我心里很好奇。钓鱼还要什么幽默感呢？据我所知，要钓到鱼，就要像老虎或豹子埋伏捕食一样，既安静又灵巧，还要有母鸡孵蛋的耐心。钓鱼的时候，安静是一门艺术，也是一种美德。我心想，螳螂捕蝉，黄雀在后，食人鱼会不会惊讶它也有成为美食的一天？

食人鱼体积虽小，却可以在短短几分钟内吃掉一整头牛。它们是亚马孙河的“原始居民”，拥有像三角尖刀一般锋利的牙齿，可以迅速撕裂动物的皮肉。虽然我和丈夫从小就听说过这种鱼的威力，却从未亲眼见过，更别说拿它当盘中餐了。我俩从不敢想象能以这种方式陪孩子探险。看到孩子们兴高采烈的样子和闪烁在眼里的惊喜，我俩觉得忍受亚马孙丛林的高温、湿气和蚊虫的叮咬都是值得的。

“冲啊，冲啊，冲啊！来来来，再大声一点，声音越大越好！赶紧用船桨拍水，用手敲船沿！大声说话、唱歌、尖叫！”导游大声嚷嚷着。

“什么？！”我们大惑不解地看着他。

“是的，你们没听错！这是世界上最简单的钓鱼方法！你们的声音越大，钓到食人鱼的机会就越大！”他解释道。

“哇，妈妈，我太喜欢了，太好玩了！谁能想象还可以这样钓鱼，跟我们平时钓鱼太不一样啊！平时我们钓鱼都要安安静静的，大气不敢出，这种大吵大闹的方法太适合小孩了！”恩礼惊叹道。

我们根本不知道嘈杂的声音会成为食人鱼的“诱饵”。对食人鱼来说，有声音的地方就有猎物。我们一直以为它们是通过嗅觉寻找猎物的，导游告诉我们，声音和动作最容易引起食人鱼的注意。当地渔夫发现，如果他们一直用船桨拍打水面，激起高高的水花，大群大群的食人鱼就会被吸引到船边，以为有大型动物，比如一头牛掉到水里，可以饱餐一顿，谁知反成了渔民的盘中餐。

“妈，快看，我钓到一条了！”恩礼兴奋得大喊。

“妈妈，妈妈，你看，我也钓到了！”敏慧也喊起来。

“嘿，我也抓到一条了！”宛慧高兴又不失冷静地宣布。

“哇，食人鱼今天好像特别喜欢小朋友！”

孩子们一条接一条钓到食人鱼，船上的大人们却还在等待鱼儿上钩。我开始有点垂头丧气，为什么没有食人鱼愿意吃我钩上的肉呢？就算我再大声吵闹、叫嚷、唱歌、拍水，也没有一条鱼愿意上钩。等了好一会，我总算看到自己鱼钩上的肉浮起来了。

“妈妈，不要放弃，加油！我们相信你肯定钓得到鱼！你要很有耐心，而且要很吵很吵，再大声一点！”孩子们都来鼓励我。

“妈妈，你看，好像有鱼看上了你的牛肉哦。”孩子们兴奋地指给我看。

“哎呀，总算钓到一条鱼了！”很难形容我当时有多么开心得意，我总算钓到了我的第一

恩礼轻松地钓到四条食人鱼

条食人鱼！那条鱼虽然很小，但看起来很凶猛。幸好它只咬了我钩上的牛肉而没有咬我。

最后，船上每个人都钓到至少一条食人鱼，三个孩子收获最多——儿子钓到四条，两个女儿各钓到两三条。今天太有成就感了！

钓完鱼我们就坐船回旅馆。回去的路很长，正是傍晚，夕阳将水面染成橘色、紫色、鲜红色、金色，五彩缤纷，美不胜收。孩子们坐在船上，静静地看着丛林的风景。

长河上简单而又快乐的亲子游戏（妈妈）

“妈，我好无聊啊！亚马孙河为什么这么长？我们钓完食人鱼就没事情做了！妈妈，你陪我玩嘛，我想找点事情做！”敏慧缠着我说。

她为什么一定要我给她找事情做呢，我们在这茫茫长河上又能做什么呢？

在三个孩子里，老三跟我小时候最像，特别好动，时刻需要通过触摸、观察、走动去探索周围的世界。对她来说，静坐着不动最没意思了。我可不希望6岁的女儿因为贪玩而把她的手、脚或身体任何部位伸进水里。我灵机一动，想起以前有人教过我的很多很好玩的游戏，其中有一种是和同伴比赛谁能将一套拍子打得更快。

“来，先拍同伴的左手，再拍同伴的右手，再拍自己的手掌，再拍同伴的手背，再拍同伴的手心……”

爱就是一起玩耍，一起欢笑，一起享受生命中最简单的乐趣

左拍右拍自拍，后拍前拍。

左拍右拍自拍，后拍前拍，后拍前拍。

左拍右拍自拍，后拍前拍，后拍前拍，后拍前拍……

我们拍得越来越快，还要开口数拍子，生怕落掉一个节拍或是拍到对方。敏慧和我越玩越疯狂，越数越大声，手也打得越来越响，一边尖叫一边又笑又跳，谁都不想输。我们忘了自己还在船上，玩得太凶以致船都摇摆起来，清醒过来以后只得马上停下，免得掉进水里。

这种游戏老少皆宜，可以训练手与眼睛的协调能力，有利于智力与潜能的开发，因为我们天生会追求韵律、节奏与速度。父母和孩子一起玩的时候可以享受亲子之间的亲密感，不但有欢声笑语，而且有身体接触，孩子可以在玩乐中感受到父母的爱，释放开心又爽朗的情怀。一起玩游戏对我们来说是无价之宝。爱就是一起玩耍，一起欢笑，一起享受生命中最简单的乐趣。跟孩子分享喜悦的时刻是无可取代的。即使在最无事可做的亚马孙河上也可以留下幸福的瞬间。

我陪敏慧玩了半个小时之后，她累了，很满足地靠在我的腿上，安静地看着夕阳把亚马孙河染成金灿灿的颜色。她需要玩，需要通过肢体动作和身体接触来感受他人的爱。这种活动让她觉得满足，愿意安静下来。而这样全神贯注地陪孩子玩，跟他们一起开怀大笑，也给了我很多乐趣。

那天我学了非常重要的一课：如果我们愿意耐心聆听孩子的需要，花时间陪他们玩，愿意温柔地待他们，他们就很容易被安抚并安静下来。有时孩子并非故意要吵闹，只是比我们成年人有更多的精力需要发泄罢了。像敏慧这样的孩子是坐不住的，偏偏在船上又没地方跑跳，万一掉进河里还可能遇到危险，这时我唯一能做的就是陪她唱歌，或是玩一种既安全又有趣的游戏。当时我也可以骂她，逼她安静坐着，但多年的经验告诉我，这样做肯定没有好结果。我不想花一个小时听她抱怨、哭闹，把我激怒发脾气，然后跟她吵架，而我们吵架的声音肯定会吸引更多的食人鱼到船边来。

跟慧敏玩过拍手游戏以后，有一个跟爸爸出来玩的美国少女又教我们数数游戏和其他可以用手玩的游戏，这些游戏都是她在夏令营带学生玩过的，老少咸宜。后来整船的人都一起玩。

好玩的游戏是没有年龄限制的。不但如此，在广阔的亚马孙河上，玩游戏也拉近了我们这群游客的距离，让我们有一种亲密感。

我们把鱼带回旅馆，交给厨师去烹制。鱼上桌以后我们观察了它的牙齿，对它的破坏力仍然心有余悸，虽然被油炸过，它的牙齿还是能把人戳疼。回想钓鱼的过程，我发现最难忘的就是孩子们对我的鼓励。他们没有嘲笑我动作慢，也没有责怪我缺乏耐性，而是一直鼓励我耐心等待，不要放弃。我非常珍爱他们的喜乐和热情，具有感染力，能赋予生命以温暖。

衡量危险的尺度（妈妈）

我们亚马孙丛林探险之旅的最后一个项目，是观看当地居民夜里潜水猎捕黑凯门鳄。晚饭后我们旅游团步行去了码头。我们都很想知道，这一区最勇敢的潜水者到底是个怎样的人？是一个身材魁梧、体格健壮的小伙子，还是一位反应机敏的少年，或是一名身强力壮的成年男子？我们正坐在船上讨论，这时导游给我们介绍了今晚的主角。

“女士们先生们，我现在隆重介绍大家公认的最勇敢、速度最快、最出色的潜水者——瑞吉娜！”他不无自豪地说。

“什么？是个女孩！”我们都惊讶得说不出话来，实在太出乎意料了。孩子们惊奇地摸着她的手臂。我们很想知道，为什么这个看起来还是少女模样的 27 岁姑娘，会选择让大部分男人都望而却步、极度危险的职业。另外，她的体格跟我一样娇小，身高不到 150 厘米，并非身强力壮的男子，哪来的力气在水里跟大大小小的黑凯门鳄搏斗呢？我们整船游客对此都很好奇。

船开到目的地以后，她给我们讲了她的故事。

“大家好，我是在亚马孙河边长大的。我从小就看着爷爷、叔叔、爸爸和其他亲戚抓黑凯门鳄。这是我们生活的一部分。在我还是个小女孩时，爸爸就教我怎么瞄准目标，以极快的速度潜进水里并在刹那间抓住鳄鱼。我们绝对不能有丝毫犹豫，也绝对不能估计错误。有一次因为我估计错误，手背上留下了这个伤疤，这也是给我的教训。我很感激在那次意外中我的生命和我的手都保住了。”瑞吉娜冷静地告诉我们。

鳄鱼体积虽小，在 6 岁的敏慧手里觉得好大

“姑娘，为什么像你这么年轻的女孩要做这么危险的事？”一位老人家问道。

“因为我觉得这是一种有趣的谋生方法。我不喜欢做衣活或女红，我喜欢冒险，我想做我爸爸和爷爷做的事情。猎捕鳄鱼确实需要力气，但更需要勇气和技巧。我虽然是个女人，却和任何一个男人一样有胆量、技能和智慧。这也是我热爱这份工作的原因。我对它投注了全部的热情。”瑞吉娜说的时候眼里闪着笑意。

诚实地讲，她有这样的热情让我十分钦佩，但身为一个母亲，我知道如果我的孩子选择这种工作，晚上我一定会睡不着觉，一直为他们担心。我以为我和哲彰在同龄朋友中已经算是敢于冒险的人了，为了训练孩子们的能力，我们鼓励他们参加各种带一定风险的活动，但并不包括让他们跳进亚马孙河猎捕黑凯门鳄。这时我才发现每个家庭对“危险”有不同的定义，对它的接受度也不尽相同。人们对“危险”的定义往往受文化因素影响。对身为母亲的我而言，在亚马孙河里抓鳄鱼已经超出我能理解、接受的范围。

用自己的生命去与大自然的力量搏斗，其结果已经远远超出人所能控制的范围。即使是驯兽师在马戏团里训练老虎、狮子和黑豹，训练过程中的各种因素也还是比较可控的。我无法理解为什么有人会冒生命危险在亚马孙河里和黑凯门鳄搏斗。可是对瑞吉娜和她的家族而言，这是最自然不过的工作。亚马孙河就是他们生活的一部分，他们潜入亚马孙河就像我们在山谷里玩水一样；他们对亚马孙河极其熟悉，就像我们熟悉自己山里的每一块岩石、每一条小河、每一个山谷。的确，他们的工作相当危险，没有人能承诺他们每次潜水都安全返回。但作为亚马孙森林的原住民，这项工作和他们的身份、他们的认同感是分不开的。我们也要学习尊重他们的选择。

我们停船的地方漆黑一片，导游在河流打着手电筒射入光芒。月光温柔地洒在水面上，星星的光芒一闪一闪，点亮了亚马孙丛林。“嘘……”周围一片宁静。刹那间，一阵微弱的响声把我们从夜晚迷人的幻梦里惊醒，原来是瑞吉娜潜进水里了。要不是导游告诉我们，我们可能连响声都听不到。她以迅雷不及掩耳之势忽然钻进水里，我甚至不能称之为“潜水”，因为她

热爱生命的瑞吉娜令人难忘

就像离弦的箭一般飞出去了，随即抓起一条小黑凯门鳄，也就是说她在潜进水里那一瞬间就抓住了鳄鱼并浮出水面。至于她到底是怎么无声无息地完成这一切、在转瞬之间麻痹了鳄鱼并把它抓到船上的，那都是一个谜，我们不得而知。不过是我们喘一口气、眨眨眼的时间，她已经回到甲板上，微笑着给我们看她今晚的战利品。

“哇，妈妈，瑞吉娜真勇敢！她为什么一点也不害怕呀？”敏慧问我。

“我也在想这个问题呢！我既替她担心，又为她感到自豪。”我答道。

瑞吉娜向我们展示这条已经昏迷的黑凯门鳄，从头到尾介绍鳄鱼身体部位的特性；原来它的眼皮是双层的，这样在水里才看得见东西。如果给黑凯门鳄或是其他鳄鱼（或是这类爬行动物）翻个身，让它背部朝下，它的大脑就会落入后腔，它们也会因此进入昏迷状态。瑞吉娜在入水那一刻已经清楚鳄鱼的位置，一旦入水就马上给它翻身，让它昏迷过去，并把它带到甲板上。而导游在甲板上打手电筒不仅是为了让瑞吉娜看清鳄鱼的位置和数量，更是为了跟她配合，让鳄鱼在光线下暂时看不见东西并失去方向感，让潜水者可以利用这几秒钟给它翻身、把它抓到甲板上。从事这种工作要冒非常高的风险，让人既害怕又肃然起敬。万一他们错误估算了鳄鱼的体积或数量，就有可能变成鳄鱼的盘中餐，所以在猎捕过程中没有任何犯错的余地。

孩子们怀着深深的崇敬之情看着瑞吉娜。这时鳄鱼被传到大家手上，每个人都可以轮流抱一抱。我们抱这只鳄鱼有风险吗？当然有。但我们也相信导游和瑞吉娜具备充足的经验，所以我们可以接受他们的提议，并为我们决定要做的事负责。

安全感这种东西是因人而异的。对我爸爸来说，让年少的我们去游泳、在大街上骑自行车已经够危险了；我的婆婆允许孩子们去游泳、骑自行车，但带三个孩子去发展中国家背包旅行则会触犯她安全感的底线；我们可以带孩子去攀岩、跳蹦极、玩沙丘冲浪、坐夜班车从一个国家到另一个国家，但潜入亚马孙河猎捕黑凯门鳄就超出了我们的底线。可是瑞吉娜和导游给我们上了重要一课：要确保安全，就必须认识你的极限和你的环境，在做好充分准备、接受了充分训练的前提下估计好风险。如果每个人都一直躲在他的安全区里，我们就不会看到瑞吉娜这个热爱生命、满怀激情拥抱每一刻光阴的女孩。

我看着丈夫和孩子，想着我的爸爸和我的婆婆。我们每个人都要在不同的价值观和生活方式之间做出抉择，也必须决定我们要如何与孩子一起创造有意义的回忆。意识到彼此不同的文化背景，有助于我们夫妻为这个家锁定要走的方向。

亚马孙河不像云南的山谷河流那么安全。我以前看到漫画书里哆啦A梦和大雄在原始森林里被原住民和各式各样的野兽追着四处逃命，这在一个孩子的幻想世界里是最正常不过的事。我当时从未想过真正的危险是什么，可是一旦真的决定去丛林，各种忧虑就随之出现了：万一船忽然被打翻，我们全部落水；万一刚好有一所食人鱼学校集体出动，要教学生怎么跳进船里吃掉一个旅游团……我可以想象很多种突发状况来吓唬自己，如果我非要这么做的话。我需要做出抉择。

我承认，哆啦A梦冒险的画面让人印象深刻，真的太有趣了！也许用这种幻想来平衡对风险的担忧不是什么成熟的做法，对孩子也不够负责任。但既然事情很有趣，又何乐而不为呢？我和丈夫必须跨出信心的一步，相信导游对原始森林以及其中的野生动物足够了解，足以保证我们的安全，也相信孩子已经具备足够的常识，不会去做危险的事，以致危害自己的健康甚至生命。于是我们勇敢去尝试了，也享受到了乐趣。看着孩子们钓到一条又一条食人鱼当晚餐，我们的快乐难以形容。我们很清楚自己在冒怎样的风险，孩子们也一样。真正重要的是我们彼此信任，成为团结协作的一家。这是亚马孙丛林经历令我们最为难忘的部分。

要建立信心，就必须彼此信赖。作为父母，我们和孩子共同迈出了这一步。我们一起承担风险，互相鼓励，战胜了恐惧与忧虑，拓展了我们的视野，最后可以一起尽情欢笑。

促进夫妻关系、亲子关系的方法有很多，为什么不尝试一些新的做法呢？不论年龄大小，都可以从彼此身上学到一些东西，这是冒险的核心价值。

安逸就是漂流在生命里的
瞬间、无忧、知足常乐

2.4 冒险：提高逆商面对人生的挑战

AQ 专家保罗・史托兹博士认为，一个人的 AQ（逆商，既应对逆境的能力）越高，面对逆境就越有弹性，可以积极乐观地接受困难和挑战，找到创意性的解决方案，因此能不屈不挠、愈挫愈勇，最终表现卓越。

而冒险正是提高逆商的有效方式。

敏慧的梦想实现，可以自己攀岩

鼓励的话可让人翻山越岭

困境来临如何自处？

亦跑、亦逃、亦闪躲？

或

目不转睛，勇敢直面？

哪里，哪里摆放你的心

当四面楚歌沉重难当？

喂哦，喂哦，宝贝的心，

告诉你一个小秘密……

你知道吗？

勇气是你的哦！

你有能力和自由来做

抉择！

——妈妈碧清

在秘鲁，与军人一起攀岩（妈妈）

“你们用什么秘诀来鼓励孩子在困难中坚持到底呢？怎样才能让他们努力不懈？”有父母问我。

我回想起第一次带孩子们去秘鲁攀岩的情形。当时我们已经花了30分钟徒步走到悬崖边缘，现在要拉着绳子垂降到山脚，再攀岩上山。教练率先下到山脚，布置好安全网。我们所在的山崖非常陡峭，几乎呈直角。虽然腰上已经绑了绳子以确保安全，但跳下山崖仍然需要勇气。

“爸爸，我要第一个下去！”老三自告奋勇。

“敏慧，你真的要第一个下去吗？”我有点担心。

“当然了！我跟哥哥姐姐一样强壮，跳得和他们一样快、一样好，我可以的！”我那6岁的孩子自信而坚定地说道。

“好样的，敏慧，你一定可以！我们以你为荣！加油！”我们大声鼓励她。

一眨眼她就下去了，接着恩礼、宛慧和我也下去了。晳彰因为要拍照，所以最后一个下来。看到孩子们能这么轻松地下山，我们向他们表示祝贺。这是我们一家体验现实版的“极速前进”的美妙时刻（“极速前进”是一档以极限运动为主题的电视节目）。

“垂降的时候有没有人觉得害怕？”我问。

“我有一点。”宛慧说。

“那你是怎么坚持下来的呢？”晳彰问道。

“看到弟弟妹妹那么快地溜下去，你总会觉得有压力，也想跟他们一样。他们比我小，既然都能做到，我当然不想落后啊！而且我知道你和妈妈肯定也能做到，谢谢你们的鼓励。”她笑着回答。

“妈，看到你和爸爸给我们加油，我就觉得我可以。我知道你们相信我可以，所以我也相信我可以！”恩礼解释道。

“妈妈，我下来了，因为我就想玩这个！”敏慧表示。

在开始背包旅行之前，我们已经制定了家庭梦想宣言，希望我们的家庭“充满乐趣、敢于冒险”。孩子们很重视这句话，也希望建立这样的家庭文化，让我们的宣言早日实现。我们以家庭的形式一起拥抱梦想并使之成真，无形中就有了勇气和能力去面对挑战。因为有同样的梦想，同样的热情，我们会为彼此加油，在遇到困难的时候会彼此鼓励。

在中国的时候，我们的孩子只要满 6 岁，皙彰就让他们在大街上骑车，以此锻炼他们的胆量、体能和技能。他会花一段时间系统地培训他们，确保他们具备足够的安全意识和应变能力，可以判断在路上怎样骑车才能避免危险。

父母在现场鼓励孩子，可以增添他们的勇气，让他们更坚强，不轻言放弃。如果我们信任孩子，他们也会信任我们。这种信任把我们一家连在一起，成为一个勇往直前的团队。

看到孩子们眼里兴奋的光芒，我不禁开始掂量，自己作为一个中年妈妈到底有多少能量。下山可以靠地心引力，但上山就没那么容易了。我不忍心给他们泼冷水，破坏他们冒险的兴致，所以不得不硬着头皮陪他们闯关。但坦率地讲，我真的很怀疑自己的体力能否跟得上他们以及他们的爸爸。

在同行的所有背包客中，我们的孩子年龄最小，

为什么孩子们能那么轻松自如的攀岩？而妈妈呢？怕怕！

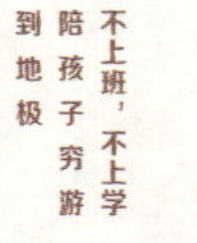

身体还未发育完全，体格也比同龄的小孩要瘦小。看着身强力壮的以色列背包客爬过岩石和瀑布，我不禁好奇他们在高中毕业之后、上大学之前服兵役的两年里到底接受了什么训练。这些年轻人由于在部队里受过训练，对困难毫不畏惧。而我只是个全职家庭主妇，临出门之前才开始练习慢跑，以便在体力上能勉强跟得上丈夫和孩子，并且有足够的力气背自己的背包。而孩子们因为在中国上小学，已经习惯背自己的书包了，又跟着爸爸锻炼，还经常彼此追逐，他们的体力远远超过我。

孩子们的体能跟得上这些当过兵的人吗？我想知道我们一家的极限在哪里。在我心目中，我并不是一个 38 岁的中年妇女，我的孩子也不是瘦弱无力的小娃娃。有机会和这些年轻军人迎接同样的挑战，是上帝的恩典。

冒险是不分年龄与能力的，它愿意敞开双臂拥抱任何心态开放的人。

在美国社会，运动能力是一种应当优先培养的能力，这与美国的建国史息息相关，如果没有健壮的身体，拓荒者们根本无法生存下来。而如今，鼓励运动不但是为了提高国民的身体素质，更是为了培养他们的团队合作意识与紧急状况下的应变能力。因此，晢彰常鼓励孩子们去尝试任何他们感兴趣的事。

“妈妈，爸爸要在山下拍照，所以不能第一个上山。妈妈你先上！”孩子们兴奋地宣布。

“哎呀，亲爱的，一定要我先上吗？万一我中途卡住了怎么办？我能再滑下来吗？”我大声说出心中的迟疑。

“妈妈，不可以！你不会卡在半路的，我们也不准你

一起经历人生的攀岩，一起学习生活

啊！为了孩子，妈妈只好硬着头皮试试看

放弃。我们会负责让你爬到山顶的！”孩子们斩钉截铁地重复了我们平时常跟他们说的话。

“可是为什么一定要我先上？你们知道第一个人上山难度是最大的，他必须起表率作用，还要让后面的人知道哪些地方需要避开……可我也不太确定要怎么做，我爬得没有你们快，力气也没有你们大。”我讨价还价，想鼓动一个孩子先上。

“妈咪，我们是小孩，家长优先！你要给我们带队，我们跟在你后面！我们对你有信心，你一定能做到。快上！”孩子们兴高采烈地给我加油。

在孩子们的鼓励和催逼下，我硬着头皮让教练把绳子绑在我腰上，开始拼命往上爬。说实话，我虽然喜欢一些冒险活动，但像这种要消耗大量体力的运动我还从来没试过。我一点也不想费这个劲，可也不想让孩子失望。他们对这次全家攀岩行动期待已久，我不能浅尝辄止。

“妈，已经20分钟了！你怎么在那里那么久？”

“我卡住了，不知道该怎么办。我的手臂好酸，脚也在发抖……我不想爬了，让我下去行吗？我已经试过了，我真的不知道怎么过去！”

“妈妈，加油，不可以放弃！你已经爬了一半了，我们知道你可以完成的！等我们爬到山顶，希望你能在那里迎接我们！你只要把身体稍微往右边挪一挪，不用害怕掉下来，反正有绳子绑在你身上。再拼一次，你没有什么可失去的，加油！”孩子们非常冷静地告诉我。

大颗大颗的汗珠从脸上流下来，我深吸一口气，权衡了一下两种选择。我很想放弃前进直接滑到山脚，但这样做不但会让孩子们大失所望，我还得拖着已经酸痛的身躯再徒步半小时以上。攀了一半悬崖，我不想再走路了。迟疑得越久，我的手脚就越酸痛，它们仿佛在尖叫着催我赶快做决定。

我丈夫非常明智地没有加入讨论，任由孩子们发表意见。因为不管他说什么，我都会跟他发脾气，怪他没有第一个爬。我很在乎我的抉择对孩子们的影响。如果我能像他们一样在体能挑战中坚持到底，他们就会以我为荣，这也是我最想看到的。我深吸一口气，按照孩子们的提议向右挪动。我不能再担心会摔下去，必须迈出信心的一步，相信身体会自动找到正确的位置，让我继续前进。我问自己：38岁的妈妈怎么会让她11岁、8岁和6岁的孩子来告诉她怎么做才对？为什么他们知道这种情况下该怎么办，我却卡住吓得不敢动？他们是如何克服恐惧并发现所有可能性的？他们看到了什么我没看到的东西？

慢慢地我的脚找到了支撑点，手也知道该抓哪里了。我用仅剩的一点力气把身体往上一推，找到了最后几道岩石间的缝隙，终于爬到顶了。

“妈妈，你看，我们就知道你可以的！你只需要听我们的话，相信我们！你比你想象的还要有力气呢！被卡住或者害怕都是很正常的，只是别僵在那里什么都不做，否则就真的有麻烦了！”

我在山顶上观察每个孩子如何灵活地一次次在岩石缝隙之间找到下一个支点。不管年龄大小，他们的直觉都非常敏锐，能够根据所处的位置果断决定下一步怎么走。他们的目光深深吸引了我，我开始明白差距何在，孩子们的目光非常单纯、无杂念，只看一个方向，就是山顶；他们的手脚也酸疼，却不像我顾虑太多而寸步难行；也不像我那么情绪化，他们能客观地看待问题，迅速估计所有可能性，并冷静、从容地做出判断，一旦决定就立即行动，从不在一个地方耽误太多时间。

我在山顶迎接每个孩子，看到他们脸上得意的神色，我明白了什么叫一分耕耘一分收获。晢彰带他们去训练的时候，教过他们如何在瞬间判断整个形势并做出决定，而那时我往往躲在家里偷懒。训练不足的我，如今就耽误了大家的时间。所幸孩子们没有责怪我，他们的包容让我心存感激，他们的鼓励也让我受益良多。他们真的很爱妈妈！

我发现在困难和挑战面前，鼓励的言语具有惊人的力量，可以让孩子们坚持不懈、愈挫愈勇，而他人积极的态度、父母的榜样、兄弟姐妹之间的敦促也会激励他们勇往直前。在一个团体中，只要大家都积极行动，就没有人想落后，每个人都会感到有一股内在的力量和韧劲在推动自己

能力是靠鼓励和练习锻炼出来的

往前走。身为妈妈，能得到孩子的鼓励和信任是很大的安慰。我们给予孩子的一切都会在他们心里扎根，并随着时间的推移结出果实，他们会成为有韧劲、勇敢而又能鼓励别人的人。

女儿趴在我的背上沙丘冲浪（妈妈）

“孩子们，欢迎来到秘鲁的伊卡市（Ica）！你们记不记得秘鲁的钱币上有个图案是被沙丘四面环绕的湖？我们到这里了！根据爸爸的研究，这里的主要游玩项目就是乘坐沙丘越野车以及沙丘冲浪。我们先找青年旅舍住下，然后我来安排。”晳彰开心地说。

我们在附近找了一家便宜的旅馆住下。因为这是我们全家第一次乘坐沙丘越野车，所以开始冒险行动之前要保证充分休息。第二天在司机的指导下，我们戴上了防沙的护目镜并系好安全带，整装待发！司机把车子开到沙丘顶部然后停下来，一名教练为我们讲解如何借助滑板从沙丘顶上滑下去，可以站着滑，也可以趴在滑板上滑。他还在滑板上抹蜡以提高滑行速度。

为了拍照，晳彰第一个滑下去。看着孩子们一个一个滑下去，我觉得特别有趣。几年前晳彰带孩子们去温哥华和洛杉矶滑过雪，他们都知道该怎么下坡。而我有生以来只在蜜月期间滑过雪。从高处往下全速前进让我十分恐惧，我害怕会摔伤膝盖和脚踝。

孩子们更像他们无所畏惧的爸爸，不像我小心翼翼、踌躇不前。他们毫不犹豫地尝试各种滑下坡的方式：先是站着滑，发现这样速度慢而且不稳；为了以最快速度下坡，他们把肚皮贴在滑板上，抓住滑板前部往下滑，时速可达 10 公里。到了最后一段，宛慧、恩礼和晳彰率先滑到沙丘脚下，只剩下我和敏慧。她已经累了，不想再滑了。于是教练很有创意地建议我们一起滑最后一段。

沙丘冲浪的绿洲

胆量是爸爸陪伴出来的，毅力是自己努力的，好玩是大家一起分享的

“太太，要不你试试把肚皮贴在滑板上，抓住前面的绳子，让你的小女儿趴在你背上？这样你们可以同时滑下去。”我觉得他的提议很切合实际，于是马上采纳了。直到我以 10 公里的时速下坡时，才发现我的脸离地面那么近，沙子几乎冲着我的眼球飞过来。我拼了命地紧紧抓住滑板上的绳子！为了带着孩子安全下坡，我必须抓紧了，眼睛直视前方，无论如何不能有任何闪失。虽然心里害怕，但为了实现孩子们的梦想，再疯狂的事也要试它一次！

要是我爸爸知道了，他绝对不可能让我做这么疯狂的事，我理性的婆婆也会反对我们参加这种危险的活动。我这个妈妈到底为什么要带孩子在这里玩“极速前进”？

在我成长的过程中，爸爸对我总是过度保护，凡是有一定风险性的活动，无论大小他通通否决。然而妈妈总是鼓励我坚持自己的梦想，并且为我争取实现梦想的机会。虽然现在正在尝试的活动让我害怕，但我心里总会想起妈妈如何鼓励我不要放弃，勇敢冲闯，直到美梦成真。而我也愿意为了丈夫和孩子突破自身极限，不给他们拖后腿。有敢于冒险的妈妈，才有敢于冒险的儿女。

沙丘冲浪太过瘾了（敏慧）

给我们开越野车的师傅技术很棒！他开着车不慌不忙地翻越一座座绵延起伏的沙丘。我们每个人都戴着墨镜保护眼睛，风沙嗖嗖地从脸上掠过。看着一望无际的沙海，我迫不及待地想开始冲浪了！

到了沙丘顶部，师傅从车上取下五个滑雪板。他一面教我们如何趴在滑雪板上面，一面给每个滑板打蜡，让滑雪板可以如风一般轻盈地滑到沙丘底部。我把肚皮贴在滑雪板上，倏地往下冲。哇，在最后冲刺阶段，只听见风声隆隆作响，震耳欲聋，我的心也像打鼓一样怦怦地跳！啊，太过瘾了！

极速前进——蹦极（宛慧）

在南美洲厄瓜多尔旅行期间，有一次我们一家正一边骑自行车沐浴阳光，一边欣赏秀丽的自然风光，忽然听见不远处传来一声刺耳的尖叫。奇怪的是每隔一段时间，我们都会听到一声这样的尖叫。我们困惑不已，于是骑车朝声音的方向奔去，想知道到底发生了什么。原来，有一大群人在桥边蹦极！

听着一声声尖叫，看着别人一个个兴奋地往下跳，我们心里也开始痒痒了。征得父母同意后，我们付了钱，并耐心地排队等待。刚开始我几乎等不及了，但眼看排在前面的人越来越少，我开始犹豫起来。弟弟在我前面跳下去了，随之传来一声让人毛骨悚然的尖叫。我身上每一根汗毛都竖起来了。他上来后我赶紧把他拉到一边，问他好不好玩。他默默地点点头。可怕吗？他也点点头。

我似乎做了一个错误的决定，可是已经轮到我跳了！在工作人员帮我绑上安全带的时候，我往桥下瞄了一眼。我的上帝啊！这不可能只是二十多米，这简直是一千多米！我往后退了几步，仿佛桥在任何时候都可能坍塌，把我送进死亡的深渊。我心想，跳楼自杀的人要么是神志不清，要么真的是绝望到神经兮兮了，不然绝对不可能做这种傻事。

忽然，工作人员把我从沉思中唤醒，告诉我等他数到“三”，我就要跳下去。“一——”

啊！太过瘾了

为了实现孩子们的梦想，再疯狂的事也要试它一次

生命的跳跃充满喜乐和感恩

我的心跳得越来越快，“二——三——!”理智叫我不要跳，但一听数到“三”，我便跳下去了。刹那间我的心跳好像停止了。我想我正以每秒一千米的速度往下掉，眼前所有东西都呼啸而过，模糊不清。忽然有一股力量又猛地把我往上拽，原来我已经掉到了绳子的尾端，正在那里像荡秋千一样晃来晃去。渐渐地，“秋千”荡得越来越慢，我的心仿佛也回到了它原来的地方，又开始正常跳动。我自豪地笑了。

我经历过几乎脸贴着地面沙丘冲浪的惊险，也经历过在茫茫大海里潜水的惊慌不安，现在我又经历了地心引力造就的速度。虽然这三种刺激截然不同，却有一个共同点，就是我们在尝试的过程中不免感到害怕、担心，尝试之后却能体会到前所未有的成就感，因为我战胜了之前的恐惧，我战胜了自己。

别看我胆子小（敏慧）

平时哥哥姐姐常常取笑我，因为我很怕黑，晚上不敢一个人带狗出去散步，因为别的狗会突然大叫起来，把我吓得心惊胆战!

可是别看我又矮又小，又怕黑又怕孤单，我也有大胆的时候。我现在虽然只有10岁，但是很多成人不敢做的事，我都尝试过了！ 6岁那年，我跟家人一起去南美洲背包旅行三个月。在厄瓜多尔的一座桥上，我们看到有人在玩蹦极。我当时只有6岁，但真的很想去玩，因为我最喜欢的电视节目“极速前进”里，就经常出现这种游戏，看起来很好玩。现在我和哥哥姐姐梦寐以求的愿望终于可以实现了!

我是由教练抱着跳的，因为我当时体重太轻了，容易被绳子缠住，很危险。在跳下去的那一瞬间，我害怕得尖叫起来以为自己的心脏都要跳出来了！掉到最下面以后，我们就开始荡来荡去，特别好玩!

我经历过很多冒险，但蹦极给我的印象最深刻。如果再给我一次机会，我还会毫不迟疑地跳下去!

厄瓜多尔的惊喜——蹦极

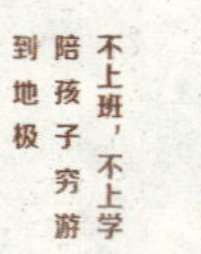

心脏在哪里（妈妈）

哲彰的蹦极动作干净利落

读着宛慧的文章，我不由自主地为之折服，也很想知道是什么力量让她克服了困难。而敏慧的回忆则让我知道，原来孩子们之前看电视里的人蹦极，激发了他们的好奇和期待，有股想要实现梦想的冲劲，机会来了就冲！

在孩子们玩过后，就很想看看爸爸妈妈是怎么跳的。虽然我小时候学过体操，相信自己跳跃的姿势会相当优雅，可是真正要起跳的时候，我全身都僵住了，脑海里塞满了各种念头：如果这根维系我生命的绳子断了怎么办？我会不会摔断脖子？如果我往下跳的时候忽然心脏病发作或中风怎么办？如果，如果，如果……想得越久，越往下看，我就越犹豫，不敢迈出那一步。恐惧让我丧失了行动力。

“妈妈，赶快跳！你可以的！”

“你在开玩笑吗？桥下的河里有很多石头呢！”

“喂，妈妈，我们讲价讲到大人跳一次 10 美金，你别让我们白费功夫啊！”

“什么，我的命只值 10 美金？连 100 块人民币都不到！”

“太太，您可以的，我帮您数数，一——二——三——跳！”

可是不管我多么努力用意念命令身体移动，我的腿和脚都死死钉在桥上，不敢动弹。只消往下看一眼，我的心跳就急剧加速，呼吸也急促起来。恐惧让我不知所措。试了三次之后，我真的很想放弃，走下桥。可是三个孩子双手抱胸，沉着镇定又充满信心地看着我，不允许我后退半步。旁边一群人也看着我。我有生以来第一次感觉到孩子们给我的压力——他们已经跳过了，正等着妈妈跳。

我从桥上往下看，真的很想说服自己跳下去，但理智和恐惧一直在相互较劲，最后我还是

默契：我必须相信他会在恰当的时候松手，他也要相信我愿意放手

僵硬地站在那里不敢动弹。

最后教练温和地提出一个很有创意的解决方案："太太，我还有个办法。你转过来，面对着我。与其你自己往前冲，不如让我来松开你的手，这样你可以往后跳，而不是往前。"

这真是个绝妙的主意！我从未想过还有这个方式可以帮助我克服恐惧，从桥上跳下去。教练的提议非常简单易行，他负责松手，而我只要放松，让自己掉下去就可以了。我必须相信他会在恰当的时候松手，他也要相信我愿意放手，按他的指令去做。"一——二——三——跳！"他一松手，我就放松地跳下去了。坠落的过程太快，我还来不及害怕，它已经结束了。我只感觉到风从脸上拂过，只看到桥下的急流，而我正挂在绳子上来回摇荡。

我爬回桥头以后，孩子们和周围的人都鼓起掌来。这是一个胜利的时刻，因为我终于克服了对坠落的恐惧。我和孩子们有个共同点：我们愿意抓住机会尝试新奇有趣的冒险活动，而且会感受到彼此的支持，面对挑战也就格外有动力。即使还有困难和恐惧必须克服，因着孩子们的信任，我就有勇气去尝试他们喜欢的事情。

的的喀喀湖惊险帆船大营救（妈妈）

"你们想不想学帆船驾驶？我在斯坦福大学读书的时候学过！"暂彰开心地提议。

"太好了！我们怎么才能让船动起来？"孩子们兴奋地问道。

那天一起床，窗外，的的喀喀湖（Titicaca）的美景便映入眼帘。的的喀喀湖位于秘鲁与玻利维亚的边界地带，海拔高达3812米，是全世界海拔最高且大船可通航的湖泊。由于海拔高、气温低，湖泊受到的污染较少，湖水清澈如水晶。湖上有不少小岛，很多原住民住在这里。

我们在电影或动画片里常常看到别人驾驶帆船，孩子们和我却从未亲自体验过。皙彰经过一番讨价还价，还向帆船出租者保证我们不需要导游也可以驾着帆船平安回来，最后以两个小时9美金的价格租下一艘帆船。于是我们跳上帆船，出发！

“你们知道帆船怎么前进吗？是靠它的帆！”皙彰告诉孩子们。

当时风很小，所以船前进得特别慢，但也足以让我们体验一次愉快的帆船之旅。皙彰教孩子们怎样调整帆的朝向，让它乘风前进，怎样掌舵，怎样让船在逆风中以“之”字形前进。皙彰已经很久没有驾驶帆船了，所以大家都需要练习。孩子们喜欢坐在船沿上，把脚泡进水里，的的喀喀湖是淡水湖，不会有食人鱼，所以不会发生危险。我们沐浴着微风，沉浸在的的喀喀湖惊人的美景中。全家人第一次一起驾驶帆船，我们兴奋不已，根本不知道后面会发生什么。

凝望夕阳，惺惺相惜，携手同心同行

做了决定，我们就全力以赴，要把落水的船桨找回来

“快点，风越来越大了。”哲彰告诉恩礼和敏慧，“要不这样吧，你们两人合作，力气就足够拉动绳子了。你们要根据我的口令向左或向右调整帆的朝向。宛慧和妈妈的力气比较大，可以划桨，让船前进得更快。”哲彰像真正的船长一样指导我们。

“来，拉，拉，用力地拉！对，就是这样！”恩礼和敏慧一边拉，一边大声叫着。

为了加快前进速度，他俩拉得很用力，却没发现帆就要撞到我们头上。我们弯腰躲开了，可一不小心，意外发生了——

“哎呀，不得了了，船桨让帆撞到湖里去了！”宛慧惊叫起来。

“赶紧掉头！快把船转过来！”哲彰喊道，让孩子们赶紧调转帆的方向，因为船桨离船越来越远了，但幸好还漂浮着。

我们尽最大努力给帆船掉头，让它离桨更近一点，但毕竟缺乏经验，船让风推往另一个方向去了，桨也随着水流越飘越远。十五分钟过去了，我们还是够不到它。

“哎呀，怎么办？”哲彰有点懊恼，“我们继续试呢，还是花钱赔一个新的？”

“爸爸，我觉得如果赔他们桨，他们肯定会讹我们一笔的，因为我们不是当地人。”宛慧说。

“那你们觉得该怎么办呢？”哲彰问。

“还是要努力把桨找回来，哪怕游泳也行！”孩子们下定了决心。

“不行啊，现在正在秋冬之交，水太冰冷了，游泳不是个好办法。而且我们只付了两个小时的船租。这样吧，我们加油！”我说。

做了决定，我们就全力以赴，要把落水的船桨找回来。哲彰掌舵，恩礼和敏慧按照指令用绳子调整帆的朝向。宛慧趴在船的最尾端观察桨所在的位置，努力要够着它。我则用另外一把桨奋力划船。

“爸爸，必须再靠右一点，使劲靠右！恩礼，敏慧，请你们用力拉绳，我觉得我可以够到！”宛慧发出指令。

“快点快点，我相信只要再努力一把，就可以在急流把桨冲走以前拿到它！”我催促道。

“来来来，加油加油，再快一点，快点快点……哎呀，我的手不够长，够不着……”宛慧很努力地探着身子，但还是差那么一点。

我赶紧跑过去，抓住她的腿，让她的身体可以往前探得更远，直到够得着那把桨。

我们尽最大的努力要把桨拿回来，那把船桨倒是乐得享受一会儿“自由”，在湖面上悠然自得地随波漂浮，一点都不体谅我们的辛苦！

“还差一点，妈妈，还差一点！你抓着我的脚，这样我可以整个人都探出去！我觉得我能够着！”宛慧大声喊着。

我手心直冒冷汗，心里盘算着，身为妈妈，我真的可以让女儿半身都探出船外吗？万一她掉进冰冷的水里怎么办？但我决定信任她，让她再拼一把。最糟糕的结果也就是所有人都在冰冷的湖里游泳，全身湿透。于是我把手伸到最长，努力抓住她的脚，哲彰则努力把船稳住，恩礼和敏慧控制住

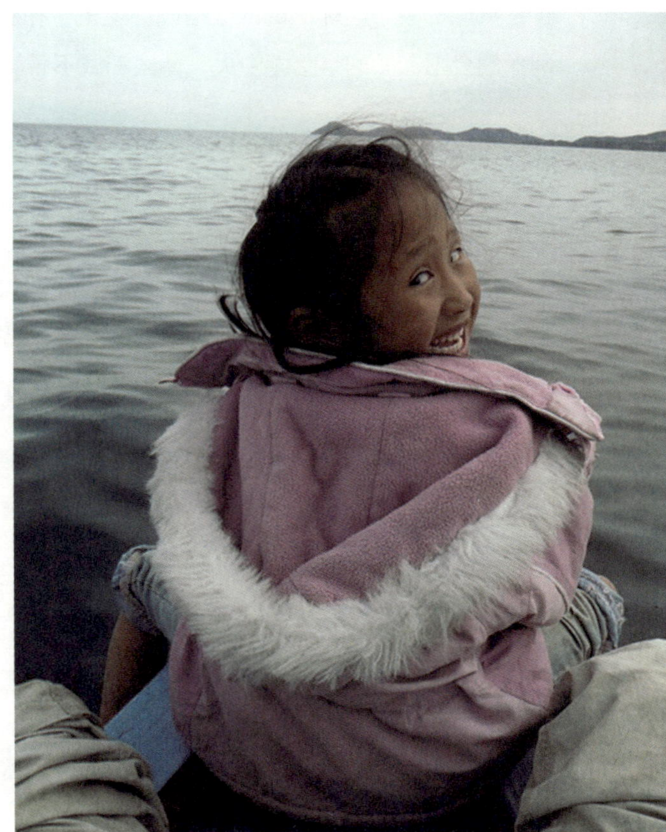

有爸爸做后盾，无后顾之忧

帆。我们一起把船控制好，让“救桨行动”顺利进行。在这个时刻，我们忘记了彼此年龄和生活经验上的差距，也没有时间去比较谁更具备必要的常识和能力，因为每个人都很重要。在紧急情况下，一个团队里谁在发指令根本不重要，重要的是我们都做好分内的工作，并且彼此信任，也相信自己的直觉。宛慧是离桨最近的人，所以她有权指挥每一个人。

“啊，我拿到了，拿到了！”宛慧得意地叫道，我们也欢呼起来。

“太惊险了，我以你们为荣！因为你们努力合作，把失去的桨拿回来了！太棒了，苏家军！”哲彰高兴地说。

“哎呀，不得了了，我们还有多久要交船？”宛慧提醒我们。

“还剩 15 分钟，我们必须全力以赴赶回去！不然得多付 9 美金！”哲彰催促我们。

经过半小时的救桨行动，我们驾驶帆船已经非常熟练了，知道该做什么。宛慧和我拼尽全力划船，恩礼和敏慧也驾轻就熟地调整帆的方向，哲彰掌舵，控制前进速度。

“来来来，全力以赴，速度再快一点！午饭，我们来了！快到了，我们的合作很棒！你们给自己赚了一顿丰盛的午餐，爸爸请客！”

救桨行动对我们来说是一次很大的挑战，但这次冒险经历极其宝贵。从那时起，每次我们看到帆船都会想起那次的的喀喀湖历险记。在那里我们学会了互相信任，聆听彼此的声音，否则我们会困在的的喀喀湖中央，什么都做不了。团队合作太重要了！

当意外发生时，七瀑布历险记（妈妈）

冒险有时并不在计划之内。当意外发生的时候，我们的反应决定了它是转化成危险，还是成为一段难忘的冒险经历。在玻利维亚，有一些背包客告诉我们：“如果你们想中途休息一下，吃点好吃的，那一定要去苏克雷（Sucre）！”于是我们买了票到了苏克雷。

苏克雷在西班牙语中是“糖”的意思，而它确实像糖一样甜蜜！我们在这里的菜市场一天可以吃五顿饭。这一天我们吃饱喝足又做完作业，也休息够了，哲彰就预订了第二天骑马的行程。

“碧清，明天只有三匹马可以骑，其余的马都病了。我们该怎么安排？”哲彰问我。我看了看敏慧，老三给了我们一个很大的微笑，她早就决定好了：“妈，我很高兴有一天时间可以大吃一顿。我们留下来吧！”于是皙彰带着宛慧和恩礼跟导游骑马去探索七瀑布（The Seven Falls）的时候，敏慧和我睡了个痛快，然后优哉游哉地去菜市场大吃。

傍晚他们回来以后讲了今天的故事。“妈妈，你知道吗，我们的马太疯狂了！”恩礼大声说。“妈，我们的马大部分时间都在飞奔！”宛慧也兴奋地说。

“今天真是不得了！我们的马有一匹也病了，导游有时必须停下来照顾它。不知为什么，这几匹马越跑越快，互相追逐。幸好我们在阿根廷的萨尔塔跟那些牛仔学过骑马，所以宛慧和恩礼可以稳稳地坐在马背上。等我们到了七瀑布，导游留下来照顾马匹，我们自己去探索七瀑布。”

“听起来像是一场冒险呢！”我惊叹道。

“妈妈，那才刚开始！你知道吗，恩礼掉进水里了！”宛慧说。

“妈妈，我没有掉进水里，我是从悬崖边跳进水里的。”

“哇……慢慢讲，我想听整个故事！”

“碧清，事情是这样的。我们到七瀑布以后决定去攀岩。当时我们都穿着泳衣泳裤，穿着登山鞋。”

“爸爸在前面检查石头的安全性，我们爬得很快也很高……也许在水面以上两三米。”宛慧估计。

“爸爸提醒我们石头很滑，要小心。他刚说完，我就忽然抓脱手了。我根本来不及思考，

宛慧和恩礼独当一面骑马奔驰

在脚底一滑的那一刻，立刻转身朝着水面，垂直往水里跳。”恩礼解释道。

“妈妈，恩礼真勇敢！他一点都不慌张，直接转身跳进水里了。他没有摔下去，也没有受伤。”

“没错，亲爱的。恩礼攀岩的时候忽然抓脱手，当时我真担心他会摔下去，被石头撞伤。感谢上帝，他在要摔下去的那一刻非常冷静地转过身，脚往石头上一蹬就跳进了水比较深的地方。还好他的眼镜没掉进水里。他安全游回了岸边。他虽然受了惊吓，但也很自豪，因为他能沉着应变。他一直得意地说这是他在南美洲第一次发生意外！我也受了惊吓，毕竟我们没有导游，也没有任何安全设施。恩礼能平安无事，我十分感恩。”哲彰把故事完整地讲了一遍。

“恩礼，我很好奇你在千钧一发之际是怎么反应的？如果我是你，可能会吓得尖声大叫，然后掉进水里。”

“妈妈，我不想从后面摔下去，这样后果肯定很严重，背部会受伤。我觉得转过身来笔直地跳下去会比较安全。以前我们跟爸爸一起游泳的时候，他教过我们怎么跳水。”

“可是，恩礼，在那么短的时间，你哪有时间思考？你怎么知道该做什么？”我追问。

“啊……哈哈……直觉！”他想了一下告诉我。

“那之后你们还做了什么呢？”

“恩礼跳进湖里以后，我们也跳进去游泳。毕竟天气这么热，我们骑完马在清凉的水里游泳很惬意。之后我们在附近的石头旁晒太阳，吃了一盒香喷喷的盒饭。今天过得太完美了，我们都很享受……只是我们很想念你和敏慧。”哲彰说。

“亲爱的，我特别感谢上帝看顾了你们每个人，让你们平安回来。我很以恩礼为荣，他很冷静地做了正确的决定。”

我们之前参加的活动，无论是攀岩、溪谷速降、蹦极还是沙丘冲浪，都有人在身边指导，也有针对风险的安全措施。这些都是有计划的冒险，也是我们习惯的冒险形式。而在七瀑布发生的事情不在计划之内，这才是真正考验人的时候。但对孩子们来说，这两种冒险似乎没有区别——在这里攀岩，

当意外发生时，恩礼凭直觉
做出了正确的决定

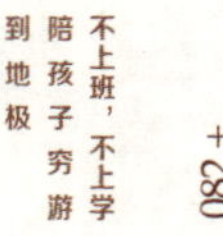

庆祝的时刻：
共享一杯水果奶昔

在那里跳水，好像只是在重复相同的事，每件事情都是练习。所以到了千钧一发的时刻，他们就能根据习惯做出反应。我能理解我丈夫的恐惧。如果是我看到儿子抓脱手，我也会被吓坏，甚至会因害怕而失声尖叫，让他更加慌乱。我丈夫却能保持冷静，相信儿子的直觉判断才是对他最大的帮助。

最后我们到菜市场大吃大喝了一顿，庆祝这一天的冒险活动圆满结束！

我们不会刻意去寻找危险，但在生活中，危险随时可能发生。比如，不知道什么时候就会发生地震、海啸或其他自然灾害。我们能做的，是提升自己的能力，以面对生活中的各种变故。我们一家通过每天运动来挑战自己的极限。也许有一天我的孩子会有能力救别人一命。虽然不知道未来会发生什么，但我们相信有一位上帝在看顾我们，我们也要向他交账，所以必须做最好的自己，随时准备迎接困难与挑战。如果父母和孩子一起参加体能训练，并且每走一步都互相鼓励，就更容易培养乐观的性情。一家人可以一起冒险，实在太有趣了！

2.5 南美游学

边玩边学（妈妈）

“你们去旅行，孩子的教育怎么办？他们的功课不会落下吗？”很多朋友问我们。这是个很现实的问题，我和丈夫跟专业咨询师以及教育顾问都讨论过。我们很清楚每个孩子在英语和汉语方面有哪些学习任务，分别给老大老二订购了他们需要的各种教材，给老三安排了特定的事情做。

因为要背很多书在南美洲旅行三个月，所以我们把东西分散到不同的背包里：除了自己背自己的衣服外，晢彰背全家浮潜的工具，是最重的；我背孩子的课本，重量较轻；孩子们背要完成的作业。一路上，一到车站或可以休息的地方，孩子们就赶紧做作业。

只有像晢彰这样既自律又有计划能力的爸爸才能督促孩子们持续有效地学习，他专门制定了旅行期间的日程安排。一般来讲，我们会用两天来旅行和探险，之后用一整天时间在青年旅舍休息学习。晢彰会督促宛慧、恩礼做作业，我则带着敏慧活动。敏慧和我小时候一样，要靠动觉或触觉学习，只有运用身体，她才能更好地集中注意力。在她这个年龄要求她安静地读书

哪里都可以写作业，把握时间才能玩

用心地做，尽兴地玩

写字不现实。

我们通常在网吧写作业，皙彰更新博客，宛慧和恩礼在旁边学习。等车或吃饭休息时，孩子们也会赶作业，这样可以玩得更尽兴，体验不同的活动。尽可能利用空余时间学习，之后尽情地玩，成了孩子们保留至今的生活习惯。

学生，就是学习生活

用双语跟进他们的学习对我们而言是一大挑战，但这毕竟不是南美洲旅行的主要目标。咨询师建议我们事先准备好各种可以随时随地和孩子们一起玩的创意性活动，以便在途中鼓励孩子们往前走。真正的学习内容并不是课本，而是整个环境——南美洲的天文、地理、人文。在南美洲背包旅行让我们有机会融入当地的生活，以最真实的方式与当地的居民交流并认识他们，这才是我们的最终目标，就是希望能教导孩子们从生活中学习。学生，就是学习生活。

旅途处处皆课堂（爸爸）

在南美洲旅行期间，我们时常要徒步经过原始森林，或是花很多时间乘坐旅游大巴。我利用这些时间鼓励孩子们观察周围的环境并从中学到知识。

有一次在哥伦比亚的圣玛尔塔（Santa Marta），我们要去一处白沙海滩，必须徒步 50 分钟穿过一片茂密的原始森林，从海滩返回公交车站仍需徒步 50 分钟。途中我环视林间小路，心里忽然有了主意。我知道孩子们喜欢探索新鲜事物，于是想了一个有趣的游戏，算是帮忙照料孩子，让碧清可以高高兴兴地休息一会儿。对我来说，想出好玩的游戏是最自然不过的事。读大学期间，我就经常策划集体活动并参与团队建设，有很多机会学习如何组织大家一起玩有趣的游戏。调动团队成员的积极性，让大家亲密合作是一件很有趣的事，而现在我可以在孩子们身上尝试这些点子！

我们走的是土路，时常被许多石头和树根挡住，很不好走。为了消磨时间，也为了鼓励孩子们学习观察原始森林的环境，我给他们布置了一个任务。

“孩子们，听好喽，如果看到一只白色的蝴蝶，加一分；看到大的紫色蝴蝶，加两分；看到黑甲虫，加三分；蓝色的鸟加四分；大蜥蜴加五分。分数最多的人有奖品。”

孩子们一听到任务内容就加快脚步，争相冲到别人前面，要抢先发现这些宝贝。每次听到他们兴高采烈地喊自己又发现了一只昆虫，对我来说都是享受。

“爸爸，那是什么？”恩礼喊道。我们冲过去看他发现了什么。

原来，地上有一条白线，一直延伸到茂密的树林里，而白线上有无数的绿色小叶片正在移动。我们凑近了看，发现那不是一条白线，而是在卵石与树枝之间被清理出来的一条极其狭窄的路。成千上万的蚂蚁正在这条路上搬运刚刚割下来的绿叶。

原来它是蚂蚁的“高速公路”！

这种蚂蚁就叫“切叶蚁”，它们会把树叶切成很小的碎片，用来培植菌类，做自己的食物。在我们心目中，原始森林本是极其茂密、无法穿越的，而这些微小的蚂蚁瞬间改变了我们的想法。它们万众一心地工作，让我们惊叹不已。看起来它们中间并没有明显的领袖或组织者，但每只蚂蚁似乎都非常清楚自己的角色，知道该做什么。

“来来来，我们把蚂蚁也加进清单。谁如果看到蚂蚁高速公路，再加五分。”我宣布。

我们继续在原始森林里找寻各种生物。一旦仔细观察，就能发现越来越多以前不曾注意的东西。

孩子们的观察力特别敏锐

孩子们找到了一个大型蚁穴，蚂蚁们正忙着从窝里往外搬运白色的蚂蚁幼虫。它们举家迁徙的路又细又长，一直延伸到茂密的丛林深处。因为一路有许多有趣的发现，不知不觉就走到了海滩。

在回来的路上，我决定尝试新玩法。

“在我的脑海里有一个词。你们可以轮流问问题，而我只能回答‘是’或‘不是’。如果你们有人猜对了，我就不得分。如果问了二十个问题还没人猜对，我就得一分。每个人都轮流想一个词。同样，得分最高的人有奖。”

“那个词是‘蚂蚁’吗？”敏慧问道。

“不，不是‘蚂蚁’。我教你怎么问。你可以这么问：‘是我们今天看到的东西吗？’这样就可以在最短的时间里缩小答案范围。好，已经有人问了一个问题，你们还有十九次机会。”

听了我的建议，恩礼聪明地问：“是今天看到的东西吗？”

“是的。”

“会飞吗？”宛慧问。

“不会。”

这样来回提问，不知不觉 50 分钟的路程就走完了。

一回到市中心，我们就直奔卖饮料的小摊去买新鲜好喝的水果奶昔——孩子们用得分换取奖品。

蚂蚁的高速公路

伊瓜苏瀑布群徒步之路上的自然科学课（妈妈）

我们花了 36 小时从巴西乘坐长途大巴抵达伊瓜苏瀑布群（Iguacu Falls）。这里是巴西与阿根廷的天然边界。

“好消息！在委内瑞拉，你们见到了世界上最高的瀑布。请问那个瀑布叫什么名字？”皙彰问他们。

“安赫尔瀑布（Angel Falls）！”他们答道。

“你们看过的哪部电影是以安赫尔瀑布为背景的？”

“《飞屋环游记》！”

“今天是你们‘瀑布历险记’的最后一站！欢迎来到伊瓜苏瀑布！”皙彰爽朗地说。

“可是爸爸……从停车场到瀑布还要走那么远的路，多无聊啊……我们要做点什么？”

让我们喜出望外的是，有一个家庭和我们一样决定徒步去瀑布。孩子看到它们后高兴得尖叫起来，然后兴高采烈地悄悄跟着——原来是长鼻浣熊爸爸、妈妈正带着它们的孩子出来寻找食物。一路上，它们在各个垃圾桶里翻找游客留下的食物。它们并不怕人，有时会在游客身边蹭来蹭去，看游客会不会给东西吃。但我们知道这里是不允许游客喂野生动物的。

走到瀑布跟前后，人的整个身心都会被折服。“魔鬼的咽喉”（Devil's Throat，瀑布名称）是瀑布中的杰作。在瀑布边缘，孩子们不自觉地后退了一步，因为水流的速度和风力足以让人感觉到危险。这里有很多瀑布可供孩子们探索。再过一天我们就会越过国界进入阿根廷。

在瀑布群附近散步的时候，皙彰想到一个好玩的主意。这里允许游客在一处小瀑布下面玩

全世界最大、最宏伟的瀑布：伊瓜苏瀑布

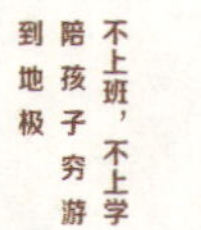

水。天气非常热，大家也不在乎衣服会湿透，因为马上会被太阳晒干。我们倒空一个自带的瓶子，让孩子们在水里抓鱼苗，一边数鱼苗一边尽可能多抓一些，这样在徒步回去的路上就有足够的鱼苗喂发现的蜥蜴。最先看到蜥蜴的人不但可以加一分，而且奖励是丢一条小鱼喂蜥蜴！没有人抱怨太饿或太累，孩子们的眼睛都紧紧盯着路面，看谁发现的蜥蜴最多，好喂它们吃鱼。我和丈夫也加入比赛。我很好奇蜥蜴吞小鱼是什么样子的。看到蜥蜴吃小鱼就是胜利的一刻！

在瀑布群附近有很浅的河滩，聚集了一群一群的蝴蝶，像一群群游客一样，一点也不怕人。我们疑惑为什么有这么多蝴蝶聚集，看起来好像彩色叶子形成的汪洋大海，蝴蝶起伏降落时又像五彩缤纷的花瓣，太美了。

能亲身站在巴西和阿根廷的天然边界上，毕生难忘

我们很意外地找到了答案。当时我们正穿过丛林要回公车站，一路忙着寻找蜥蜴，这时宛慧悄悄地说："嘘——妈妈，你看！"只见一只蝴蝶停在恩礼的脖子上，不断舔舐他的汗水。

那一刻太让人震惊和赞叹了。所有人都屏息凝视，一动不动。在这一瞬间，我们忘记了蜥蜴和时间，只有呼吸融入静谧的丛林。

原来这种亚热带蝴蝶需要水和盐！它们聚集在瀑布旁边，是因为那里有水喝；另外它们需要摄取少量的盐维持健康。盐分布在河滩上和原始森林的泥地里，甚至在人的汗液里！旅途中，就这样在意想不到的时候，全家人上了一堂自然科学课。

最艰辛的一课：沙漠盐湖骑铁马（妈妈）

面对挑战，幽默感可以支撑人走很长的路。

我们之前从未在遍地是沙的路上骑过铁马——自行车。在智利炎热的沙漠，车轮陷在沙里，骑着很吃力，要不时从车上下来推着走。沙漠里几乎没有遮阴处，支持孩子们继续往前走的唯一动力，就是可以在奇妙的游泳池里游泳——在海拔 2500 米的盐湖里漂浮！

原来蜥蜴吃鱼是这个样子的

到目的地之后，我们迫不及待地脱了衣服和鞋子要跳进盐湖。没料到，湖里的盐晶体非常锋利，只要走在有盐晶体的地方，手脚都会被割伤。晳彰在湖里要把敏慧扶起来，另一只手往下一压就被割了 15 个口子。虽说有受伤的危险，我们还是决定穿着袜子体验漂浮在盐湖里的感觉。湖水盐度很高，人漂浮在水面上，不管怎么努力都沉不下去。

“爸爸，你看起来太好笑了！你的短裤怎么啦？”敏慧偷笑。

“哇，爸爸，不但你的短裤看起来硬邦邦的，你的脸也很奇怪啊……你怎么满脸都是白白的粉末，连眉毛上都是！”恩礼笑道。

我们都哈哈大笑起来，原来晳彰的裤子风干之后成了一片盐田！虽然盐湖的海拔很高，湖水很冷，但海拔越高太阳光线也越强，我们身上的水很快就被晒干了，而盐分留了下来。于是我们一起摇摆身子，把盐巴甩掉。大人不必告诉孩子盐的晶体是什么形状，只消被割几次，孩子们就知道它是立方体，边缘非常锋利，如果水里的盐度很高，人就可以漂浮起来。我们一边拍掉脸上和身上的盐巴，一边互相嘲笑，太有趣了！

可是骑自行车回旅社就不那么有趣了。五个人在沙地上苦苦跋涉，又饿又累又严重脱水。没人能预计，在回到旅社之前，我们在气候喜怒无常的沙漠里还会遭遇多少困难。由于晳彰

跟着长鼻浣熊一家徒步特别有趣，走再远的路也不觉得辛苦

哦，原来蝴蝶也吃盐

哇！盐的结晶体太锋利，忘了穿拖鞋下水，还好有袜子

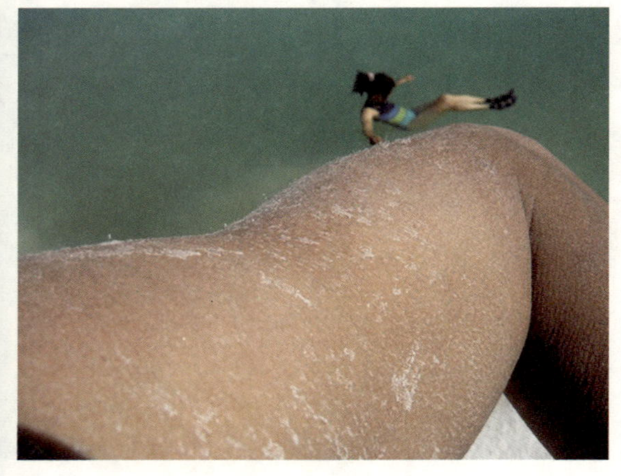

生活里的科学课，认识盐巴的特性

要骑车带敏慧，他的腿开始严重抽筋。他没有抱怨，但我们可以从他的表情里看出他经受的痛苦。于是我和老大老二放慢速度等他。泡盐水湖已经让我“遍体鳞伤”，现在要在滑溜溜的沙地上骑车更是让我筋疲力尽。但晢彰和我根本不敢抱怨，因为我们是成年人，而宛慧只有 11 岁，小骑手恩礼只有 8 岁，他们一样要在沙地上骑完全程，这段路来回总共超过 50 公里。路途虽然艰辛乏味，他们却没有任何抱怨。

不久情况又恶化了。在炎热的沙漠里赶路，水已经喝完了，风开始咆哮，夹着沙子打在脸上，我们只好推着车迎着风沙前进。晢彰走在前面挡风，宛慧、恩礼和我肩并肩走着，互相做伴。所有人都一言不发，因为已经累到说不出话了。我们被盐晶体割得全身隐隐作痛，风沙又开始抽打裸露的皮肤。我们花了四个小时才把车子推到一个小村里的杂货店旁边。

“爸爸，你看，有水！”我们像快要到达终点的马拉松选手一样扑向小店，买了一大瓶冰凉的汽水，它让我们枯萎的灵魂复苏了！我们一边轮流传那一大瓶汽水猛灌解渴，一边打趣彼此灰头土脸的沙漠勇士模样，开怀大笑！全家很以恩礼为荣，他虽然只有 8 岁，却可以毫无怨言地骑完 50 公里，这也是我所骑过的最漫长、最艰难的路途。于是我们奖励了他一个冰淇淋。

孩子们想要的其实并不多，他们只想有水喝，让体力可以恢复，还有父母在他们面临挑战时陪着他们。这并不是我们计划中的课程，大自然总是用它自己的方式教会我们，对于生存来说最根本的是什么，以及互相陪伴有多重要。艰苦的环境促使我们同舟共济，以积极的态度影响彼此，一起欢笑，避免自哀自怜，我们因此可以走得更远。

在最美的星空下上最棒的天文学课（爸爸）

“我们有两个大人三个孩子，能不能算做三个成年人的价钱？”我问“观星之旅”的经理。

在南美洲，我们常常要跟旅行项目的管理者协商价格。由于我们全家有五个人，许多项目单价虽然不贵，但乘以 5 后，对我们来说就太贵了。虽然三个孩子年龄在 6 到 11 岁之间，很多旅行机构还是会按照成年人的标准结算。有时候我们也能买到价格很优惠的票，因为三个孩子看起来都很小很可爱，他们只要冲老板一笑，人家就忍不住会给他们打折。

“对不起，成人票是 12000 比索，儿童票是 6000 比索，总共是 42000 比索（90 美金）。我能给出的最低价格是 40000 比索。”

90 美金，相当于我们在南美洲三天的伙食费，青年旅舍三晚的住宿费，或是参加一整天旅游活动的费用。只是花两个小时看星星，真的有必要花这么多钱吗？

沙漠骑单车特别难，沙太滑了

“你们真的想去吗？”我问孩子们，“价格很贵呢。”

“爸爸，我们也不知道。这种活动是不是一个人一直讲话，而我们要一直听？听起来挺无聊的。”有个孩子答道。

我内心也很挣扎，想做正确的决定。这是我们到达智利圣佩德罗德阿塔卡马（San Pedro de Acatama）的第二天。旅行手册上说这里是全世界最佳的星星观测点，而这位正跟我讲价的经理是一名法国天文学家，他主办的观星之旅是全世界最出色的。根据相关记录，阿塔卡玛（Acatama）的沙漠已经三十多年没下雨了，离城市又十分遥远，海拔 2400 米以上，夜里没有多少灯光，看星星的时候没有任何东西挡住视线，是观测星星最完美的位置。这里还搜罗了全世界最大的天文望远镜。但我不明白为什么这个项目这么贵，组织观星之旅用不了多少成本啊！不就是一个人指着天上的星星讲两个小时吗？如果孩子们不感兴趣，这笔钱就浪费了。

我考虑了一个小时，还是决定相信旅行手册，于是给全家人买了票。晚上七点半，我们和另外 20 个人一道在沙漠中空旷的马路上乘坐了 25 分钟大巴，最终来到一栋只有一层楼的房子前。房子的墙是用泥土筑成的，花园环绕，四周似乎空无一人。

这里的主人——充满活力的法国人阿伦和他的智利太太迎接了我们。我们一踏进他的家，就发现天花板上有一个大洞！客厅没开灯，我们进去以后盯着里面奇特的格局出神。屋顶的洞直径有三米长，圆洞底下的两根柱子之间挂着一张非常舒服的吊床，吊床旁边有一张很小的桌子，上面摆着许多好看的干花。花瓶是用太阳能点亮的灯泡，好让房间里有光线。我们一抬头，就能从圆洞里看到夜空中闪烁的群星。我的第一反应是下雨了怎么办，家里的东西岂不是通通要被淋湿。后来才忽然想起，这个地方已经三十年没下过雨了！

阿伦让所有人在圆洞下面坐成一圈，他的太太则给每个人发了一条毛毯，因为沙漠的夜晚是非常寒冷的。她问我们看完星星之后想喝什么热饮，有热巧克力、咖啡和草本茶。等每个人盖上毛毯安顿好，阿伦开始介绍有关星星的学问。他讲解得太幽默了，听众不可能不被感染。只要是跟天文有关的事物，他都充满激情，如果时间允许，他可以连续讲一整个晚上！他不断从一个话题跳到另一个话题，用特别通俗易懂的语言给我们上天文课。

“伯利恒之星是在耶稣即将诞生的时候出现的，你们知道它的光芒是什么时候发出的吗？它的光芒用了两千多年才到达地球呢！”

“古时候的人对星座的认识跟现在不一样，而且每一种文化对星座都有不同的诠释。欧洲人用希腊诸神的名字给星座命名，如宙斯和珀伽索斯（Pegasus），而中国人则用跟自己文化有关的人物来命名。”

“你们知道吗，如果我们从这里打一个洞，一直通到地球另一端，那我们就刚好从香港冒出来！”

他风趣地介绍各种故事和知识，讲得深入浅出、妙趣横生又易于理解，所有人都着迷了，孩子们也不例外。一个人活在梦想中，做自己真正热爱的事情会是什么样子，看看阿伦就知道了。他看到只有我们一家带孩子过来，就特别关照他们，问他们问题，称赞他们专注的态度。我能看出孩子们非常开心。

室内课讲完以后，阿伦把我们带到屋外寒冷的夜空下。

在屋外的沙漠里，阿伦开始用脚把地上的沙子扬起来。我们正疑惑他到底要做什么，突然一道绿色的激光照在沙子上，空中出现很多绿色的光点。这是绿光在沙子上反射形成的，我们仿佛置身于激光表演中。

“哇……哇……哇呜……”孩子们兴奋地大声尖叫着，又惊又喜。我们也忍不住惊叹起来。

“这就是为什么我喜欢孩子加入。”阿伦对大家说，“他们让我觉得自己是个超级大明星！”

阿伦给我们看他的道具：激光笔。他按下笔的一头，一束很强的激光直射天空，可以指出不同的星星。

“哇呜……”我们再次被这个小小的工具折服。我在中国演讲或做报告的时候用过红色的激光笔，可以在墙上反射出红点。但这种绿色激光笔不但可以在墙上反射出绿点，光芒更是强烈到穿透夜空。它让我想起《星球大战》中的光剑。

“你们知道人们问我最多的问题是什么吗？”阿伦问我们。

“在哪里可以买到这种笔？”所有人都点头！

的确，我也想问这个问题。那天晚上我就决定，回中国一定要买一支绿色激光笔。

借助激光笔强烈的光芒，阿伦在讲解星座、恒星以及行星的时候，可以准确无误地指出他提到的每个天体。

“你们知道那是什么星座吗？”

他用绿色激光指出四颗相邻的星星，它们刚好构成一个菱形。

“这是南十字座。如果你们住在北半球，肯定是第一次看到这个有名的星座。天空中有很多星座你们还从来没见过，因为你们住在北半球。”

“你们知道为什么七月份是巨蟹座，而八月份是狮子座吗？在十二个月当中，太阳是在十二个星座之间转动的。七月份的时候太阳穿过巨蟹座进入狮子座，八月份则穿过狮子座进入下一个星座。所以我们在一年不同的时间里就有不同的星座。”

“你们认为哪颗星星是最明亮的？”

我们环视夜空，指出了最明亮的一颗星——它就在头顶上。

“那是火星，但它不是星星，而是行星。只有恒星才算是真正的星星。”阿伦解释。

孩子们和我一直以为，在夜空里看到的发光体，除了月亮以外，都叫星星。直到现在我们才知道，原来通常肉眼看到的最明亮的“星星”都是行星。一颗真正的“星星”，也就是恒星，相对于其他恒星来说位置是固定的。但由于行星离地球很近，所以一年四季里它的位置相对于恒星来说会有所变动。这是区分行星和恒星最好的办法。

阿伦告诉我们，在都市的夜空里我们最多只能看到 10 到 30 颗星星，而在这个边远、高海拔的阿塔卡马沙漠，可以看到 3000 颗以上的星星，是在城里的 100 到 300 倍。的确，我从未见过像那晚一样的夜空，不但布满繁星，而且周围没有什么建筑物、树木或云朵挡住视线。从地平线的一端到另一端，180° 的宇宙景观尽收眼底。

见识激光的威力

土星，你好！第一次如此贴近地看着你

后来我们看到夜空中飘起了云朵。我们很惊讶，因为白天时天空都是澄澈的蓝色，纤云不染。我们仔细地盯着那里看，才知道那不是云，而是我们耳熟能详的银河！原来这里的夜空能见度实在很高，以致千万颗星汇聚成的银河看起来就像一片云。

在阿伦的园子里有十个大小不一的天文望远镜，镜片直径在20−60厘米之间。有的望远镜有好几米高，需要搭梯子爬上去看。我们艳羡很久了，阿伦一说可以使用，就赶快冲了过去。

我们从未见过这么大的望远镜，我必须把孩子们抱起来，他们才够得着。通过第一个望远镜能看到四五颗颜色不同的星挨在一起，这个星团叫“珠宝盒”（Jewel Box）。通过第二个望远镜可以看到火星。孩子们看的时候不断发出赞叹的声音：“噢……啊……哇！”以致我也迫不及待地想去看。

那天刚好是半月，透过望远镜可以清楚地看到月球坑坑洼洼的表面。以前，孩子们只知道夜空中的月亮很美，现在他们知道月亮表面布满了大小不一的坑洞。

阿伦走到我们身边说：“我要给你们看一样有趣的东西。月球上有个像米老鼠形状的地方，你们看到了吗？”

我们再次热切地轮流观察月亮，发现月球上的确有个地方像米老鼠，之前没注意到。

“你们再看米老鼠的左耳，会发现一个小小的坑。那就是人类首次登月时站的位置！”

我一听特别兴奋。按照美国时间计算，我是在人类首次登月后的几个小时里出生的。当我妈妈从电视上看到阿姆斯特朗跳上月球表面时，阵痛开始了。我时常开玩笑说：“这个人的一小步是苏晢彰的一大步。”能清楚看到第一个登月的人所站的地方，对我来说是毕生难忘的。我用数码相机做了一个小小的距离实验，那天晚上借助望远镜给月球拍了许多独特的照片。

透过望远镜，一个崭新的世界向我们敞开。夜空中的星星点点对我们来说不再只是光点，它们开始变得立体，有不同的形状、大小，与我们的距离也远近不一，而且运行在不同的轨道上。从那天起，夜空对我们来说有了新的意义。

最后，我们每人手里抱着一杯热饮走进屋子，结束了奇妙的观星之旅。在小屋里我们一起回顾并分享了这个夜晚的收获

百闻不如一见，孩子永远不会太小

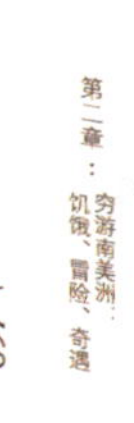

好亲近的时刻，从未如此亲密地凝视月亮

和启发，上帝创造的宇宙太奇妙了！

在回旅社的路上，全家人在两件事情上达成共识。首先，我们都很高兴决定去看星星，票价虽然昂贵，但物有所值；其次，我们决定买一支绿色激光笔，等到了彝族村，一定要常常观看星星！

世界最大盐田里的创意幻想课（爸爸）

“爸爸，现在才早上五点！今天要去哪里？”孩子们念叨着上了吉普车。

“孩子们，你们知道吗，我们今天要玩盐巴，还要创造幻觉哦！要起很早才能看到日出，还要当有创意的导演！”我笑着说。

“爸爸，这个盐田有什么特别的呀？”

“乌尤尼的盐田是全世界最大的，面积 12,000 平方千米，海拔 3656 米。在很久很久以前这里是片海洋，现在海水已经干了，只留下一层 20–30 厘米厚的盐，又平坦，颜色又白。从不同的方向都可以看到地平线。这里（阿尔蒂普拉诺高原）是全世界第二大高原，而最大的是西藏高原。”我跟他们解释。

“等一下，爸爸……我听不懂。古时候的海洋怎么可能在高山上呢？”恩礼问道。

“很久很久以前，由于地球板块运动，很多土地都分裂了。安第斯山脉就是古代海洋所在的板块被挤压后，土地抬高形成的。这是不是很奇妙？”我大声感叹。

我们在车上继续讨论，时间不知不觉就过去了，不一会儿就到了目的地。这里的日出景观十分独特，灿烂的橘黄色在蔚蓝的天空里渐渐铺展开来，像一幅无边无际的画卷，而我们的影子也在极其平坦的地面上被逐渐拖长。于是我们摆出各式各样的思考动作来观察影子，玩得不亦乐乎。

压扁了

恐龙来了

我最高

生活的乐趣：走到哪，玩到哪

随后车开到盐田里的一个小岛上。这个岛以前被环绕在湖泊中央，现在则被一片盐地围绕着。我从未见过这么特别的小岛：首先，环绕着岛的不是水，而是盐；其次，小岛的海拔高达3650米，上面全是古代珊瑚，因为它曾经身处海底；第三，岛上有几千个巨大的仙人掌，几乎跟人一样高甚至比人还高，仙人掌的刺都有20-30厘米长！我们开始在岛上游玩，观察那些古代珊瑚。

好玩的事才刚刚开始。由于盐田十分平坦，颜色全是白的，所以我们可以玩摄影游戏：借助不同的距离，能让照片上的人或物体看起来比实际上更大或更小。大家头脑风暴，设计出各种有趣的“超现实”画面。道具有橡皮恐龙、亚马孙之旅获赠的玩具木船、矿泉水瓶、“尖叫”甚至UNO游戏卡。三个孩子都提出了自己的想法，我们讨论如何利用远近距离进行实验，创造幻觉。

来乌尤尼盐沼之前，我们还不知道世界上有这种玩法。我们轮流当导演，不断尝试各式各样的组合，达成想象中的画面！这种和孩子们互动的过程，不但有趣，也具有教育意义。

波托西银矿里的苦难课（爸爸）

刚开始我们并没有计划去玻利维亚的波托西市（Potosi），因为对这座城市没有什么印象。可是听别的背包客介绍了波托西银矿的历史和那里人民的惨淡现状，我们就渴望去那里看看。上帝感动我们，希望我们可以为那里的人祷告并祝福。

面目全非的波托西（爸爸）

去波托西要乘坐七个小时的车，车很老旧，让人想起在云南下乡时乘的车。车里十分拥挤，有的人就睡在走道上，空气不流通，车里还载了各种牲口。在南美洲坐惯了新型、干净、现代化的长途客车以后，乘坐这种车一时让我们不适应。波托西这个城市的贫困程度由此可见一斑。我们抵达波托西的时候已经深夜两点了。

波托西市海拔4046米，是全世界海拔最高的城市，比海拔3700米的拉萨还要高。这里曾经是全南美洲最富裕的城市。在全盛时期，人口密度比伦敦或巴黎还要大，也因此被称为“富裕之山”（Cerro Rico）。据说1540年西班牙人来到波托西时，山上可以随时捡到银矿石。西班牙人迫使当地百姓以奴隶身份在矿山里工作，成千上万的人死在矿山里。

现在高品质的银矿已被开采殆尽，这个城市也失去了昔日的繁华。虽然全盛时期已过去450年，却还是有超过1.2万名矿工在银矿里工作，靠开采低品质的银矿以及其他矿石维生，如锌和锡。在波托西有四五百个矿坑，由不同的矿主经营，他们雇佣当地的穷人为自己工作，工人中有小男孩、青少年以及老年人。有许多矿工死于意外或“硅肺”，因为他们长期吸入尘埃以及有毒气体，导致肺部病变、积水以致气喘、呼吸困难，最终死亡。这种生存方式是非常痛苦的，大部分男人没有活过40岁，他们的妻子成为寡妇，儿女失去父亲，沦为贫困与残酷现实的牺牲品，也让人口贩子有了可乘之机。虽说如今矿坑的工作环境有所改善，但每年还是平均超过30人死于意外。一旦一个城市的繁华丧失殆尽，人们的生活会变得非常悲惨，女性也失去了生活的保障和安全。

为死亡而生的矿工（妈妈）

“爸爸，为什么我们要给矿工买礼物呢，要买什么？”跟导游去买东西的时候，孩子们问道。

“我们要到地底下看他们是如何工作的，看他们养活家人要冒多大的风险。身为游客，我们至少要对他们表示一点敬意。矿主不允许游客给他们钱作为小费，但我们可以送礼物。”晳彰解释。

“古柯叶在安第斯山脉以外被视为非法的毒品，但它在玻利维亚是合法的，也是矿工生命的一部分。他们相信古柯叶可以提升他们的精力，缓解高原反应，减轻他们的痛苦。虽然香烟不利于健康，会让他们肺部的状况恶化，但可以麻痹他们心灵的痛苦，就像酒精一样。饼干、糖果和饮料对他们的孩子来说是很好的礼物，这些孩子都在矿坑的出口等爸爸出来，他们每天的希望就是爸爸能活着出来。”导游带我们进商店时说道。

亲耳听到矿工和他们家人真实的生活情况令人十分震惊，也非常心痛。虽然我这些年来一直服务于贫困人群，做社区发展工作，却从未亲眼见过有人像他们这样，世世代代活在忧郁、暗淡与绝望之中。导游用简单的几句话就说穿了真相：他们是为死亡而生的，很多男人都是年纪轻轻就去世了。我的孩子们默默地把一切看在眼里，把饼干、糖果和饮料送给矿工的孩子，还跟这些孩子一起玩。玩耍是不分语言和阶级的。

地心历险记

地底的人间地狱（妈妈）

跟孩子一起看各种历险故事，比如看电影《指环王》、《纳尼亚传奇》时，我们总有些浪漫幻想，觉得故事里的人物层层进入地球深处探险并被黑暗吞没是非常有趣的事。但现实中和孩子逐渐走入地底深处时，感受截然不同。

进入尘土飞扬的矿坑时，每个人都要戴上安全帽，帽上有照明灯。通道很矮，戴上安全帽才不致撞伤。要从第一层下到第二层再到最深的第三层，必须弯腰穿过只有小孩身高的洞穴，借助梯子往下爬。对狭小空间或黑暗感到恐惧的人，就不适合来这里。我们后来发现这跟攀岩相似，只不过是在地下。导游让我们暂时关掉所有的灯，体验一下在完全黑暗的环境里走路的感觉。刹那间，我们感到被黑暗吞没了。

进入矿坑第三层后，即将到达最深的地方。导游提醒说，前面有一个很阴森的房间，这个房间对矿工、对当地的文化乃至整个国家的心路历程都有特殊意义。我们看了一下通往那个房间的长廊，发现有大羊驼的鲜血从房间的门框上滴下来。我们必须当场决定是否进去。这个地方适合让孩子们参观吗？我问孩子们想不想进去看一看，他们决定先跟在我后面进去再说。

原来，这个房间里供奉着他们拜的神像提奥（Tio）。那神像给人一种无法言喻的邪恶感。神像嘴里塞满烟蒂，周围丢满古柯叶，一阵阵翻滚的烟雾正从它嘴里冒出来，让光线本就昏暗的房间显得更加模糊不清，也让屋里的氧气更加稀薄。导游说，每周的最后一天，矿工们会来朝拜神像，在神像身上和地板上洒上高浓度的酒。这里空间狭小，氧气稀薄，烟雾弥漫，又到处洒满易燃的高浓度酒精，事实上很容易引发爆炸，是矿区的一大安全隐患。我们不禁为可能发生的灾难担忧。孩子们无法承受房间散发出的沉重邪恶感，拒绝看房间里的景象，闭着眼睛不肯进屋，立即转身离开。

神像提奥的样子介于人和魔鬼之间。每个矿工都会在祭拜时献上古柯叶、香烟、酒和新鲜的羊驼血。在矿区外面，各村常常会以各种仪式和舞蹈膜拜提奥，期待它让他们挖到更多的矿，变得更加富裕。在他们的观念中，基督教的上帝统治着地上世界，而魔鬼提奥统治地下世界。令人惊讶的是，提奥在原住民的文化中原本是不存在的，直到西班牙殖民者到达南美洲以后，他们发明了这个偶像来欺骗、恐吓当地的居民，逼迫他们在非常不人道、不安全的环境下为自己工作。殖民者告诉当地人，提奥想要惩罚他们，除非他们乖乖留在矿坑里，才能受它保护，如果他们胆敢爬出矿坑，就会被当场枪毙。神像提奥成了殖民主义的活化石。

当我们与这个神像面对面的时候，强烈地感受到了殖民主义的残酷性。对孩子们来说，这一天也极富教育意义。

南美洲布兰卡山脉的徒步露营课（妈妈）

“欢迎来到南美洲的阿尔卑斯山脉，也就是布兰卡山脉（Cordillera Blanca）！爸爸妈妈不知道有没有机会带你们去瑞士的阿尔卑斯山脉，但根据《孤独星球》这本书所讲的，这里跟那里是一样的漂亮，你们一定不虚此行！现在准备好了吗？我们要开始爬山了！”哲彰向大家宣布。

“我们真的可以露营、住帐篷吗？我们还从没露营过呢！”孩子们问。

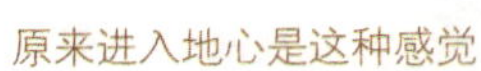

原来进入地心是这种感觉

友善不分国界，尊重是跨国的桥梁

“是的，我们要在这座美丽的高山上徒步旅行四天，你们要学习怎么搭帐篷，还要跟野地里跑来跑去的牛和马一起露营！更美妙的是，这个地方还没受到工业化、人口过剩或其他环境污染的影响，我们可以看到纯天然的冰蚀湖。在不被打扰的环境里享受自然与科学是一项殊荣，千万不要乱丢垃圾。我们不可以成为这里的破坏者，要把所有垃圾装好带下山。”晳彰嘱咐我们。

虽说准备徒步旅行时我们满怀期待，但开始徒步时，我们的心情却非常沉重。“五・一二”地震轰动了全世界。在徒步的前一天晚上，我们在旅社看电视一直到深夜，心里是无法言喻的震惊与悲痛。即使是在秘鲁最偏远的城镇，人们也在看新闻，为中国的灾民祷告祈福。这场灾难就像一场噩梦。如果当时晳彰在中国，他一定会参加救灾行动。我们心里很挣扎。我们应该中断旅行，赶快回中国吗？再过两个半星期，我们就要从南美洲飞回美国了，那里的亲人已经等了我们七年。经过商量，全家决定继续旅行，按照原计划回北美洲陪伴父母和 94 岁的外公，我们知道他在等我们回去。

第一天：你们疯了

“这位先生，你疯了吧！没错，小孩可以免费进入这个国家公园，但这条圣克鲁兹步道（Santa Cruz Trail）非常难走，天气又冷，你们还要在高海拔地区露营，这种活动太不适合小孩子了！”公园门口的管理人员对我们的导游亚伯说。

我和丈夫笑了，孩子们也是满面春风。可以免费进公园太让人开心了！管理人员不了解我们的孩子。孩子们在昆明长大，已经习惯在海拔 1900 米的地方到处奔跑。他们自出生就大部分时间在高海拔地区生活。在这条路上徒步旅行就好像我们在昆明去市中心逛街一样。

我们从巴克里亚（Vaqueria）的一个小村子出发，这里海拔超过 3500 米。旅行团一行十几人，包括导游、厨师以及两名车夫。他赶着四匹骡子，骡子上驮着我们的背包、帐篷、睡袋和食物。我们穿过一些小村庄，发现安第斯山当地村民的生活跟云南的村民挺像的。

那天的徒步路线比较平坦，我们只是渐渐爬到海拔 3700 米的地方。河谷周围环绕着高山，山顶都被积雪覆盖。后来开始下雨，路面越来越泥泞。在徒步的最后三个小时，我们一直在石头上跳来跳去，以免陷进泥巴里。穿过很多湿漉漉的草地，经过高山冰川流域后，我们的外套和鞋子都湿透了。

“爸爸，这路太难走了，一点都不舒服！我的鞋子和袜子全都湿了，而且我的脚被泡得发痒。”孩子们边走边抱怨，这是可以理解的，因为他们没有像成年人那样穿着防水登山鞋。对孩子们来说，最难受的不是在高海拔地带爬山，而是被雨淋得浑身湿透。

皙彰很有创意地解决了这个问题。他给孩子们换上干袜子，然后用塑料袋套住他们的脚，再把脚套回鞋子里。虽然这样还是不舒服，但起码孩子们可以穿着干净的袜子继续前进。

“爸爸你看！亚伯（我们的导游）说这只小绵羊是今天刚出生的！小牧童抱着它，因为它刚生下来，还不太能走路。是不是很奇妙？”敏慧兴奋地大声说。能在深山里亲眼看到一头新生的小羊，这个生命奇迹值得我们付出所有的辛苦，那一刻我们忘记了泡在水里的脚和被雨水淋透的全身。牧童看起来十二三岁左右，非常友善，欢迎我们走近一点去看小羊。

“羊妈妈可能因为生产过程不太顺利，现在脾气有点暴躁。它不但攻击刚出生的小羊，还攻击别的羊，所以牧童为了保护小羊而必须抱着它。羊妈妈认识自己的主人，不会攻击他。但为了你们的安全，请不要抱小羊。羊妈妈现在就在附近，如果你们抱它的孩子，它可能会过来攻击你们。虽然绵羊的性格很温顺，但它们也有恼火的时候。”亚伯跟我们解释。

孩子们看着我偷笑。噢，我知道他们在想什么了，也不禁笑起来！我虽然不像绵羊那么温柔，但也会不时地发脾气。那天我们总共走了五个小时，终于平安到达营地，可以搭帐篷过夜。当时我们全身已经完全湿透了，赶紧支起帐篷，跑进去避雨。

等每个人都搭好帐篷，所有人就到主帐篷去集合。我们蜷缩在这个温暖的帐篷里，孩子们把鞋晾在煮饭的火堆旁边。在又湿又冷的一天过去之后，大家可以聚在一起喝热茶、吃爆米花、讲自己的故事，这种感觉美妙极了！

在海拔 3700 米的地方，外面大雨倾盆，天气十分寒冷，但我们都累坏了，所以一家人挤在帐篷里睡得十分香甜，也特别温馨。

第二天：来自昆明的伞兵小将

“小朋友们早！欢迎来到金字塔山（Pirámide Mountain）！它的海拔高达 5885 米，是你们露营的邻居！”清晨六点半，亚伯问候了孩子们。我们都挤进他用来煮饭的帐篷里，享受他准备的炸红薯、热茶和咖啡。

“爸爸，我的鞋子和袜子还是湿的。”孩子们很发愁。

“我还有很多的塑料袋，可以绑在你们脚上。爸爸很抱歉，让你们这么不好受，但这是我唯一能为你们做的。我很感恩，因为你们这么坚强，这么有耐力，真是太棒了，跟这些刚从军队退役的以色列朋友一样出色！”晢彰一边鼓励他们，一边给他们套上袜子、塑料袋和鞋。

身为一名全职妈妈，十年来我每天都要这么照顾孩子，说实在的，我对他们的抱怨已经很没有耐心了，很容易因为他们抱怨、争吵而大发脾气，哪怕他们的抱怨是合理的。我真的很佩服晢彰对孩子们的耐心。他在路上总是很冷静、很积极地回应孩子们的问题或需求，不像我那么情绪化。他很少跟孩子们争执，总是鼓励他们提起勇气、冷静思考、找出创意的解决方案，而这时我最好待在一边，因为当他们又累又饿、大发牢骚的时候，我也会跟他们一起发脾气……这几乎是我们每一天的家常便饭！

高山低谷，上帝的爱与我们同行

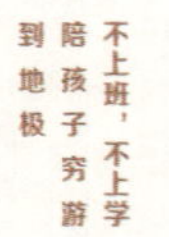

“你们准备好了吗？我们出发！今天我们要徒步 8 个小时，跨过两条河，穿越雪山，一直走到海拔 4700 米的地方。这是个很大的挑战，但沿途风景很美。等我们到达目的地，我会给你们煮一顿美味的晚餐！”亚伯宣布。

开始徒步的时候，四周弥漫着浓雾和乌云，天气又湿又冷。孩子们随身带着吃的，一边走路一边吃东西补充体力。最后太阳总算拨开云层，照亮了整个天空，让我们看到塔里雅鲁山（Mt. Taulliraju）的美景。这座山海拔高达 5830 米，是依据布兰卡山脉的花朵命名的。

我们逐渐往高处攀登，路过一些河流、瀑布、冰蚀湖，还看到了各色各样的野花。这些野花非常独特，它们没有梗，花瓣紧挨着地面，很像苔藓。我们不指望孩子们记住所有植物的名称，但我们很高兴他们能在天然环境中看到前所未见的植物和野生动物品种。以后他们如果要研究安第斯山脉，就会很有优势，因为他们见过这里的生态环境。

离雪山的山顶越来越近了，借助望远镜可以清楚看到每处冰川、每朵云彩、每块岩石的所有细节。每次看到孩子们拿着望远镜发出惊叹时，我们就觉得不虚此行。当我们置身美景之中，想把每样东西都看个究竟时，孩子们就自然而然地学会了科学的观察方式。

吃完午饭，我们继续朝海拔 4750 米的彭塔联盟隘口（Punta Union Pass）前进，攀登十分艰难。看到孩子们径直往上爬，大家都很惊讶。由于孩子们已经习惯在高海拔地区生活，这对他们来说只是边走边玩边吃点心。当时天气非常好，他们已经吃饱喝足，精力充沛地到处跑跳、追逐。

“妈妈，那些年轻人是军人，他们为什么气喘吁吁的，一直拼命喝水、吃饼干和巧克力。真的有那么难吗？”孩子们好奇地问。

“你们有一样优势是他们没有的。你们都是在高海拔的昆明长大的，体内积累了很多红血球，可以更有效地利用氧气，不需要重新适应高海拔的环境。但他们常年住在平原或低于海平面的地方。所以你们跟他们不一样，你们的身体状态就跟在安第斯山脉长大的农民孩子一样。”我跟他们解释。

“哇，你们的孩子简直是从伞兵部队里来的！他们的动作非常迅速敏捷，一溜烟就从这条路上跑过去了！”一位同伴评论道。

第二天的营地海拔 4200 米。虽然很累，但我们还是精神饱满。恩礼的鞋因为湿了很久，变得皱巴巴的。那天晚上，亚伯做了可口的吞拿鱼炒面条以及非常美味的汤。

“爸爸，我们在睡觉之前的‘家庭时间’里要做什么？”孩子们问。

“我们把所有手电筒都找出来，挂在帐篷顶上，玩 UNO 牌！”皙彰提议。这太有趣了！我们还从没在高海拔地区营地的帐篷里用手电筒玩过牌。

“哞……哞……哞……”外面有一个野牛合唱团！

“爸爸，我们这样安全吗？听起来外面有很多头牛，它们会不会把我们的帐篷踩烂？会不会踩在我们身上？”孩子们非常担忧。但我们太累了，还来不及多想就沉沉入睡了……

第三天：走马看花的乐趣

一早醒来，阳光灿烂，我们环视帐篷四周，发现景色美得惊人。营地四围雪山环绕：阿特松拉胡山（Mt.Artesonraju），海拔 6025 米，跟派拉蒙电影（Paramount Pictures）片头里的山峰非常相似；塔里雅鲁山在太阳的照射下闪闪发光；海拔 5947 米的阿尔帕玛尤（Alpamayo Mt.）山顶呈尖锐的三角形，美得动人魂魄。

孩子们一言不发，静静地享受眼前的奇观。看着他们极力想用双眼记录下看到的美景，我们觉得此行太有价值了。我们无法把全世界的知识都教给他们，我们所能给予的是许多美好的回忆。营地附近有将近 20 头牛在晒太阳吃草，原来这就是昨晚的合唱团！趁着有阳光，我们赶紧把鞋袜拿出来晒干。第三天的徒步旅行，要走八个小时下坡路。

一路上景色很美，我们走得很悠闲，路过又大又美的哈顿各塔湖（Laguna Jatuncocha），

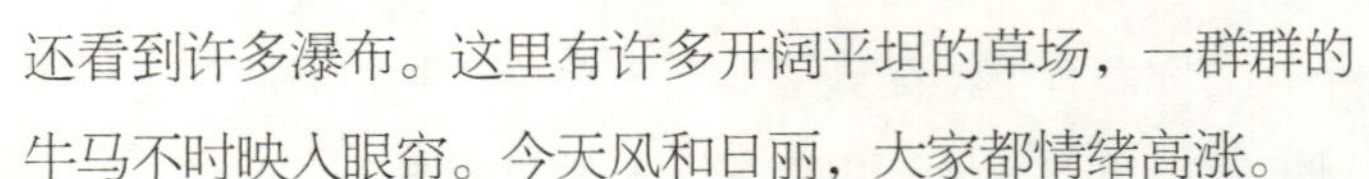

还看到许多瀑布。这里有许多开阔平坦的草场，一群群的牛马不时映入眼帘。今天风和日丽，大家都情绪高涨。

“爸爸，我们没水喝了。瀑布里的冰川水可以喝吗？我们喝了会不会生病死掉？”孩子们问道。

“我想应该没问题吧。这里的水很清澈，应该是没有污染的。我们来试试看，把瓶子给我。”皙彰答道。

“哇，爸爸，这水真甜！比我们买的矿泉水好喝多

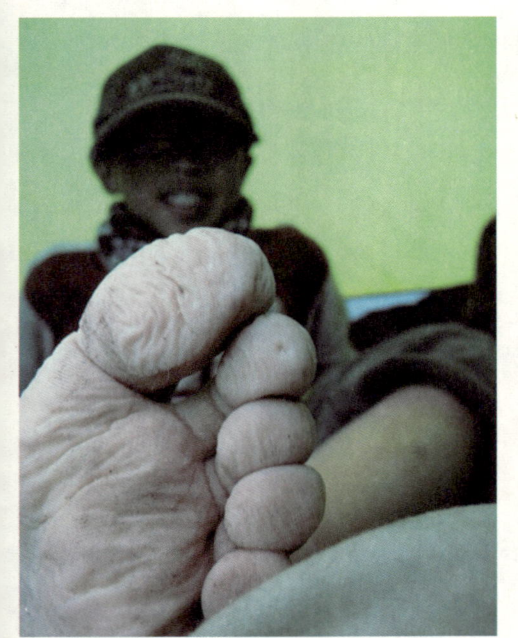

恩礼的鞋因为湿了很久，脚底变得皱巴巴的

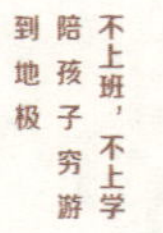

新生的小羊需要牧羊人的保护

了！”他们惊叹道。

“爸爸，太神奇了！我们今晚要在瀑布旁边露营！”孩子们说道。

“是啊，太酷了！你们能想象吗，这里的海拔有3300米，而我们在这么美的地方露营！”

“爸爸你看！我们头顶有双彩虹，我还从来没见过！为什么只下一点小雨，晚霞里就会出现这么美的彩虹呢？”宛慧问。

“你们知道吗，彩虹其实是光线曲折以后形成的。如果空气中有水滴，光线经过这些水滴时就会发生折射和反射，这时我们就可以看到七种颜色！当然还有更多的颜色，但我们的肉眼只能看到七种。如果你在天空看到的不是一道，而是两道彩虹，就说明光在水滴内反射了两次。”哲彰解释道。

这一天在美丽的晚霞与双彩虹的祝福中结束了。

第四天：恋恋不舍

最后一天，我们下山只花了两个小时。一路沿着冰川河流走，我们有生以来还从未见过这么多冰川河流。在壮丽的自然景观面前，我们整颗心都肃然起敬，也明白了环保的重要性。这次探险与游学的经历提高了我们对环保的重视，这让我们心存感激。徒步旅行的终点

亚伯的帐篷充满了创意厨艺的温馨

手拿着木棍，头顶着饼干，和骡子分享爷爷的帽子，我们好幸福

在南美洲的阿尔卑斯山走马看花

是宽广的瓦拉斯山谷（Huaraz valley），它位于卡萨潘帕（Cashapampa）小镇的两处峭壁之间，海拔 2900 米。

愉快的旅途即将接近尾声，孩子们依依不舍。沿途的风景、同行的旅伴和露营活动都给了他们很多享受，他们一直恳求能不能再多走一天。可惜天下没有不散的宴席，我们最后只好跟深受众人喜爱的导游亚伯以及所有朋友依依惜别。

习惯了高海拔的生活，攀登十分轻松

秘鲁大海的冲浪课（爸爸）

虽说我对整个旅程已经做了整体计划，但在做每件事以前还是会先询问碧清和孩子们的看法，一家五口人一起做决定。提高每个人的参与度，对他们的学习和整个家庭团队的建设都能起到惊人的效果。

在凯洛管理学院（Kellogg School of Management）学习的时候我就懂得，提高团队的内在活力，让每个人在做决定与执行的过程中都担负责任，是十分重要的。传统的管理方式是由上而下：我说了算，你照做就是。而我在商学院学的是横向管理模式：我有个主意，让我们一起讨论，一起实现它；我会协助你，让你具备必要的能力，这样我们就能以团队的形式完成目标。在商学院的时候，不管在课堂还是在社团里，我们都一直浸泡在这种合作的文化中，许多同学也把这种文化带到了企业各界。

在秘鲁的时候，有一次，我们清晨五点到达一个叫特鲁希略（Trujillo）的大城市。当时我们商量，是当天下午就坐巴士去靠近秘鲁与厄瓜多尔边界的皮乌拉市（Piura）呢，还是在这里

LS
LIQUID SHREDDER
San Mateo

待一天，因为特鲁希略有许多大型的前印加国遗迹，但在过去的两周里，我们已经看过许多遗迹了，不太确定在特鲁希略是否还要再游览这些地方。

这种情况下就要请教《孤独星球》了！书中介绍说在距特鲁希略 10 公里的地方，有一个海滨小镇叫宛查可（Huanchaco），那里的渔民会用传统的芦苇船捕鱼，还有许多冲浪学校。我们五个人经过商量，决定先乘出租车去这个小镇看看是否合我们的意，再决定是继续前进还是停留一两天。

早晨六点半我们就到了宛查可，这时渔民们已经捕完鱼，乘着芦苇船回来了。他们用芦苇扎成的小船形似雪茄，名叫“卡巴列柁”（Caballito），意为“小马”，看起来十分有趣，我们也因而喜欢上这个地方。往前走，我们又看到好几家冲浪学校，牌子上面写着：欢迎不同年龄的孩子到此学习冲浪。孩子们开始兴奋起来。

宛查可是个中等大小的小镇，有很多吃的东西。我们一家花了些时间商量要不要推迟去厄瓜多尔的时间。现在回顾起来，我觉得我们全家当时做了最正确的决定。

码头上有一些小摊贩在卖鱼苗、渔线和鱼钩。他们把渔线和鱼钩卷在一块小木片上，一套工具只要三索尔。孩子们异常兴奋，他们还从未在海里钓过鱼。

“我有点怀疑只用这样一个钓钩、一条线和一个铅坠是否能钓到鱼。但是，既然有人这么做，我们何不试试看呢！”我答道。

没想到一个小时里我们总共钓到八条大小不一的鱼，我们简直钓上瘾了。“亲爱的，我以为钓食人鱼已经简单得太不可思议了……想不到在宛查可钓鱼也这么简单，这么有趣！”碧清笑着说。

我们买了一点沙拉油和盐巴，在下榻的青年旅舍准备开火。我教孩子们怎么清理这些鱼，碧清则把鱼煎了，吃自己钓的鱼，觉得味道格外鲜美！我们的宛查可之旅由此拉开了序幕！

晚饭后，我们开始比较各家冲浪学校的价格，决定第二天就去上课。课程在中午涨潮的时候开始。首先要慢跑并伸

↙ 哇！一条线、一个钩子也能钓到鱼

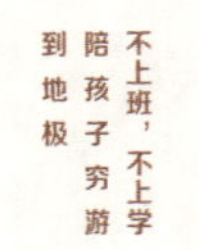

好玩，就不怕被浪冲倒，翻了爬起来再玩

乘芦苇船也能冲浪

展四肢来热身，随后教练们就在沙滩上画出冲浪板的形状，让我们做模拟练习，假装在沙上“冲浪”。专业冲浪者的指导让我们大开眼界，让我们认识到每件小事都是一种生活技能，是一种艺术，一种能力，不能轻忽对待。如果我们在昆明的时候没有通过练习俯卧撑来增强上身的力量，现在就根本没有力量冲浪。如果当时没有每天做仰卧起坐，腰部也会缺乏足够的力气，无法在海浪中保持平衡。

10 分钟的模拟练习以后，我们开始真正的冲浪练习。教练们很细心，系统而循序渐进地教我们在海里冲浪。首先教练会帮助我们追浪，方法是迎着浪头把我和碧清推进海里，而我们先是肚皮朝下趴在冲浪板上，然后自己站起来。孩子们练习的时候，教练则在浪板后头。这种感觉太过瘾了！难怪那么多人喜欢冲浪！

孩子们的学习速度与平衡能力大大出乎教练们的意料。他们不怕会被海浪冲倒，很快就能自己站起来，有时甚至可以独立冲浪。连最小的敏慧也能在教练的帮助下自己站在浪板上保持平衡。海滩上的人都停下来看我们这来自亚洲的一家五口冲浪。孩子们格外喜欢冲浪课，强烈要求在宛查可再多待一天。于是我们决定多留一天，在这里钓鱼、冲浪。

第二天，宛慧和恩礼又上了一堂课，我自己则租了一个浪板练习，碧清和敏慧为我们拍照。

第二天的海浪更大更猛，对孩子们来说有些可怕，但他们还是玩得很开心！我也慢慢学会了追浪。过了一两个小时，我发现我的手臂开始酸痛，因为我必须趴在浪板上，瞅准浪潮打过来的时机划水，但总是一次又一次被冲翻。等这一天接近尾声的时候，我的手臂和胸肌又酸又痛。最后，我终于可以自己追到浪、自己冲浪了，我付出的所有努力都没有白费！

由于敏慧那天没去冲浪，我们就让她去坐芦苇船。渔民们让她坐在芦苇船后头，他们迎着海浪划船。每次海浪打在船身上，小船都能像冲浪板一样，从浪头上滑过去！船上的人就好像坐着冲浪板回到岸边。敏慧太得意了，原来不必辛苦学习冲浪也能体验冲浪的愉快，还不必担心船会像浪板一样被海水打翻。她是那天唯一的小芦苇船乘客，她为此感到很自豪，我们也以她为荣。

旅途中的经济课：我们是最富有的穷人（妈妈）

我们并没有刻意教孩子任何经济学课程，如财务、汇率换算或机会成本等等。然而在旅行过程中，各种交易会自然而然地发生。还没到南美洲的时候，在美国佛罗里达州迈阿密（Miami）的麦当劳里，孩子们就上了第一堂经济课。那是我们平生第一次到迈阿密，发现所有路标都是西班牙语！我们无法用西班牙语点餐，但起码知道怎么用西班牙语说“谢谢”。用西班牙语说“谢谢”的时候，帮我们点餐的人就笑得很开心。那是第一堂国际经济学课：很多事情的重点不在于钱，而在于如何建立起沟通和信任的桥梁。

一到哥伦比亚，孩子们的经济学课就开始了。晳彰想把旅行支票换成哥伦比亚的货币，我和孩子们则坐在机场的角落里等他，等了半天……最后才发现旅行支票已经过时了，因为现在全球的银行自动取款系统非常发达，旅客可以用银行卡从机器里提取外币，只不过要扣手续费。

孩子们一直观察爸爸在每段旅程中是如何用钱的，也渐渐熟悉了这个流程：我们从一个国家进入另一个国家之前会准备足够的现金，入境之后先找兑换货币的地方，兑换了本国货币之后也会给孩子们一些零用钱。我们必须留意每个地方的汇率。如果现金不够，就必须从当地的自动取款机上取钱。

“爸爸，你怎么知道我们去每个国家要准备多少钱呢？你是怎么估算的？怎么避免剩下太多现金，以致到了下一个国家无法全部兑换？”孩子们一直在观察爸爸如何跟兑换货币的人协商、讲价。

“爸爸告诉你们，旅行之前估计预算是最重要的。一般我会根据大致的旅行路线估算我们在每个城市的生活费，比如了解当地公交车、长途巴士的票价，通过其他背包客或《孤独星球》了解每项活动的价格。这样我在进入每个国家之前就知道我们的预算大概是多少。我通常会带一些美金在身上，以备不时之需，因为现在美金仍然是国际通用的货币，有比较好的信誉。去每个国家之前，我都会先确保我们会说最基本的当地语言，比如‘厕所在哪里’。‘水’、‘请’、‘谢谢’、‘对不起’都是必须学会的单词。虽说这些表示礼貌的单词表面看起来和经济无关，但这是建立健康经济关系的基础。如果你用别人能理解的方式对他们表示尊重，不管是对卖水果奶昔的奶奶，还是与旅游活动有关的管理人员、旅社老板、餐厅服务员，你都是在实践最基础的国际经济学。做生意并不仅仅是金钱往来，更是人与人之间建立关系、增进理解的过程。这也能显出一个人的品格、价值观和最基础的教养。”

“爸爸，你在换钱的时候怎么确定不会被骗呢？”

“我会先通过《孤独星球》、其他背包客以及网络了解每个国家合理的汇率。一般来说，换钱最不理想的地方是在边境，因为人家知道你急需用钱。有时你在找到银行自动取款机之前不得不承担这种损失，因为你要兑换足够的钱才能订当天的青年旅舍。”

“那你怎么知道要给我们换多少零用钱呢？因为你就是我们的流动银行！”恩礼问道。

“我们基本上能设想哪些花费是合情合理的，比如买冰淇淋、水果奶昔、点心等等，所以

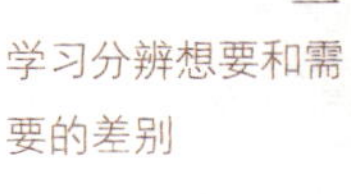

学习分辨想要和需要的差别

新鲜的仙人掌果子好吃

我在这个范围内换钱给你们，确保你们身上不会剩下太多外币。我们每个人都是一个微型的流动银行！所以做预算最重要的就是要知道花钱的限额在哪里。”皙彰解释道。

“可是爸爸，你怎么知道哪些钱该花，哪些钱不该花呢？”敏慧问道。

“这是个好问题！做每件事情都有代价，这就是所谓的机会成本。你要得到一样东西，就得放弃另一样。比如我们在秘鲁马丘比丘的时候，就要决定是花钱坐公交车下山呢，还是走路回去，然后用省下来的钱享用汉堡包。这都要看每个人怎么选择。区分真正‘需要’的东西和你‘想要’的东西是需要智慧的。‘需要’是关乎生死的。你的身体需要水，没有水你就会死掉，这就是‘需要’；你想喝饮料，但不喝可乐也不会死掉。如果你作预算的时候手头的资源很有限，用这种方式就能区分什么是你‘想要’，但事实上不‘需要’的东西。在旅途中，爸爸一直试着在我们需要的和想要的东西之间找一个平衡点，毕竟如果每天只喝白水，就没有乐趣可言了。如果我们在某些方面省了钱，那就可以在别的地方多花一点，比如享用一下冰淇淋或水果奶昔。每天三顿饭是必不可少的，是一种‘需要’，至于吃什么，我们则必须在‘想要’的东西里做出选择。我们可以花很多钱在一个很气派的餐厅里吃饱饭，但考虑到我们家有五口人，我们可以更明智一点，去菜市场吃饭，同样可以吃得很饱。我们会做总体预算，限定我们在这段旅途中最多能花多少钱，同时会留一点弹性的空间。所有事情都要看你怎么选择。”皙彰答道。

“爸爸，那我们是很富有呢，还是很穷？”

“这个问题的答案是相对的，要看你跟谁比较了……资源永远是有限的，无论是使用水、能源、食物还是钱，每个人都要做一个负责任的消费者，好好保护环境。”

“噢，我明白了！所以我们是最开心且最富有的穷人！”

厄瓜多尔孤儿院爱的一课（妈妈）

“你们知道厄瓜多尔（Ecuador）是‘赤道’的意思吗？厄瓜多尔共和国就是赤道共和国，因为赤道穿过这个国家。这是个奇妙的国家，有活火山、温泉以及加拉帕戈斯群岛，岛上栖息的鸟占全世界鸟类种类的10%。这里应有尽有！我们可以挑重点，好好游览南美洲之旅的最后一个国家！”哲彰宣布。

在48小时里我们坐了五趟长途巴士，越过秘鲁与厄瓜多尔的边界，穿过六个城市，最后抵达一座原本不在计划之中的城市。这一程的行进速度刷新了旅行记录，是我们在南美洲最筋疲力尽的48小时！最终我们抵达风景如画的巴诺斯市（Baños），它坐落于厄瓜多尔的中心地带，是通向亚马孙的大门。这座古色古香的小镇被翠绿欲滴的山峰环绕着，小镇的温泉水池和附近的瀑布使之更具魅力。

“爸爸，你记不记得电视节目“极速前进”里有一集是在南美洲玩白水漂流！我好想玩啊！可以吗？”宛慧请求。

我们在南美洲旅行时，宛慧一直盼着有机会玩白水漂流。在巴诺斯，她的愿望终于实现了。

在漂流教练的指导下，我们五个人和教练齐心协力，不但平安漂完全程，还营救了另一船落水的四个年轻人。“太棒了！你们真是一个出色的白水漂流家庭！我真以你们为荣！”教练这样夸奖我们。

玩过白水漂流以后我们全身都湿透了，这时还有什么比在火山底下泡温泉更美妙的呢？

“这儿有个瀑布，声音很大，像雷鸣！”敏慧发现。

“嘿，这让我想起和爸爸一起观看火山的情形！现在我们可以一边泡温泉，一边看火山冒烟！”恩礼兴奋地说。

“喂，你们看！由于这里的海拔很高，我们泡澡的时候可以看到整个巴诺斯的漂亮风景！”我补充道。

“好，现在是科学时间！这个池子水温很高，大约40-50度，而冷水池则直接由瀑布供水，水温在10度左右。我们可以轮流泡热水池和冷水池，看皮肤有什么感觉。”皙彰指导我们。于是我们穿梭在热水池与冷水池之间。

“嗨，你们好！你们从哪里来？叫什么名字？”一位老爷爷问我们。

“我叫乔纳森(Jonathan，皙彰的英语名)。我和家人在度‘间隔年’。我们在中国工作了七年，做一些对穷人和流浪儿童有帮助的项目，现在我们要休整一下。”我丈夫答道。

“哇……太有趣了！泡温泉真是可以交到各式各样的朋友！我叫维斯，几年前我在厄瓜多尔的亚马孙丛林办了一家孤儿院。你们想不想去看看？”他邀请我们。

于是我们约好第二天傍晚去拜访他们。

第二天维斯准时到旅馆接我们，开车十分钟就到了他家。还在门口，我们就被孤儿院设计精美的庭院惊呆了。这所孤儿院里收留了亚马孙地区失去父母的孩子，旁边有一条很美的河流，水流很急，两边是起伏的群山。这里有操场、烧烤区、果园、菜园，甚至还有养天竺鼠的地方！屋子是特地为孤儿们设计的，可以同时安顿很多孩子睡觉。

维斯退休之前一直在非洲为穷人服务。退休以后，他和太太渴望能照顾厄瓜多尔巴诺斯的孤儿。于是他们搬到这里，买了一块地，为孤儿们盖了一座房子。不幸的是房子盖好之后，他的太太就生了一场重病，不得不回美国治疗，不久就过世了。虽然遭遇丧偶之痛，维斯还是决定完成他和太太的梦想，有生之年留在巴诺斯，好好地爱护、陪伴这些孤儿。在亚马孙丛林旅行的时候，导游跟我们讲过亚马孙原住民所经历的苦难。当年葡萄牙殖民者借助暴力侵占了原住民的土地，迫使他们沦为奴隶。他们的后代很多都是欧洲人与原住民的混血儿，不被葡萄牙政府或巴西政府承认。由于他们的血统不纯正，连纯种原住民的福利都享受不到。这些住在丛林里的人处在南美社会的最底层。

这些孤儿都是混血亚马孙人的后代，他们的父母和祖父母在法律上享有的权利相当有限，也不能像纯种亚马孙人那样得到土地。政府只给他们刚好足够种菜维生的一小块地。父母去世之后孩子们失去了生活保障，很容易变成受人剥削的廉价劳动力，或是落入人口贩子手中，或是以其他难以想象的、不人道的方式继续生存。我们开始理解为什么维斯和他的太太很想建一所孤儿院来安置这些亚马孙孤儿，让他们可以受到教育，活得有尊严，能有更好的未来。

亚马孙儿童之家

孤儿院里的男孩们也很好奇中国人是怎么生活的。跟他们一起用西班牙语唱赞美诗的时候，我们可以感受到他们对上帝深深的爱，感受到他们因认识上帝，而有了内在的力量和博大的心灵去关心其他人。他们对四川“五·一二”地震的灾民深表同情，会为灾民的安全、康复并找到亲人祷告。他们非常理解失去亲人成为孤儿、无依无靠的痛苦。那天晚上我们全家亲眼见到了最人性、最真诚的同理心。

因着上帝的爱，维斯和他的妻子从遥远的美国去了非洲，从非洲又到了厄瓜多尔的巴诺斯，去爱那些被人遗弃、遗忘的边缘人群；因着上帝的爱，这些孤儿愿意花时间为中国震区的灾民祷告。在回家的路上，我们都陷入了沉思。爱是超越国界与文化差异的，这关于爱的一课深深震撼了我们。

他们知道无依无靠的痛苦，为四川 5.12 地震的灾民、孩子们祈祷

秘密花园里的生活课和生态课（爸爸、妈妈）

“爸爸，为什么这家青年旅舍叫‘秘密花园’？花园能有什么秘密呢？哇，你们看那扇门！上面画着深浅不一的绿叶，形成对比，旁边又画了非常精致的花纹！这里是不是个艺术长廊？也许真的是个花园呢！”孩子们赞叹道。

这家旅舍的装潢涵盖了不同的主题，色调温暖而雅致。有的墙壁上是海洋的深蓝色与天空的淡蓝色，有的是茄紫色与紫丁香色，而深橘色、黄色和深绿色则贯穿了旅社的整个生活空间。屋里四处都挂着植物，仿佛走进了园丁的梦幻仙境。在这个有限的空间里，绿色科技与现代生活完美地融合在一起。旅舍老板的创意激发了我的灵感，我作为一名生态农业方面的新手，开始梦想要在这里学一点什么带回中国。

上到顶层以后，我不禁屏住了呼吸……在顶层可以看到古镇的全景以及四面绵延的山丘。

孩子们特别喜欢这个地方。旅舍在屋顶为游客提供了各种图版游戏，于是我们空余时间里就陪孩子们玩大富翁，一起放松一下。生活是最好的老师，作为它的学生，我们要学习如何在工作、玩乐、休憩之间找到平衡点，以及如何将学习融入游戏之中。我们希望孩子们能够活到老，学到老，并从中享受到乐趣，并知道学习包括很多方面，并不只是阅读课本，参加考试。智慧不是通过考试并取得成绩获得的。很多常识、感悟、见解以及美好的品格，如尊重他人、友爱、感恩、喜乐、爱、忍耐、温柔、和平、善良、自制、坚韧等等，都是无法用分数衡量的。这些品格可以帮助我们避免耗尽精力以致陷入忧郁，可以让我们活得快乐、有激情。我们希望能培养孩子们在学习与休息之间保持平衡的习惯。

孩子们的名字里也蕴涵了我们对他们的祝福。老大叫宛慧，我们期待她做个温婉、有智慧的女孩；老二叫恩礼，他是上帝赐给我们恩典的礼物；老三取名敏慧，我们希望她聪敏、有智慧。我们两家人都很看重“智慧”与“尊重他人”的美德，所以给他们取了这些名字。汉语中的“智”由“知”与“日”构成，说明对生活的认知是日积月累形成的，智者能够正确地理解并诠释生活；“慧”的上面是“丰”，下面是“心”，中间部分代表的是家务事，这表明一个有智慧的人能在心里以丰富、深入的理解处理家庭、社会乃至国家的各种事物。我们希望能培养孩子实现这

绿色、环保的生态天堂

些目标，得到这些福气。我们不是完美的父母，在养育孩子的过程中常常会失去耐心、沮丧、生气、失败，但我们可以彼此原谅，互相包容。这也是最令我们感恩的事。

“爸爸，这个小册子看起来挺有趣的！我们会去参观这个地方吗？”孩子们问道。

见识过“秘密花园”里新颖的生态化都市生活以后，我们发现这家旅舍的负责人正与市里其他企业家联手，向游客推广绿色的经营与生活方式。我们还听说在沙滩附近有一个“阿苏鲁娜生态旅馆”（Azuluna Ecolodge），那里的老板就推出了生态旅行的项目。我们很好奇，于是决定花一天时间去看看。

“请问‘阿苏鲁娜’是什么意思？”我们问。

“‘阿苏’（Azure）是蓝色，‘鲁娜’是月亮。我们旅舍的名称就是‘蓝色月亮’，这表明我们的项目是很稀有、很特别的，就像蓝色的月亮一样。”经理解释道。这家旅舍努力以环保的方式经营，他们将降解后的物质合成堆肥，并重用洗澡水。他们的建材尽可能使用可再生材料，如竹子，而花园里堆肥的制作系统也是经过精心设计的。

这种生态项目对我们一家来说很有吸引力，也深受启发。我们思考应当怎样把这些技术与理念带回中国。我们打算一旦去了彝族村和哈尼族村，就可以试验在这里学到的东西。

赤道博物馆里的实验课（宛慧）

几个月前我们去了厄瓜多尔的首都基多。事实上厄瓜多尔的意思是赤道，基多的意思是中心。我们一到那里就立即去了赤道博物馆。

我们在博物馆里参观了许多稀奇古怪的东西，比如一个缩成手掌一般大的人头，还见到了世界上最危险的动物之一——吸血鱼。我们还做了许多有趣的实验，比如把生的鸡蛋立起来，在赤道上用石头的影子看时间等等。不过最让我感兴趣的是水涡与赤道关系的实验。

导游先把水槽放在赤道上，往里灌满水，再把几片叶子放进水里，最后水槽底下的塞子打

如此精美的瓷砖像艺术品一样带给我们想象空间

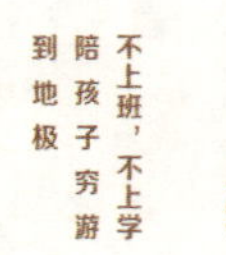

环保、休闲又雅致的蓝月亮旅舍

开，叶子就随着水垂直流下去了；她又把水槽往赤道南边挪一两尺，叶子就随水流顺时针旋转，这大大出乎我们意料，令人惊叹不已；而在赤道北边，叶子则随水流逆时针旋转。

后来我们想，水涡的方向会不会是由水槽摆设的方向决定的，因为有人说水涡的方向跟在赤道南北无关。所以我们参观后又偷偷溜回实验室验证这个问题。我们做实验的时候东张西望，生怕被人看见。我们先把水槽转了个方向，先后放在赤道的南边和北边，可是水涡还是照样南边顺时针，北边逆时针。经过反复试验，我们终于完全相信水涡的方向是由它处在南半球还是北半球决定的。

通过这个实验，我懂得了不应该盲目听信别人的说法，有问题应该做实验求证。

2.6 难舍难分南美洲（爸爸）

要和南美洲说再见的时候，我们真是恋恋不舍。回顾这段时光，每个人都有了成长和改变，把不同的南美元素带回了家。借助照片和博客上记录的故事，我们收藏了很多弥足珍贵的礼物：南美洲人对我们的微笑和善举，激烈争吵与努力化解争执的时刻，途中发现的新口味，在心底对这些国家的尊重……南美洲对我们来说不再是一个遥远、难以捉摸的地方，也不再是地图上的颜色和图标。它成了一个真实的所在，有着我们真实的经历。它已经融入我们全家人的内心，我们非常关心那里的人们。

前后大不同

“哇，敏慧，你看起来太不一样了！我简直不相信这是同一个人！”宛慧一看到敏慧就笑开了。在南美洲旅行三个月后我们回到美国，第二天醒来第一件事就是把旅行期间穿的衣服都丢进洗衣机，穿上平时在家穿的衣服，大家你看着我、我看着他，不由得哈哈大笑，因为差点都认不出彼此了，尤其敏慧穿着干净整洁的小洋装，真的很可爱。

我们用 88 天游历了 8 个国家、41 个城镇，住过 36 家青年旅舍，坐过 18 次夜班车，创造了世界之最：参观了世界最高、最宽的瀑布、海拔最高的湖泊和城市、最大的盐田、最干旱的沙漠、最大的都市公园、最大的河流、最高的喷泉……

我们从哥伦比亚首都波哥大开始，在南美洲以顺时针方向开始旅行，先后到了委内瑞拉、巴西、阿根廷、智利、玻利维亚、秘鲁和厄瓜多尔，最后从厄瓜多尔的首都基多飞回美国洛杉矶。

在旅行之前，父母非常担心我们的安危。为了不让妈妈担心，只要能上网，我们随时更新旅行博客，在上面详细介绍我们的情况并上传照片和视频，让妈妈安心。

这趟三个月的穷游，我们每个人大约花了 2500 美元，包括住宿费、伙食费、含机票在内的交通费以及活动费用。其中景点门票和活动费用占了大约一半，交通费占了四分之一，食宿占四分之一。在此我很感谢父母给了我们两张从美国飞往南美洲的免费机票。

∠
深切的爱
——陪伴、鼓励、牵手同行，
一起经历生命

碧清和我一路虽然吃了很多炸鸡、薯条、奶昔、冰淇淋等，我们的体重还是减了两三公斤。自从大学毕业以来，我的肚子还没像现在这么平过。这三个月里宛慧长高了一寸，恩礼也长了将近一寸。敏慧的裤子变短了，所以她在旅行期间也长高了。

孩子们一路上学了许多生活必用的西班牙语。现在我们还是会互相说 qiao-qiao，就是“再见”的意思；我们习惯了把衣服叠好放进背包里，就好像还在旅行一样。这一路上留下的记忆远远超出我们的期待。我们认识了许多了不起的背包客，现在还保持着联络，因为旅途上志同道合的人总能结下深厚的友谊。我们也开始理解世界上各国文化的多样性。我们一路也经历了上帝的看顾，他的恩典与真理一直陪伴着我们，我们也在不同城市遇到了他所珍视的人。

如同这山洞孕育着生命力，我们对南美洲的留恋和回忆如洞外的瀑布澎湃长流

第三章　北美洲之旅：把家背在身上

家不再是一栋房子，一套公寓，一个社区，或者你所拥有的财产。我们在昆明所培养的生活习惯、亲密关系、沟通方式以及情感联结的方式，就如同蜗牛的壳，它承载并保护着蜗牛的心脏与其他生命器官。少了这一层保护，蜗牛就变得非常脆弱，生命岌岌可危。“家”就是这样一个无形的蜗牛壳，不管我们走到哪里，它都随时随地跟着我们。只要以熟悉、常规的方式做事、沟通，我们就会对彼此比较耐心、和善……大人，孩子都是如此。

回到家后的第一件事：洗澡、换衣服、洗衣服

3.1 家是无形的蜗牛壳（妈妈）

回家真好！可家在哪里？对我和哲彰而言它意味着什么？对我们的三个孩子来说，他们的家是什么，又在哪里？

说实话，在间隔年前后，我们对家的定义发生了变化。我曾经以为家就是我们出生、成长、结婚、养育孩子、工作、退休、埋葬的地方。在现今全球化的时代，由于人口不断流动，我们对家的定义也要与时俱进：家不再是一栋房子，一套公寓，一个社区，或者你所拥有的财产。在三个月的南美洲旅行中，我们往往两三天换一个地方。有时一夜之间我们就到了新的城市乃至新的国家。既然不能一直住在固定的地方，我们唯一的选择就是让自己成为孩子们的家。多年的经验告诉我们，只有当日常生活在一种安全、可靠的关系中按部就班地进行时，孩子们的自理能力和情绪管理会比较健康、成熟。如果他们知道几点吃饭、什么时间睡觉、下一步要做什么，也知道我们对他们、对配偶的表现会作何反应，他们就比较不容易情绪化，比较愿意合作，也比较可爱。但想想，我们大人又何尝不是如此！

我们在昆明所培养的生活习惯、亲密关系、沟通方式以及情感联结的方式，就如同蜗牛的壳，它承载并保护着蜗牛的心脏与其他生命器官。少了这一层保护，蜗牛就变得非常脆弱，生命岌岌可危。“家”就是这样一个无形的蜗牛壳，不管我们走到哪里，它都随时随地跟着我们。只要以熟悉、常规的方式做事、沟通，我们就会对彼此比较耐心、和善……大人，孩子都是如此。

在南美洲旅行期间，我们不管走到哪个国家，都努力保持原有的作息习惯与沟通模式。我和哲彰要时常进行自我评估，反思我们作为父母和夫妻所做的一切是否对孩子有益处，是否能增进我们之间的爱意并促进我们的成长。

家是一种生活习惯，走到哪，活到哪——是发自内心的安定感

我们知道旅行期间睡眠时间不太固定，但可以在睡觉前玩固定的游戏，并亲一亲、抱一抱孩子，即使在夜班车上也是如此。我们无法预计下一次洗衣服是什么时候，皙彰去送洗衣服时，我们就会玩 UNO 或扑克牌，说说故事，等皙彰回来指导孩子们做作业。我们努力以有趣的方式把“家”背在身上，创造宝贵的回忆，提升自我价值感与自我意识。

回到北美洲，家又意味着什么呢？孩子们陪我和皙彰回到我们的根，他们又有什么感受呢？

说实在的，身为父母，我们一直在努力为孩子撑起一片天。人在中年的时候再度回父母身边享受他们的照顾，对我们来说格外温馨。

当然我们不再是小孩子，必须和妈妈们分担家务，也教导孩子帮忙做一些力所能及的事。我们希望孩子们能认识到，爱必须在日常生活中以行动去表达。但如果我和丈夫不以身作则，就没有资格教导孩子。我们必须率先以实际行动，以温柔的态度孝敬我们的妈妈，也就是孩子们的祖母和外婆。

“孩子们，我们在洛杉矶要和奶奶一起住，在温哥华要跟外婆一起住，我们要向她们学习怎么养成做家务的好习惯。在北美，从买菜、煮饭到打扫卫生，大部分人都是没有保姆帮忙的，也不需要爷爷奶奶帮忙带孩子，这是西方社会的文化，什么都要自己动手，我认为这是健康的。我们一起学习好不好？”我鼓励孩子们。

“妈妈，那爸爸也要帮忙吗？”他们立刻问。

“是的，爸爸要起带头作用！”

“那……我们在洛杉矶和温哥华到底要玩什么呢？”

“我们会花点时间去看亲戚朋友，也会去一些对爸爸妈妈来说很特别的地方。”

“啊，让我想想……这意味着我们要过正常的日子，不再做疯狂的事情了？”

“哈哈，是的。你们会知道爸爸和妈妈在这里的时候是怎么生活的……我们会像其他北美人一样生活。”

“耶！”孩子们欢呼道，“我们可以去图书馆借书了！”

就这样，我们在北美洲的冒险开始了。

3.2 跨文化家庭（妈妈）

“我太怀念这里了。在这里可以看见西班牙人、印度人、希腊人、意大利人、爱尔兰人、荷兰人、德国人、澳大利亚人、北美的印第安人，还有许多别的族群。我也想念这里的食物、这里的声音和这里的气味，它们让我觉得是童年塑造了现在的我。”从机场出关的时候，我深深吸了一口气。

我们在中国已经住了七年，身边都是清一色的中国人，我们从早到晚都在说汉语，浸泡在中国文化里。有时我会特别想念小时候所处的多元化环境。不知道为什么，回北美洲总会给我反思、评估的空间，让我找到我的位置与人生方向，也提醒我，我曾经是怎样的人，现在成了怎样的人，而我想让自己成为怎样的人。

其实我心里的结不是轻易就能解开的。每次回到云南，我们家的头等大事就是赶紧去吃一碗米线。那又麻又辣的汤和滑溜溜的米线总是让我们心满意足，觉得回家真好。同样，离开北美几年之后，我心里也会痒痒的，会非常想念多元文化的氛围，因为我是在移民区长大的。每次有机会沉浸在这种环境里，与不同人种交流，对我来说都是一种充电，因为是这种文化塑造了今天的我。回到成长的源头，我感到自己是完整的，好像根须汲取了足够的水分，内心安定满足，可以继续奔跑前面的路。

美国、香港固然有云南米线，还是吃昆明的最习惯

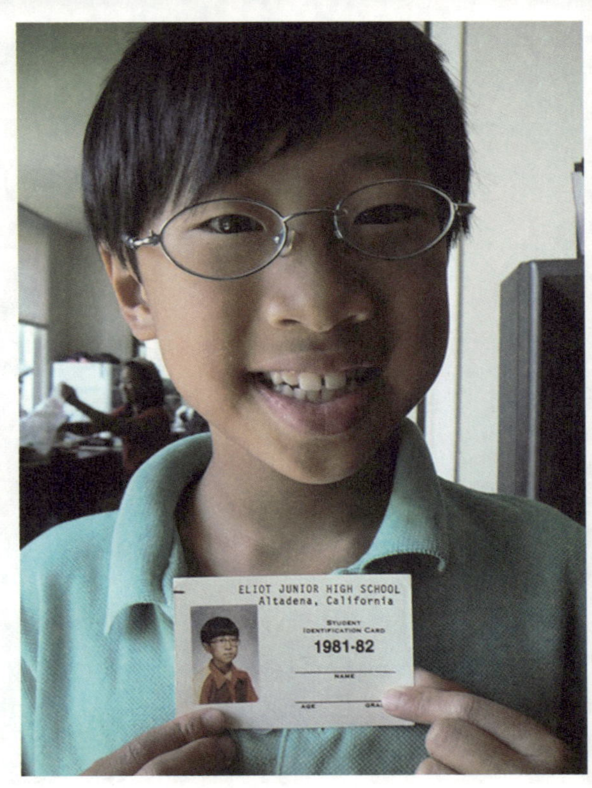

恩礼拿着爸爸 12 岁的学生证

三个孩子所理解的“家”和我们是不一样的，因为他们不在北美长大，中国云南才是他们的巢。他们的经历刚好跟我们相反。两代人的共同点在于我们都是“第三文化儿童”：护照上显示我们属于某个国家，而我们却习惯在另一个国家生活、成长。在跨文化的移民社区里我们会感到熟悉、自在。

为了找出所有线索，确认我们的身份，理清我们思维方式形成的过程，我和哲彰经历了漫长的过程。我们必须找出那些影响我们价值观的认知、感受和记忆，好让我们能互相尊重，同时观察我们对跨文化旅程的自我解读，对孩子会有什么样的影响，他们在这种影响下会如何定义自己在过去、现在和未来的身份。

我们不能要求每个孩子都给出固定的回答或认准固定的身份。我们的父母也这么尝试过，但他们提供的文化碎片并不一定适合我们复杂的身份拼图。而事实上，我们孩子的成长拼图会比我们更复杂，因为他们在中国长大，父母却接受过西方教育，身上同时带着东西方文化的烙印。我们会尊重每个孩子的差异，牵着他们的手走过这段寻找自我身份的漫长旅途，以爱、耐心、盼望和信心编织穷游地极、跨文化家庭的画卷。

3.3 恋家女儿心（爸爸）

“我希望至少能花一个月时间陪我妈妈。”为间隔年做计划的时候，碧清这样告诉我，“自从嫁给你之后，我陪伴父母的时间太少了。爸爸过世前的五年里，我们住在中国，很少有时间能去陪他，这让我深感遗憾。我多么希望孩子们有机会认识他们的外公，那个像喜剧演员一样爱开玩笑的吴大夫，那个男高音艺术家、体操家、园丁。我很心痛，爸爸是我生命中很重要的一部分，而我的孩子却没能好好认识他。如果我们能在温哥华住一个半月，孩子们就能好好认识他们的外婆。这对我来说非常重要。”

我的妻子静静地看着我，等我回答。我从她眼里看到深深的期待，也看到一丝痛楚。她没有跟我争执，只是对我倾诉她的心声。我的妻子既不是彻头彻尾的中国传统妇女，也不是完全的西方女性。她像北美人一样独立，又像亚洲人一样重视家庭。她读大学期间在温哥华和父母一起经营一家针灸中医诊所，嫁给我之后就离开了娘家，但与父母的关系仍然亲密无间。

我们决定结婚的时候，我担心她会看重家族生意和原生家庭过于我们的婚姻。我担心她会过度依恋娘家，无法割舍。我担心自己在她生命中永远排在她爸爸和家族生意之后。但她的言行却告诉我，她重视我们的婚姻胜过一切。她虽然爱她的家，但她用行动向我证明，她会以全部的精力经营我们的婚姻。她毅然离开了她的诊所，放弃针灸医师的身份搬到了加州。我走到哪里，她就在哪里落地生根。不管我是去加州做芯片工程师，还是去伊利诺伊州（Illinois）西北大学攻读企业管理硕士，还是去上海麦肯锡实习，她都一路陪着我，而不是带着年幼的宛慧投奔自己的父母。

我并非故意让她远离父母、朋友和在温哥华的生活圈子，但我们是夫妻，我们要生活在一起，避免分离，也尽量让孩子和我们在一起，建立一个健康稳定的家庭。但如果可以重来，我会试着更体谅她的需要。

我很感激她愿意承诺进入我的世界，牺牲她在温哥华的人际关系和事业，从零开始，努力在我的生活、我的圈子里扎根。回想起来，她选择追随我到天涯海角，

↙
妈妈，我好想你哦

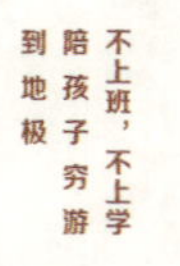

既体现了非常传统的中国价值观，也体现了传统的西方观念，即婚姻重于事业。我的岳父岳母很支持她把我放在第一位，虽然我们都知道她非常想念父母。

“妈妈，我们要去看你！我们可不可以在你那里住一个月？我们想要休息一年，暂停工作，陪孩子们到处旅行，拜访亲戚朋友。我们怎么安排对你最好？”我们问我的岳母。

“我当了好多年徒有其名的外婆，很少有机会看到外孙。我租的房子很小，你们全家来只能在客厅打地铺，但这样我们就可以有更多时间在一起。你们能来我真的很开心！我已经有好多年没给这么多人做饭吃了，希望我还能行！”岳母答道。

我的岳母道出了世界上很多爷爷奶奶、外公外婆的心声，他们顶着爷爷奶奶、外公外婆的称呼，却很少有机会和孙儿孙女住在同一屋檐下，享受天伦之乐，真可谓是“有名无实”。

我和碧清与家人及亲人的关系都非常亲密，希望孩子们也能享受这种大家庭的温暖。父母和亲友在很大程度上决定了我们的身份。如果我们的身份 50% 来自成长经历与接受的教育，那么其余的 50% 就是出自我们与亲人的关系。如果没有父母、兄弟姐妹和其他亲戚，我们就不是今天的哲彰和碧清。

我们带孩子回北美洲住三个月，就是为了让他们体验和亲朋好友在一起，体尝互相关照的温暖。我们时常在搬家或旅行，所处的环境不断变化，但我们希望孩子能有固定的人际关系。认识他们的爷爷奶奶、表兄弟姐妹、舅舅姑妈等，可以给他们一种归属感和安定感。在北美，我们两个家族有定期的家族聚会，大家一起分享生活中的体验和面临的挑战，一起玩游戏，一起做饭。如果能让孩子们认识所有的亲戚，这份记忆对他们来说就是无价之宝，他们会知道他们是谁，谁爱他们，谁珍惜他们。如果哪一天他们远离家人，独自面对挑战，起码知道有亲人在为他们打气，鼓励他们跌倒时爬起来，继续努力，不会一蹶不振。

我们可称之为“家”的地方有很多。在昆明，孩子们度过了童年，那是他们最熟悉的家；在洛杉矶，有我的父母和亲人，那里是我找到归属感的地方；在温哥华，有我的岳母和小舅子，那里的高山、深谷、森林和溪水中珍藏着我妻子的爱，因而也是我的家；在中国台湾有我的姐姐、姐夫和侄女，我们也在那里找回自己的根。我们很难割舍任何一个家，所以决定带孩子游历每一个地方。我们要让孩子们知道，我们从哪里来，要到哪里去，如何成为现在的自己。我们要让孩子们享受这完整的家庭。

3.4 恒久的爱——外公与我（爸爸）

“孩子们，欢迎回北美洲！这是爸爸妈妈长大的地方，我们能在这里住三个月是很难得的。希望你们能理解我们作为北美华人的文化身份，也能理解为什么这里的人对我们如此重要。我们会花一个半月时间住在你们外婆家，其余时间去洛杉矶和你们的爷爷奶奶一起住，还会和苏家的亲戚们聚一聚！你们的曾外公94岁了。我很爱他，也很想念他。有时候我们要去疗养院陪他，你们可以把功课带到那里去做。”我解释道。

“可是爸爸，这样不会很无聊吗？在阿祖（曾外公）床边要怎么做功课呢？他已经不能说话了，只能在板上写字。他真的会在乎我们每天陪他几个小时吗？”孩子们问道。

“可能你们还小，还不明白……但我知道对老人来说，花时间陪伴他们就是表达爱的最好方式。阿祖非常想念我们大家。他对我来说是很重要、很特别的人。”我的声音渐渐低下来。

2008年2月底我们抵达洛杉矶，在朝南美洲进发以前，先去父母家待了几天。我们拥进疗养院里外公的房间，告诉他我们要去做什么，什么时候回来。他当时还能回答我们。孩子们很有感情地拥抱他，还亲了他，跟他说再见。他为我们祷告，在祷告中祝福每个曾外孙，祝福我们一路平安。当时要离开真的很难。但让我们无比欣慰的是，背包旅行三个月后还能见到他。

“有个天使今天在梦里跟我说话，”我们去疗养院看他的时候他说，“那个天使告诉我，他会带我回天堂。”

后来妈妈告诉我，通常当一个人梦到天使的时候，他可能就真的快要去天堂了。

“爸爸，阿祖还好吗？他会很快离开我们吗？”孩子们问我，眼神里充满了关切。我不知该如何回答。我的思绪又飞回到以前……

2005年，是我最后一次见到爷爷奶奶。当时宛慧8岁，恩礼5岁，敏慧才3岁。我很有福气，爷爷奶奶和外公可以陪伴我长达39年。当时他们都已经年过九旬，住在美国洛杉矶。2007年秋天，距间隔年还有几个月的时候，我的爷爷奶奶先后过世，中间仅隔40天。我特别难过，本来我还盼着2008年春天可以和他们相聚。我们甚至都没有机会和他们告别。我不想再次失去和所爱的人说再见的机会。许多回忆、期待和心愿都涌上心头，我真的很想让外公感受到我的爱。他已经94岁了，我们去看他的时候，他已经在疗养院里躺了一年，靠饲管摄入营养，靠输尿管排尿；为了缓解全身疼痛，他睡的是充气垫；他的听力已经下降。过去六个月里，他的状况时好时坏。

我和外公很亲。小时候我每年都盼着去高雄看外公。他会给我买糖吃，带我去很多好玩的地方。二十年前他因中风，搬到洛杉矶和我爸妈同住，大部分时间都住我原来的房间，睡我的旧床。

1991年外公经历了第一次中风，我去高雄探望他。我第一次意识到不知道哪一次见面会成为最后一次。于是，趁他还好好活着的时候，我写了一封信以表达我的爱和感恩。

亲爱的外公：

很多年前，当姐姐和我还住在波士顿大舅家时，有一天我们俩在后院的树林中散步，您突然问我："路是从哪里来的？"当时我答不上来，您就说，"路是人走出来的！"这句话，我到现在记得一清二楚，您对我的影响之深正如这句话一样。

如果回头看您所走的路，会发现那条路有多美。起初，那条路充满了艰辛，因为您从小父母就去世了，妹妹还曾经被卖到别人家，您也只读到初中，可是您没有因此而怨恨上帝。一直到今天，无情的世界也没改变您对上帝的忠心。

更值得感恩的是，上帝给了您美好的恩赐，就是爱心。您把主所赐的爱分享给周围的每一个人。每次我回高雄，都会看到各式各样的人用行动答谢您为他们付出的爱。您的朋友可真多啊！他们不是载您出去玩，就是请您吃饭，有些人一大早就坐在客厅里陪着您，有钱的没钱的，有地位的没地位的，大家都尊敬您关心您。难怪您不想离开高雄，因为您在那里不知付出了多少心血、多少关怀。一直到现在，每次您的朋友心情不好，或是做错了事，或是需要找人倾诉心事，都会第一个想到您，因为您理解别人的心情，也能设身处地地体会他们的感受，您知道该说什么、该做什么。人际关系是最复杂的，可是您总能妥善处理。

最近您心情不好，常常埋怨自己，有时觉得别的阿

外公，我好爱你

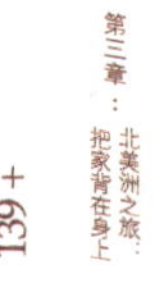

公都比自己有钱，能用他们的钱来帮助儿女；有时觉得这一生没做过任何轰轰烈烈的大事。我听了很伤心，因为在我的眼里，没有任何一位阿公能比得上我这位伟大的阿公，您永远是我所爱和尊敬的阿公，也是我的好榜样。

两年前，外婆突然去世，我心里有好多话要说给她听，可惜已经太迟了。这次您中风的事提醒我，我们都不知道上帝什么时候要召我们回天家，所以趁您还健在，我要跟您说一声我爱您，我尊敬您！

恭祝

生日快乐！

外孙　哲彰 敬上　（1992 年）

过去十年里，我和外公多次坐在他的床边聊天。他常常说，为什么他明明没有规律地运动，也不注重合理膳食，上帝还让他活了这么久。“阿彰，”他对我说，“我相信上帝让我活这么久，是要我为你们所有人祷告、祝福。”

从南美回洛杉矶后不久，我带孩子们去他的房间里陪他，房间因我们的到来而不再显得空荡荡。外公和我并没有说太多话，但我内心最深处却感到无比充实。我很满足，因为他离我这么近，近在咫尺，而不是隔着整个太平洋。我真希望时间可以停下来。我问自己，我是否已经尽力向外公表达感激，让他知道我爱他。我十分感谢上帝，在外公生命接近尾声的时候，我和孩子们能够陪在他身边，这是充满爱的时刻。

“爸爸……阿祖还看得见吗？我把我对他的爱写下来，他能看吗？”恩礼问。

“可以的。你想跟阿祖说什么？”我轻声问他。

恩礼画了一幅图，上面写着“曾外公，我爱你”，我拿给外公看。外公点点头，眼里闪着泪光。

“路是人走出来的！”

轮到被曾孙照顾了

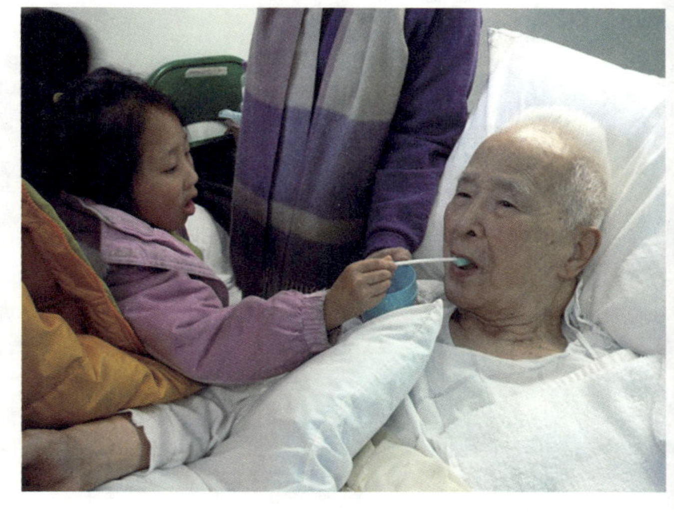

宛慧和敏慧也抱了抱躺在床上的阿祖。

我一点也不想离开外公，但疗养院里的探访时间是固定的，时间到了就得离开。孩子们知道我心里十分难过，当我们跟外公挥手道别出门时，恩礼抱了抱我。

“爸爸，你想知道阿祖最让我们难忘的是什么吗？”宛慧拉了拉我的手问道。

“你知道吗，每次我们回美国，他都会悄悄让我们去他房间，偷偷给我们糖果吃哦！”

“对啊，爸爸，他还告诉我们别让奶奶知道他有糖果，还把糖果分给我们！”敏慧补充道。她夹在哥哥姐姐中间，偎依着我。

这不就是我们所说的表达爱、接受爱吗？我外公给予我的，我竭尽全力去报答。现在我的孩子也学着去爱我的外公和我。这真是莫大的祝福。

（注：外公患有糖尿病，是不应该吃糖果和甜点的。可他偏偏特别爱吃这些东西。我可怜的妈妈面临一个艰巨的任务，就是监控外公的糖摄入量。孩子们特别喜欢阿祖藏的糖果。我妈妈知道外公偷偷给孩子们吃糖，但没有阻止他。孩子们和阿祖虽然年龄相差 80 多岁，但借助这种方式跨越了代沟，共享天伦之乐。）

我好爱你，你知道吗？

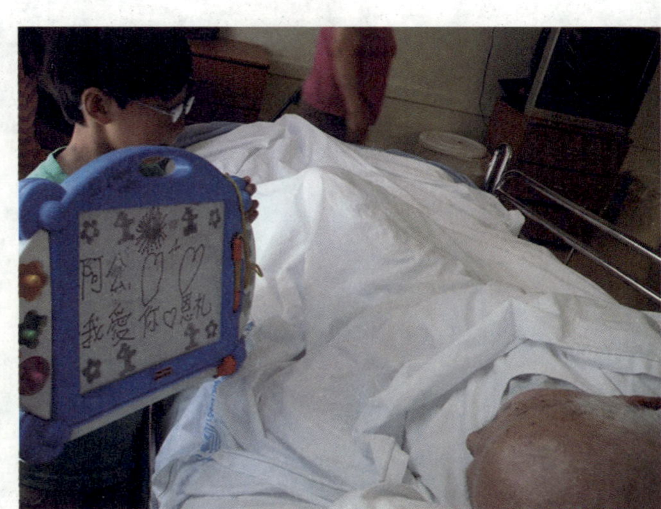

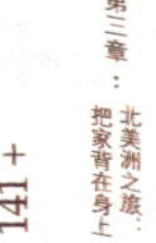

3.5 温哥华，我们回来了

麻雀虽小，五脏俱全（妈妈）

温哥华一度当选全世界最美丽、最适合养老的城市。它的面积虽然不大，却非常舒适，一无所缺。这一方充满生机的土地养育了我。这里的河流为木材运输、垂钓、皮艇以及其他水上运动提供了理想的环境。河流湿地被堤防围护起来，以免洪水泛滥，同时提供了环保线路，市民既可以在大自然的脉搏中散步、骑车、慢跑，又不致惊扰湿地里的野生物种。

温哥华的生态空间让我们一家爱上玩飞盘

我们每天在
同一块地板上
吃饭、睡觉、玩耍

温哥华有许多骑车路线。我们跟朋友借了四辆自行车，在温哥华的一个半月里，我们全家都以自行车代步。骑车帮我们节省了不少钱，同时也让孩子们深入了解这座城市的每个细节，与这片土地以及当地的人紧密联结。

就像蜗牛壳会保护蜗牛，让蜗牛平安长大一样，温哥华如同我的蜗牛壳，守护着我的心，给我一个安全的角落可以成长并得到滋养。2003 年爸爸过世以后，妈妈卖掉了洋房，租了一套小公寓居住。走进这间约 40 平米的出租房，我意识到过去那栋两层楼的洋房已经不再是我的家了。妈妈住在哪里，哪里就是我的家。家是她为我们建造的充满爱的所在，与空间大小无关。她建造的家充满创意和自由气息，像一个舒适的小鸟巢。

“爸爸，我们已经不用上学了，为什么每天还要六点半起床去运动，在家上课呢？我们不是放假了吗？”孩子们问道。

“虽然我们不在学校里上课，但还是要按照学校的日程生活。我们休假一年出来旅行不代表不必学习。学习是一种生活方式，而运动就像上体育课，跟英语、语文等其他课程一样重要。”哲彰非常坚定地回答。

规律的起居，生活才会有效率

在温哥华，我们有安定的环境，可以在日程表里安排充裕的学习时间。皙彰是个很有计划也很自律的人，总是严格执行安排好的日程。我妈妈生活也很有规律，爸爸去世之后她坚持早睡早起，运动、吃饭、学习、练琴都有固定的时间。皙彰希望孩子们能配合外婆的生活节奏：早睡早起，按时学习、锻炼，尽量不要到处旅游或参加太多活动。

我们在温哥华的日程大致如下：

早上 6:30 起床，然后是晨更运动，一般是去河堤散步、慢跑或骑车。运动让我们在新的一天充满活力。

吃早饭之前全家一起收拾地上的铺盖，因为这处 12 平方米大的空间既是我们的卧室，又是饭厅、教室和游戏房，还是我妈妈的客厅。

早饭后孩子们轮流洗碗，6 岁的敏慧也不例外。通常我或者妈妈会和她搭档，恩礼则跟宛慧搭档，一个人涂上洗洁精洗，一个人用水冲干净。

上午孩子们上语文和数学课。恩礼和宛慧的课主要由晳彰来负责，我则给敏慧读故事书，教她算简单的算数和画画，让她参与适当的活动。她刚开始学习握笔，更喜欢到处跑跑跳跳，听我念故事，不太喜欢静坐不动。我很难让她一直保持安静，不吵到哥哥姐姐。所以我会带她出去骑单车、散步，或是在社区里玩，数数小鸟和树，追追蝴蝶，玩玩游戏。我的任务就是让她有事可做，同时按照她能接受的进度学一点东西。只要我和敏慧一出门，晳彰就可以全力以赴督促恩礼和宛慧学习。

午饭后我们通常会骑车去公共图书馆借书。下午孩子们要学习英语。傍晚我们会去河堤边骑车、散步、玩飞盘、钓鱼或看书。温哥华到晚上 10 点天才黑，户外活动时间相当充裕。我们平均每天骑车 10-20 公里，晚上按时睡觉。

对一个离家 12 年的女儿而言，能和妈妈一起住上一个半月是很大的福分，因为以前每年都只有短短几天时间回家探亲。我特别怀念妈妈做的菜，她做的煎三文鱼、牛尾汤、排骨汤都是我们家的最爱。

吃饭有时，学习有时，玩乐有时，运动有时，睡觉有时

外婆家在河边，饭后钓鱼，放松，享受夕阳的美

外婆的排骨汤（敏慧）

哇！那是什么味道啊？我刚游泳回来，没想到一进外婆家的门就闻到热汤扑鼻的香味。我的肚子开始咕噜咕噜地叫，恨不得马上吃晚饭。外婆正在做我们最爱吃的排骨汤。

我看着外婆把食材放进锅里，先放了白萝卜、香菇等，最后放了排骨。外婆很大方地买了许多个块大、肉多的排骨。她把排骨放进去后，我就闻到骨头汤的香味了，让人口水直流。外婆又往汤里加了酱油和大蒜。我一边看着她煮汤，一边问她：“外婆，你买的排骨是猪的哪个部位？”

外婆说：“我喜欢买猪的脖子骨，因为脖子骨块头大，肉也多，而且那里的肉是最嫩的，价钱也不贵，因为加拿大人不买骨头炖汤。”

“外婆，你怎么知道汤里要放什么材料呢？”

外婆说：“我会根据季节来选材料。冬天我会放姜片驱寒，夏天我会放金针菇、香菇和白萝卜解暑。”

“外婆，这些材料都有药性吗？”

外婆说：“对，都有药性。”

外婆还跟我开了个玩笑：“我喜欢炖汤、喝汤，因为我姓汤！”

排骨汤炖好以后，我们就开始吃饭了。

外婆大概买了两公斤的脖子骨，我们吃得很过瘾。我夹起一块骨头，咬了一口，哇，排骨肉鲜嫩美味，肥而不腻，入口即化，真美味！再咬一口，感觉就像去了天堂。外婆做的排骨汤是世界上最好吃的！我知道，她因为爱我们才会花那么多时间给我们炖排骨汤。我们在中国也能吃到排骨，但都没有外婆做得好吃。妈妈在中国买的排骨一般都是猪肋骨，拿来炒或炸，没有外婆做的味道。后来我们每逢喝排骨汤，都会想起外婆对我们的爱。

外婆的排骨汤好香

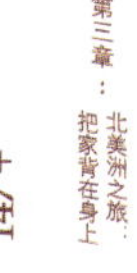

读书与玩耍并重（妈妈）

“哇，爸爸，加拿大和美国的图书馆真像是儿童天堂！这里宽敞明亮，地上一尘不染，有的地方还铺了地毯，特别舒服！这让人觉得很人性化，很想再来，在这里看书一点都不费劲，是一种享受！”孩子们惊叹道。

图书馆的馆内设施属于“家庭友好型”，外面还有花园、儿童游乐设施以及喷泉。夏天孩子们可以在这里追逐玩闹，淋一身水。图书馆离我妈妈住的地方不远，午饭后，我们通常会一起去图书馆借书。每次五个人加起来一般会借超过 30 本书。

我和哲彰喜欢观察孩子们喜欢阅读哪方面的书，这对我们来说是一种乐趣。有的孩子喜欢探险故事，有的喜欢家庭亲情故事，有的喜欢卡通故事。图书馆一般与社区中心相连。

暑假期间各个社区中心都会为孩子们提供各式各样的活动，如艺术夏令营、戏剧夏令营、卡通创作夏令营，以及足球、游泳等运动类夏令营，还有户外活动夏令营等等。我们从图书馆拿了一本宣传册回家跟孩子们讨论，看他们对什么项目比较感兴趣。毕竟整天在家上课也很沉闷。学习是全方面的，我们也会在课间安排一些特别的活动，给他们增加一点乐趣。

借的书成为外婆家里的迷你图书馆

刺激的 BMX 越野自行车比赛（恩礼）

“1、2、3，开始！”我的家人兴高采烈地大声喊着。在骑车出发之前，我看了一眼前面的障碍物，心里忽然惊惶不安起来，心跳开始加速。我重新检查头盔是否已经系牢，检查自行车，也重新做好冒险的心理准备。然后我深吸一口气，脚蹬自行车踏板冲下山坡。“现在无路可退了！”我心想。周围的一切似乎都变模糊了，我凝神盯着前面的小斜坡，保持身体平衡，快要到了！呼呼呼！自行车凌空跃起的那一瞬间，我的身体似乎飞了起来！啊！好玩！真刺激！

有舅舅的感觉真好（爸爸）

我们不但骑越野自行车，有时碧清的哥哥惠达也带我们去参加英式古典击剑课。我们学了所有基本的击剑动作及其名称。从那以后，恩礼和敏慧常常在家里的草地上模拟击剑。他们很开心能有一位舅舅陪他们玩游戏、摔跤、画画、念故事给他们听。每天都能在同一时间见到舅舅，这在他们有生以来还是第一次。他们终于知道，有舅舅真好！

碧清妈妈住的房子有个很大的院子，孩子们经常在院子里踢足球或玩水滑梯。

冲啊！跟玩蹦极一样刺激

爸爸，看我！太好玩，太刺激了

家庭水滑梯（敏慧）

一个阳光明媚的下午，我和哥哥姐姐跟着外婆去玩具反斗城，想看看有什么玩具可以买。

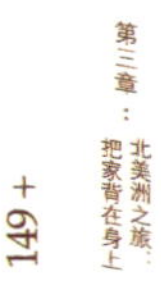

比赛看谁滑得快

怎么滑都好玩

加拿大的玩具反斗城有半个沃尔玛那么大，店里装饰得五彩缤纷，各种玩具琳琅满目。我们想找一样可以在后院玩的。我们看了一会儿，终于发现了目标——水滑梯！于是我们把它买回了家。回家后爸爸一边读说明书，一边指挥我们，让我们把它铺在草坪上，给它充气，再安上水管，让水从滑梯最上面的分支点沿各个滑道流下来，并确保每个滑道上都有充足的水流。然后我们就开始玩了！

我们发明了各式各样的玩法。首先我们站着往下滑，像溜滑板一样，在滑行的过程中要想办法保持平衡。我们觉得这样很好玩。后来我们发现可以用膝盖跪着滑，像专业特技演员一样，很酷！

然后我们尝试趴着滑，用爬行的姿势滑，看哪种姿势速度最快。试过所有奇怪的姿势以后，我们索性坐下来用屁股滑，发现这样滑速度最快，又不怕摔，保持平衡也毫不费力。于是哥哥姐姐开始比赛了，他们用屁股滑，看谁能抢到滑梯底部的球，我当裁判。等他们准备好后，我就大喊：“比赛开始！”他们像离弦的箭一样跑上水滑梯，到了以后就用屁股坐着往下滑，滑到球那里，结果姐姐赢了！因为哥哥滑到草地上去了。接下来轮到我和姐姐比赛了，我们这次是趴着滑，因为我比较喜欢这种方式。哥哥喊：“1、2、3，开始！”我们就拼命地跑，但最后还是姐姐赢了。姐姐真是天下无敌！

那天玩得真开心，我下次回加拿大一定要再玩一次。我敢说你们也会喜欢这种家庭水滑梯的！

用秘鲁原始的方式参加钓鱼比赛（妈妈）

有一次，孩子们得知有机构要举办钓鱼比赛，于是摩拳擦掌，跃跃欲试。比赛当天是星期天，宛慧很早就起床，以确保我们能最先到达目的地开始钓鱼。收拾妥当后我们一家就去列治文市（Richmond）的加利角公园（Gerry Point）报名。活动现场摆着许多奖品，谁要是钓到最大、最小或最丑的鱼，都可以得到奖品。这个比赛仅限儿童和老年人参与，但很多家长也到现场给孩子帮忙。每个孩子报完名会拿到一个编号、一条纪念绶带、鱼饵以及免费的钓鱼证。

参赛的孩子和老人多达一百多名，他们带着各式各样的钓鱼工具，有非常专业的鱼竿、渔网、支架等。但我们家除外，我们只带了两根缠在木片上的渔线、两个钓钩、铅坠以及用作鱼漂的塑料袋。这些正是秘鲁原住民钓鱼的工具。其他人看到我们都大惑不解，因为他们从未见过这么原始的钓鱼工具，这家人是在开玩笑吗？他们真的想用这几样东西钓鱼？我们笑了，知道自己带来了一丝秘鲁的风情……

钓鱼的地方就在海滩边，所以我们像西部牛仔挥鞭一样，将渔线在空中挥了几圈后再远远抛出去，以免渔线和鱼钩让海浪冲回岸边。惊喜的是，宛慧第一次抛渔线就钓到一条很小的鲶鱼，这证明我们这种简陋至极的钓鱼方式是非常有效的，不管是在秘鲁还是在加拿大！

按照比赛规定，参赛者一旦钓到鱼就必须交给评审委员会，让他们测量鱼的长度，之后再将鱼扔回海里继续繁衍生息。恩礼和敏慧也轮流钓鱼，

用秘鲁原始的方式在温哥华参加钓鱼比赛

但只有宛慧有收获。有的参赛者钓到了三文鱼、比目鱼、白鱼，我们甚至看到有个人钓了18条鱼！经过两个小时的比赛，宛慧总共钓到两条鱼。

颁奖时间到了。再次让我们惊喜的是，宛慧钓到的其中一条鱼竟然被评为第二小的鱼！奖品是一个非常先进的渔网。颁奖仪式结束后是抽奖环节，如果你的编号被抽中就有奖品。上帝真的很眷顾恩礼，他居然拿到了特等奖，奖品是最新式、最昂贵的鱼竿，价值约50美元，而他一条鱼都没钓到！也许上帝知道我们家需要更好的鱼竿。想到大家可以一起用这把高级鱼竿钓鱼，我们格外兴奋。

丰富的夏令营活动（妈妈）

“爸爸，我很会踢足球，我想参加足球夏令营！”恩礼决定。

从我妈妈住的地方骑车到足球场要40分钟，往返80分钟。晢彰每天都陪恩礼骑车往返，充分表达了自己对恩礼的爱。看来只要去做，一切都不晚。恩礼小时候一直渴望得到爸爸的关注，但爸爸总是太忙，顾不上他。在恩礼8岁的时候，爸爸终于可以陪他做一些他看重的事，为他加油，这也是一个小男孩最在乎的。恩礼的心愿终于实现了。

敏慧决定参加“极速前进”夏令营，这个夏令营涵盖了很多有趣的团队建设活动，以及很

意外的惊喜

敏慧 6 岁就骑车到处跑

多适合 6–8 岁小朋友的手工活动和游戏。她的活动时间和恩礼训练的时间错开了，所以皙彰照样骑车接送她。这样爸爸几乎一整天都在骑车接送孩子。

在恩礼和敏慧去参加夏令营的时候，宛慧则选择了和爸爸妈妈一起“夏令营”。她从三岁开始就要和弟弟妹妹分享我们的关注，现在我们终于可以“三人行”，陪她做她想做的事了，这对她来说是非常甜蜜的时刻。无论是爸爸教她画画，还是三个人一起玩迷你高尔夫球或保龄球，这些时光对她来说都弥足珍贵。每个孩子都希望被特别对待，希望爸爸以他们期待的方式关注他们。

爸爸的爱（恩礼）

我们家很少去加拿大看外婆和舅舅，每次去那里待的时间都不长，因为爸爸一般最长只能休几个星期的假。但这次爸爸休假一年，所以我们可以在加拿大待一个多月！当时是夏天，许多机构举办了形形色色的活动，像足球、网球、游泳、篮球、棒球夏令营等等。爸爸很关心我，帮我报名参加了足球夏令营。

爸爸告诉我这个消息时，我欣喜若狂。可是我第一个想法是，每天谁来接送我呢？爸爸决定借两辆自行车，跟我一起骑车去。我们每天一大早就起床、吃早饭，然后骑车40分钟去球场。爸爸骑在前面带路，不时回头看我是否跟着。他把我送到球场之后就回家，等我训练结束时再骑车来接我。如今回想，爸爸真的很爱我，他愿意付出宝贵的时间陪我骑车去足球夏令营。他有时会留在球场看我练习，并且鼓励我、帮助我，有时还会给我拍照！

我以前很少这么真切地感受到爸爸的爱和保护，现在我知道爸爸有多么爱我！

难得老大可以拥有三人行的时刻

我在乎爸爸给我的时间

扫墓（爸爸）

有一天，我们去碧清父亲的墓地扫墓。他已经过世五年了，这是我们在葬礼之后第一次去墓地看他。到那里以后，孩子们帮忙一起用湿布把墓碑擦干净，我们在墓碑旁边放了鲜花。孩子们还小的时候他们的外公就过世了，但他们现在可以通过擦墓碑来缅怀他。我们手拉手，一起唱了几首外公喜欢的诗歌，然后一起祷告。全家能来扫墓对碧清来说是很难得的，当年我们在葬礼第二天就

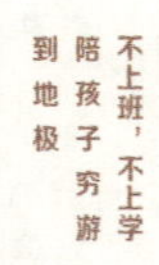

爱得有多深，走得就有多远……

匆忙返回中国，她没有时间好好悼念父亲，这让她的痛苦难以抒发。现在她总算可以大哭一场发泄内心的哀痛和思念。碧清的父亲非常爱她，她小的时候，她父亲会以侧手翻、倒立来逗她开心，会唱催眠曲哄她入睡。她也非常想念自己的父亲。

爸爸的爱可以陪孩子走很长很长的路。对碧清来说，即便只是去扫墓也意义重大。看到这一切，我更加珍惜和三个孩子相处的时间，尽可能多留在孩子身边，爱他们。透过这段旅程我开始理解，爱孩子不仅意味着为他们提供住处、教育、充足的饮食和稳定的生活，更要花时间陪伴他们成长。一个常常陪在孩子身边、触手可及的爸爸会让孩子大不一样，虽然他们还是会为博得我们的关注而争吵，但他们的微笑中多了一种自信、平和的力量。

爱的力量

宛慧

“你怎么还是犯同样的错？我不是已经跟你说过上千遍了吗？”爸爸给我讲了一整天的数学题，最后终于火山爆发了，“我真搞不懂，这么简单的题你怎么不会做呢？难道你的数学真的那么差？”

“你以为所有人都像你一样是数学天才吗！你难道不明白我不是你吗？”

我爸爸在数学方面有天才般的头脑，而我的脑袋瓜总是慢半拍，不管爸爸教我什么，我都似懂非懂。这一整天他一直指出我的错误，我的心情像一朵沉重的乌云，最终泪如雨下。爸爸忍无可忍，跑出去生闷气，而我则泪流满面地去找妈妈诉苦。到了吃晚饭的时候我和爸爸都没说话。

过去由于爸爸整天上班，我也整天忙于学习，我们俩交流并不多，我总觉得我们中间似乎隔着一堵墙，拦阻我们心对心地交流。

爸爸

为了把在南美洲落下的课业补回来，我坚持要求孩子们在家里的学习要有规律。在温哥华，孩子们上午下午都要学习，有时周六也要学习，因为周间去别的地方玩可能会占用上课的时间。

在家给孩子上课不仅是教给他们知识，也让我有机会思考：如此为他们预备未来到底有什么意义？身为父母，我重视和在乎的到底是什么？我传达给他们的价值观和信念是什么？

在家上课期间，孩子们也要平衡学汉语与学英语的时间。“你们孩子的学习要以英语为主还是以汉语为主？”这是个非常重要的问题，我们身为父母必须认真考虑哪一种选择更适合他们，因为要两种语言都擅长是很困难的。

我觉得孩子们能在中国文化里成长是一种福气，因为中国文化里有很多美德。如果能学好汉语，代表他们将来拥有更大的优势，因为中国是一个正在崛起的大国。但我们也要考虑到他们有一天会回加拿大或美国读大学，我们必须确保他们到时能跟上所有的英语课程。

我们跟其他背景相似的跨文化家庭讨论过这个问题以后，决定让孩子们在一到四年级就读

中国的全日制小学，五到六年级期间由妈妈在家给他们上英语课，同时聘请汉语家教，以便他们继续学习汉语。到了十年级，我们会让他们转入国际学校，预备考加拿大或美国的大学。刚到中国的时候，我们非常关注他们的教育问题。现在回顾起来，我们看到上帝在孩子教育方面供应之丰富，远超出我们的想象。

在间隔年期间给孩子们上课，我常常因为他们赶不上进度而恼火，以致发脾气骂他们，说了一些伤他们自尊心的话，甚至打过他们耳光，这些事给我们的关系造成很大破坏。在那种时刻，我不喜欢看到内心的自己。这些行为给孩子们带来的伤害远大于益处。我读书的时候成绩非常优异，以致我无法理解为什么他们连那么简单的概念都不懂，还会因为粗心一直犯同样的错误。一个在学业上没有遇到过挫折的人，很难当个好老师，因为他缺乏同理心。父母爱孩子，然而有时却不知不觉看重孩子的成绩胜过他们本人。但我知道，他们是我的孩子，更是上帝的孩子。有许多次，我必须向孩子们道歉，修复跟他们的关系。渐渐地，我的想法开始趋于平衡，脾气也慢慢改善了。孩子们还是喜欢跟我在一起，还是会问我功课上的问题。我想我应该没给他们留下永久性的伤害。

我想成为一个温暖的、无条件爱孩子的父亲。在家给他们上课让我看见自己的不足，也提醒我全心全意爱孩子，意味着按照他们本来的样子爱他们，而不是等他们达到我期待的标准才爱他们。所以，我觉得在家上课也许更多的是让我自己接受教育，成为更健全的爸爸。

我需要处理和女儿的冲突，挽救我泼出去的气话带给她的伤害，我得跟她道歉。

我需要跟女儿道歉……

宛慧

吃完晚饭后，爸爸叫我跟他骑车去河堤散心。一路上我们都心事重重，一言不发。到了河堤我们还是继续骑着自行车，仿佛没有任何一个地方能容纳我俩的情绪。刹那间，我和爸爸同时发现了一个好美地方，在沼泽地旁边有一条枯死的树根，刚好可以容纳我们父女俩坐下。我们把自行车停在小路边，小心翼翼地踏着沼泽地里的石头走过去坐在那枯死的树根上。

爸爸问我："你现在感觉怎么样？"

"我感觉不太好。"我回答，停了一刻后，我接着说，"我也不喜欢整天做错题，我已经很努力地在学习、在修正了，只希望你能体谅我、理解我。"

"我并不想整天挑你的不是，或对你发脾气，只是我有时候真的控制不了自己的脾气。对不起，我今天对你大发脾气，你能原谅我吗？"

以前爸爸是不会轻易向我们道歉的，他的努力和诚意打动了我的心。顿时我释然了，觉得阻碍我们心与心交流的那堵墙被拆毁了！我和爸爸终于能交心了！

我开心得哭了起来，经过多年的努力和祈祷，这一天终于到来。在晚霞的笼罩下，我把多年想说的话都告诉了爸爸。当我们离开的时候，我猛然发现在我们坐着的枯树根上长着一枝新生的嫩芽！

就像那个嫩芽一样，我和爸爸的关系得到了新生。现在我们不只是父女关系，还是无话不谈的朋友关系！

那天我们拍下了那条枯树根和嫩芽作为纪念。我冲洗了那两张照片，用相框装裱起来，挂在我书桌前的墙上，最醒目的位置。

我和爸爸终于能交心了

爱像强力胶，把兄弟姐妹的感情黏在一起；爱像一杯解渴的冰水，把情侣之间的怒火熄灭；爱像酿好的蜂蜜，让白头偕老的夫妻感情倍增；爱像一粒种子，让爸爸的爱有机会萌芽。爱是无穷的，虽然看不见，但却隐藏在每一个人的心中。

那一天，爱的力量打破了那堵似乎无法攀越的墙。

老鹰和小鹰的启示（爸爸）

“嘘……你们看！看到树上那里了吗？是不是很奇妙？”我指给孩子们看。

“噢……爸爸，难怪有那么多人一动不动地站在那里！”孩子们兴奋地悄声说。

当时我们正沿着列治文堤散步，途中见到一幕特别温馨的场景：老鹰一家的生活。没想到老鹰会在离人行道这么近的地

新生命、新关系的萌芽

方筑窝。透过望远镜，可以清楚地看到鹰爸爸、鹰妈妈正在喂它们的宝宝。我们带着敬意安静地站在一旁观看，因为它们的存在本身就象征着某种威严。所有人都知道，老鹰是被保护的鸟类，非常珍贵，不能打扰它们。没有人靠得太近，都自觉给老鹰一家留出安全空间，给予它们应有的尊重，好让它们安心抚育下一代。

同样，父母也要学习怎样为孩子创造足够的空间，让他们在家中感觉安全、自由，心灵得到滋养。健康家庭生活的重要部分就是学会为彼此设立健康的界限，也要让其他与我们互动的人了解我们的界限。我做了一个重要的决定，就是吃晚饭的时候不接工作上的电话。我要让同事了解，晚饭时间是属于我和家人的，我们不想被打扰，他们要尊重我们。我也决定要好好守护晚饭后的家庭时间，跟孩子一起做游戏、运动、看节目等。等到辅导孩子们做完作业，我才继续一天未完成的工作。

我也会腾出晚上和周末的时间陪妻子。身为丈夫和父亲，要协调所有需求是非常不容易的，但我会不断学习，操练从婚姻辅导以及三个月旅行中学到的心得。就像许多公司必须通过优化企业结构来提高工作效率一样，我们也一步一步重建健康的婚姻和家庭生活。这个间隔年给了我们一个机会可以重新开始。

尊重老鹰抚育的空间

处处是家，处处立家（妈妈）

游子归家，何处是家

自古游子出外走，
历练天下乘水流，
高山低谷随风飘，
处处为家，处处是家。
原野芳草何处寻？
列国文化风又吹，
徒步阅历看天下，
处处为家，何处是家。
心归何处，
何处是家？

我想念爸爸、妈妈、哥哥和过去的自己，但我必须长大。我必须为孩子们长成顶天立地的大树，让他们可以在树荫下栖息。生命是如此的现实。丈夫为我撑起了一片天，给我安定的生活与发展空间，同样我必须把丈夫给予我的安全感传递给孩子，让他们茁壮成长。

为什么我眷恋的家留不住我？
一个地方再美丽、再安定，
留不住有呼召、有异象的澎湃。
我们需要随着澎湃的气息而建造生命。
有时候需要放弃熟悉的窝，所珍惜的窝，
展开翅膀翱翔。
现在才明白奔跑天涯海角的勇气从哪里来，
上帝给的恩典有多少，
我们就有多大的闯劲奔跑。
因为拥有美丽而怡人的家乡，
就有力量分享被眷养的温暖。
家是靠着上帝的恩典营造出来，
需要靠双手实实在在地塑造温暖的回忆。
该是长大、闯天下的时刻，
该是珍惜创想，陪伴丈夫、孩子奔驰的季节，
太舒服，我就会懒惰、安逸。
学学丈夫，看看孩子，
真的有其父必有其子，
他们愿意徒步放眼量天下。
我……虽然想家，想念温暖，
但是走吧，尽情地玩，到处去闯荡！
一家人一起走四方，
一起创造温暖的家吧！
天涯海角处处是家，处处立家，
人在哪里，家就在哪里。
来则安之，把心定下，
哪里都可以建造怡人的家。
有家真好，
安心立家，
珍惜有家。

珍惜全家一起玩的机会

3.6 回到加州

温暖的大家族（爸爸）

在温哥华住了一个多月以后，我们告别了碧清的妈妈、哥哥和朋友，又回到洛杉矶。我的父母格外兴奋，因为他们和孙子孙女相处的时间也很少。我的姐姐姐夫也带着他们的独生女儿明慧，也就是我们孩子唯一的表亲，从吉尔吉斯斯坦回美国过暑假。由于孙辈们很少有机会相聚，我们为三家人（我们一家，我的父母一家，姐姐家）安排了各式各样的活动。

三家人先去墨西哥旅游了一趟，然后去圣地亚哥（San Diego）参加家族每两年一度的团圆聚会。我的爷爷有八个孩子，他和奶奶一年前过世，今年是老人去世之后家族第一次相聚，很多家庭成员从世界各地飞到美国。团聚的亲人一共约有四十位，大家聚了三天，一起做饭、唱歌、运动、玩游戏、祷告，分享当下以及回忆过去。大家能这样聚在一起，其乐融融，让人觉得特别温馨。我们会将爷爷奶奶设立的家庭传统延续下去。

这期间，孩子们要面对美国文化的冲击。这让我们做父母的百感交集。他们在中国或吉尔吉斯斯坦已经习惯过简朴的生活。吉尔吉斯斯坦是个资源匮乏的国家，一年里只有夏季短短两个月能吃到新鲜蔬菜。这时我的姐姐就会忙着制作果酱，以及各种蔬菜罐头、泡菜等等，留着在这一年剩下的时间里吃。而在美国，孩子们去吃自助餐时大开眼界。那里有各式各样的蔬菜、浓汤、面包和甜点。让他们惊讶的不是食物种类之多，而是这里的人有多么奢侈浪费。孩子们很难理解，为什么有的人盘里菜都堆成小山了却不吃完，把剩菜直接倒进垃圾桶。

“晳彰，你在做什么？等等，小朋友们，你们在忙什么？”孩子的奶奶惊讶地问。

聚在一起真好

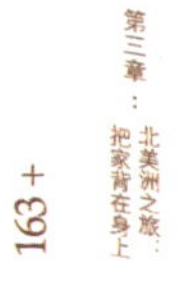

“哎呀，奶奶，这些人怎么那么浪费！难道他们不知道这些餐巾纸有多宝贵吗？他们怎么可以随便扯一堆，用不完就丢掉？即使是免费的，也不代表可以这么漫不经心地浪费卫生纸啊！”孩子们答道。我们哭笑不得，一边回答老人的问题，一边忙着把别人丢掉的餐巾纸捡起来、叠好，节约并回收利用资源是一种负责又环保的做法。

“爸爸，美国人怎么能吃那么多？他们真的吃得下那么多比萨吗？他们的膀胱怎么容得下那么多的饮料，不会胀坏吗？他们怎么这么浪费，随便把食物丢掉？”孩子们大惑不解地问。

在这种时候大人们都觉得不好意思，因为孩子们说得太大声了，但他们是对的。北美奢侈浪费的生活方式让我们很尴尬，因为无法为之辩解。孩子们不住叹息美国人的浪费：比萨、热狗吃不完就丢弃，一大杯饮料喝不完也是丢弃，用电奢侈没有节约的意识……孩子们都感到不可思议。

温馨的追思（爸爸）

给碧清的爸爸扫墓可以让孩子们明白外公对他们的妈妈有多么重要。同样，去给我的爷爷奶奶扫墓，也能让孩子们明白爷爷奶奶对我的重要性。

我的爷爷奶奶在一个月里相继过世，一个享年 92 岁，一个 93 岁。我非常想念他们。每次离开美国回中国，我内心最纠结的，就是不知道这是不是最后一次见到他们。在中国住了六年以后，我担忧的事情终于发生了，他们过世的时候我不在身边。在信仰方面，他们对我来说就属于“云彩般的见证人”。我相信因着他们对上帝的忠心，我也蒙了祝福。他们灵性上的品格深深激励了我。

周三那天，我父母、姐姐一家和我们一家一起去玫瑰花园（Rose Garden）给他们扫墓。在墓园可以看到洛杉矶山谷的美景。他们的墓碑上写着“持守信心，完成使命”。孩子们帮忙把墓碑擦干净，我们在旁边摆了鲜花。所有人围成一圈一起祷告，度过珍贵的追思时光。

苏谢守女士
Sie - Siu Su
Beloved Wife
Mother And Grandmother
Nov. 1, 1915 十 Aug. 25, 2007

追思爷爷奶奶

在旧金山，让孩子了解过去的我们（妈妈）

在昆明，冬天时全家最开心的事就是去喂从西伯利亚来的海鸥。11 月里，它们会飞到昆明过冬。早上在滇池吃饱喝足，中午飞到翠湖觅食、玩耍，傍晚又飞回滇池。我们不知道它们的祖先从什么时候开始决定来昆明过冬，又如何制定了这一套生活流程，但我们太爱它们了！

同样，我和哲彰自从 1995 年结婚之后，也是规律地在旧金山和洛杉矶之间来回跑。他在硅谷工作，他的父母和爷爷奶奶则住在洛杉矶，所以我们会每年两次开 8 小时的车去看他们。

在路上我们会一起听最爱的音乐，听关于家庭生活、子女教养、灵性成长的讲道，轮流开车穿过一个又一个城市。

孩子们已经长大记事了，我们决定好好利用这段旅途，给他们留下美好的回忆。我们轮流选择爱听的音乐和卡片游戏，同时轮换座位。没错，即使回到北美，孩子们还是会为谁坐靠窗位置而吵架。没有人喜欢坐中间，因为腿伸不开，于是干脆轮流坐窗边。奶奶给他们准备了切好的水果和各种零食、甜点，这凝聚了她多少的爱啊！

一路上，大家轮流分享回忆，比如最怀念的时刻和童年故事，互相讲笑话。一家人连续8小时聚在这么紧密的空间里是很难得的，我们尽量利用这些时间和孩子们交流。

在旧金山有各式各样的公园和广场，也有很多我和哲彰宝贵的回忆。森尼韦尔市（Sunnyvale）是我们婚后第一个巢，我们带孩子去看我们最爱的商店、公园和餐厅。我们以前的生活对孩子们来说竟非常新鲜。

哲彰从加州大学洛杉矶分校毕业后，在斯坦福大学攻读电机工程硕士学位，离家到旧金山生活。他在学校、单位和教会都有很多好朋友，其中不少朋友是高科技工程师。他们设计的产品引领了工业、小型电子机械行业以及其他行业的发展。孩子们很难想象爸爸妈妈如何见证互联网及电子邮件的诞生，也很难想象爸爸在超微半导体公司设计的芯片，现在被广泛运用于手机和其他电器上。在旧金山，孩子们终于有机会认识过去的我们，也因此可以进一步认识现在的我们。

“爸爸，我们会住哪里？”

“我们住恩惠阿姨家里！”我兴奋地答道。

“他们家跟我们一样，有三个孩子，年龄跟你们差不多，也都在家上课。跟他们住一起会非常好玩的！”哲彰跟我一样兴奋。

恩惠是我们多年的朋友。哲彰和恩惠从小就是邻居，住在同一个社区里。他们从小一起玩，有时也会吵架、打架，现在这些都成了美好回忆。他们长大后分别住在不同的

恩惠阿姨的家很温暖

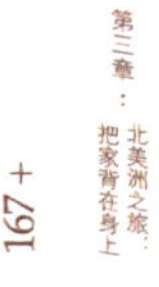

城市和国家，但友情依然很深。他们的孩子跟我们的孩子可以一起在家上课、玩耍，延续我们的友谊，成为好朋友，实在是一种福气。

皙彰真的是孩子王！他带孩子们到处玩，恩惠和我则可以凑在一起聊闺蜜的话题，分享这几年生活的状况。虽然我和恩惠姐不常见面，却情同姐妹。每当我感到沮丧，只要她在身边，总会抱抱我。不管我们住在哪里，她都会为我祷告。她的话语给我很深的鼓励。能跟这样温柔、有爱心、善解人意的姐姐相处，也是一种福气，如果没有恩惠这个朋友，我也不会是今天的我。

“爸爸，我们还会去看谁？”

“我以前的室友，还有其他很多朋友！”

“那我们会去哪里？”

“去海岸线公园（Shoreline Park），那是妈妈最喜欢的公园，爸爸上班的时候，她还带宛慧和恩礼去那里追过鹅。”

“我们来硅谷这里做什么呢？”

哈哈，孩子们的问题还真多，而且都是有意义、有活力的问题。我们无法跟孩子们详尽地描述过去：我们曾经是怎样的人，喜爱哪些事物，是什么塑造了今天的我们。环境会塑造人，人也会塑造人。朋友和文化会在人内心留下细腻的烙印。邻居、教会、灵性上的朋友、最喜爱的地方，甚至去过的商店和餐厅，都是我们多元文化背景的一部分。我们又把这样的多元文化背景带到中国，在一个与家乡截然不同却又有许多共同点的环境里抚养孩子们长大。在北美他们渐渐认识到父母是北美华人，有特定的价值观、习惯和做事方式，这些特点与他们在中国经历到的非常不同。

跟恩惠的友谊支持我
继续翱翔

所以带孩子们来到父母的家乡是很重要的，因为父母携带的许多元素也会在他们身上留下烙印，影响他们的身份认同感，把他们塑造成独特的在中国云南长大的北美孩子。

养育孩子没有简易的方程式或解决方案，我们总是不断尝试、不断犯错，又不断请求原谅，跟孩子一起祷告、一起悔改，重建关系，一次又一次从头再来。身为第三文化孩子的我，在加拿大出生，在台湾地区度过 8–18 岁的时光，环境变换对我来说是很大的挑战。我从未想过这是为了让我有能力抚养在中国长大、同为第三文化儿童的下一代。随着电子通讯的发展，世界正变得越来越小，世界各地的人以各种方式紧密连结在一起。对我们来说，帮助孩子们建立自己的身份认同感非常重要，要让他们明白自己为什么同时拥有东西方的价值观和特质，明白自己为什么如此独特，也明白爸爸妈妈为建立家庭文化所做的决定是超越地域限制的。

我们决定要建造有趣、敢于冒险、通过旅行体验上帝之爱并且长相厮守的家庭。在这段未竟的旅途中，我们也邀请遇到的朋友和我们一起历险！

祈祷与离别（爸爸）

时间过得真快，不知不觉我们就要回中国了。我们在洛杉矶住了一个多月，孩子们跟爷爷奶奶开始熟悉起来。对我来说最痛苦的，就是跟我的外公也就是孩子们的曾外公说再见。我们要再过两年才能回来，这次必定是最后一次见到他。回想和外公在一起的美好记忆，以及他对我们的爱与他为我们献上的祷告，我真的难以接受再也见不到他——除非有奇迹发生。

在 8 月 2 日，即将回中国那天，我们最后一次去看他，跟他说再见。上一次我们回中国之前，他是站在家门口跟我们挥手告别的。这一次他躺在床上。我们都清楚这是最后一面。我坐在床边凝视着他，他也凝视着我。

外公为我们祷告祝福："上帝，感谢你的大慈爱和怜悯。主啊，我们在世上的日子有上帝真理的教导，可以过得很好，求你与我同在，使我得到你的恩典平安。他们要回中国，求主保守他们的平安，靠主的圣名祷告，阿们。"他已经 94 岁了，在病痛之中不能动弹，但他的祷告会一直伴随我，无论我走到哪里。

九天后，我在中国接到妈妈打来的电话说："外公过世了。"

在间隔年开始之前我们还在中国的时候，我 6 岁的小女儿敏慧不用督促，就会在每次吃饭之前祈祷说：“主啊，请你让我的曾外公赶快好起来。”可是等她看到曾外公在病床上受的苦，回中国后她的祈祷就变成：“亲爱的天父，请你让曾外公平安回天堂。”

上帝聆听了一个孩子简单的祈祷。

奶奶的爱（宛慧）

虽然奶奶与我们隔着整个太平洋，她的爱仍能跨过千山万水滋润我们的心。她对我们的爱像那醇香的鸡汤，既营养又浓厚，韵味十足。

由于我们一家长年住在中国不常与爷爷奶奶相见，所以每次见面，奶奶都会抓紧机会送我们一大堆礼物。她像龙卷风一样带我们三个到处跑，买了上衣又买裤子。在一年里，奶奶一直积攒着从不同地方得来的衣服，不管是从亲戚朋友那里得到的，还是从某次大甩卖买到的，统统都收藏起来给我们“惊喜”，之后她还会带我们去买别的必需品。

不过奶奶深知比起衣服我们更喜爱食物，特别是牛油果和生鱼片。因此在我们到美国之前她就已经把一切都准备好了：诱人的牛油果一个个整齐摆放在篮子里，生鱼片也是从上等好店精心挑选购买的。本来生鱼片可以去外面吃，但奶奶坚持要在家里自己做，这样每片鱼肉可以比较厚，吃起来更过瘾。就这样奶奶整个下午都在厨房里忙着给我们做晚餐。我们在一旁看着她小心翼翼地切下一片又一片三文

奶奶最会张罗美食了

谢谢奶奶对我们的爱

鱼片，直到整个盘子像一朵开放的花。之后她又拿出白萝卜一块一块地切成丝……

终于大家期待的时刻到来啦，丰盛的晚餐开始了！一盘接一盘的好菜接二连三地端上桌：牛尾汤、蘑菇炒菜、凉拌菜和生鱼片。我们迫不及待地拿起筷子直奔生鱼片。当我正要把沾了芥末酱和白萝卜丝的生鱼片送入嘴里时，抬头看见奶奶正看着我。她的双眼透露着期待、盼望，也许还有一丝歉意。一口吃下去，真是美味十足，我向奶奶开心地笑了。

跟奶奶在一起的美食旅程并不就此止步，即使到了遥远的墨西哥，她仍坚持带我们品尝上等佳肴。墨西哥的海鲜闻名遐迩，因此我们一到目的地便去当地海鲜市场逛。哇！这里的海鲜果然名副其实，成排的鱿鱼、深海鱼、石斑鱼、虾、扇贝、龙虾仿佛在向我们招手。奶奶从这一摊走到那一摊，仔

一针一针缝起来的爱

细查看每条鱼，精心挑选。奶奶勉强用混着英语的西班牙语跟当地小贩问东问西，讨价还价。之后她又带着我们去一个小饭馆，把买到的海鲜交给厨师来做一餐美食。等待的时候不见她身影，原来她一直在厨房里“监督”厨师做菜，以确保合我们的口味，也顺便学习做法，这样回家后她能做给我们吃。菜端上来后果然香喷喷的，让人垂涎欲滴。正当我要吃时，我再一次看见奶奶的眼神，有点期待又充满爱意。

回到美国奶奶家，每当我闭起眼，就能想到奶奶为我们所做的一切：给我们买衣服，给我们做好吃的，关怀我们的眼神。我也想向她表达我们的爱和感谢。下定决心后，我赶紧叫弟弟妹妹一起来帮忙给她一个惊喜——制作一条碎花毯送给她。接下来的几天我们忙碌不停，到处收集碎布，用针线一针一针地缝起来。最终完工的碎花毯没有我想象的大，也没有想象中好看。它看起来就是一块四方形的布上面缝着几块碎布片。我叹了叹气，反正已经做了，还是送吧。我对奶奶说：“这是我们给你做的碎花毯。虽然破破烂烂的，但这代表着我们对你的爱。即使远隔千山万水，我们依然爱你，记得你为我们做的一切。”

一抬头，看见奶奶笑了，那是从心底里发出的笑。我也开心地笑了。

3.7 北美洲三个月的感悟（妈妈）

如果能用一个词来总结我们在北美洲度过的时光，那就是“尊荣”，也就是互敬互爱。能花时间孝敬我们的父母和祖父母，并对爱我们的亲戚朋友表达爱与敬，这对我们来说是一件很重要的事。孩子们不仅在观察我们的一言一行，他们也浸泡在喜悦中，因为可以享受这么多的爱和大家庭的温暖，可以和爸妈一起孝敬长辈、探访朋友。在中国，我们无法给他们这种体验。我们非常热爱在中国的生活，但也非常想念在北美的亲戚朋友。虽然网络通讯工具如 Skype、微信等提供了便利的沟通，但不能取代和所爱的家人在同一个空间里面对面的相处。

我们深信圣经上的一句经文：“你们做儿女的，要在主里听从父母，这是理所当然的。要孝敬父母，使你得福，在世长寿。这是第一条带应许的诫命。你们做父亲的，不要惹儿女的气，只要照着主的教训和警戒养育他们。”（弗 6:1–4）

这些真理会影响我们一生，是不会改变的。它诠释了我们作为儿女、父母、夫妻以及个体在跨文化环境中追求的一切。在我们陪伴孩子成长的旅途中，这些话语是我们的立足点与向导。我们需要真理的指引，以免在人生中迷失方向。对我们而言，最重要的就是依据真理建立稳固的基础，设立健康的界限来维护我们的爱，也维护我们与家人、朋友、邻居的关系。我们要不断学习这些，一直到老。向人表示敬意与爱是需要付出时间去努力的，这是长达一生之久的投资，有时甚至要付出眼泪、要经历痛楚，但这一切都是值得的。没有人是完美的。我们的祖父母把他们最好的给了我们父母，我们的父母又把这份祝福传承给我们，现在我们也要竭尽所能把真理、爱与尊重传承给孩子，以及我们在人生旅途中遇见的每一个人。

我们在南美洲学习、领受到的一切，以及在北美洲得到的爱和喜乐，让全家人内心充满更新的力量与热情，可以继续完成间隔年的梦想，走 2008 年的最后一程：彝族村，我们来了，请多多指教！

爱是互相尊重

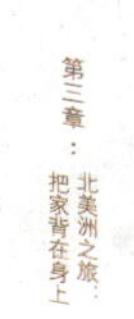

第四章　云南彝族村：体验农家生活

对很多人来说吃两三天的苦并不难，但要建立起一种生活方式，就必须持续不断地锻炼才行。孩子雪亮的眼睛在看着我和哲彰，在模仿我们的一举一动，我们的任何动机都瞒不过他们，要么就全心全意投入村里的生活，脚踏实地，努力提高自己的生活技能；要么在六个月里怨气连天，让身边的人不得安宁。但抱怨是一种不知感恩的做法，会让我们和孩子一起体验真实生活的努力功亏一篑。幽默感，一起笑，一起感恩是生活力量的来源……

我们有一个家在彝族村

4.1 云南乡村生活

孵鸡蛋（爸爸）

“哒，哒，哒……”我用小刀轻轻抠着一枚鸡蛋，我们一家五口围成一个小圆圈，每个人都目不转睛地看着。

“哒，哒，哒……砰！”鸡蛋忽然炸开，一股我们从未闻过的熏天臭气弥漫开来。每个人的脸、头发和衣服都沾上了浓浓黄黄的东西。但这股臭味在意料之中：原来这是一枚死胎蛋。

我们一直想知道，我们的鸡蛋孵不出小鸡是怎么回事。原来鸡蛋里的小鸡已经死了，腐烂的尸体喷得我们全身都是臭鸡蛋味，令人作呕。我们不得不把所有衣服都脱下来洗。

之前村里奶奶的母鸡下了十三枚蛋，只有六枚蛋孵出了小鸡。我们做了一个实验，用 100 瓦的灯泡将鸡蛋所处的环境保持在 38℃，还熬了一夜通宵，希望能看到可爱的小鸡破壳而出。谁知那些蛋还是一点动静都没有。虽然猜到蛋可能坏掉了，我们还是决定打开鉴定一下，结果证实了猜测，还证实我们是好奇又缺乏经验的一家人。这“砰”的一声爆炸就像开幕式的礼花一样，揭开了我们在彝族村六个月生活的序幕。

在彝族村，我有一个家（妈妈）

我们间隔年的第三部分是到云南一个偏远的农村生活半年。我们从昆明坐了 8 小时夜车，早晨 7 点醒来，雇了一辆车把我们的 7 个包送到县城里。接下来两天，我们购买了米、碗、油、调料、窗帘和一台简易的手动洗衣机，准备搬到新家。虽然待在县城的时间不长，但孩子们很喜欢那里缓慢的生活节奏和随时随地映入眼帘的青山绿水。多亏我们在南美洲旅行了三个月，孩子们现在能很快适应不同的生活方式。

彝族奶奶们的步伐稳健、耐劳

第二天，我们坐小汽车颠簸了40分钟，一路经过土路、瀑布和泥石流，到了彝族村的住处。在接下来的六个月里，我们会把这里称为“家”。云南彝族有很多分支，我们村的彝族妇女穿着五颜六色的长裙，戴着样式独特的黑色头饰，看起来有点像学位帽，却比学位帽大五倍。

彝族村大概有五十户人家，约两百口人。村子北面环山，南面临湖，海拔2600米。不远处就是乡政府以及一所小学和一所初中，旁边一条石子路上有几间小商店和一家诊所。彝族村所在的乡人口很少，生活也很贫困。

村里很多村民家里没有自己的茅坑，要去地里上厕所，用得起太阳能热水器和有洗澡间的家庭就更少了。冲澡在这里是很奢侈的事情，只有经济富裕的人家才可能享用。在屋里装水管的人家也很少。过去人们要步行几个小时去挑水，甚至有些特别贫困的家庭现在仍然如此。直到近几年才有了从山里、河里通到乡里的输水管道，让居民用上新鲜的水。每家院子里都装了水管，但尚未把水管引进厨房。这些设施都很简陋，但和过去相比已经给生活带来了很大便利。尽管村子财政紧缺，交通条件也不利于村民和外地做生意，但它恬静的氛围还是很让人着迷。彝族村民达观、坚韧不拔的生活态度在呼唤我们。

我就是彝族人

彝族奶奶自己建造的家

自称彝族人的汉族奶奶（妈妈）

这六个月我们十分有幸可以住在一位老奶奶家里。我们就是要住在彝族人的社区里，而不是乡政府提供的宿舍。

“奶奶，既然你家是汉族，你怎么住到彝族村呢？”孩子们一边问，一边享受着烤土豆、腊肉、鲜鸡汤、烤苞谷和米饭。

“这个嘛……在我们祖辈一直到我父母那个年代，经常有彝族人袭击我们的村子，把房子烧了，抢走孩子。奴隶制是他们文化的一部分。我很小的时候村子就被毁了，我也成了奴隶，无家可归。我每天要做苦工，夜里睡在火炭旁的地上，地面又冷又潮又硬。但在我 10 岁那年，国家废除了奴隶制，于是我自由了。但我已经习惯住在彝族村，彝族文化成了我生活的一部分，也是我的生命。我无法想象另一种生活。他们是我的同胞，这里就是我的家。于是我就和彝族人住在一起，这就是我的归宿。我就是彝族人。”张奶奶笑着回答。

我们安静地坐在那里，沉浸在她的故事中。她很特别，跟其他人都不一样。她是一个自称为彝族人的汉族人，是一位扎根在彝族社区、德高望重的长老。解放后她上了学，后来协助政府发展社区教育，建设彝族社区和文化。她一生遇到过很多风浪。她年轻时就失去了丈夫，独自一人把两个孩子拉扯大。她是一个坚强、达观、慈祥的妇女，又有温和、安静的性情。她从不和邻居争吵、闹矛盾，是一位使人和睦的长者。村里人都很敬重这位充满正义感、是非分明、诚实的老奶奶。她的孩子都离开山区去外地工作了，她独自一人生活。张奶奶欢迎我们一家住到她家里，把我们当成她的儿孙。这样的福气真是超出我们的想象！我们做梦都不敢想象村里的长老会敞开怀抱收纳我们一家，手把手教我们怎么在彝族村生活。她像母鸡一样把我们保护在双翼之下，热情款待我们，确保我们能融入彝族社群，成为他们的一分子。

适应彝族村生活：睡觉、上茅坑和洗澡（妈妈）

“是的，我亲手盖了这栋房子。我是一名单亲妈妈，男性亲戚也很少。我自己找了基石和其他建材，靠孩子们和邻居帮助，把房子盖起来了。”张奶奶笑着说。

她的家是简易的四合院，两边是房间，另外两边是墙。在庭院里我们可以看到秀丽的群山和明净的湖泊。奶奶养了鸡和猪，还开辟了一块小菜园。为了迎接我们入住，奶奶把侧翼一个贮存大米和苞谷的小房间收拾出来，重新粉刷了一番，还修好了屋顶的裂隙。尽管对我们一家五口来说还是比较拥挤：我跟丈夫睡卧室，孩子们只能睡客厅，但房间焕然一新的布置还是让我们喜出望外，也因此更加容易适应新家。我们把三张一米宽的床拼起来放在客厅，让孩子们在这里睡觉、学习。暂彰和我则有一张一米五宽的床和一张书桌，两样家具把小卧室挤得满满当当。空间虽小，但非常舒适，足以让一家五口裹着棉被享受家庭时间。

神奇的是，即使在这么偏远的地方竟然还有电！虽然常常停电，还是比晚上完全没有电、

点蜡烛写作业

点蜡烛读书做作业要好得多。过去我们把有电看作理所当然，没想到搬到村里之后，很多夜晚都要点蜡烛度过。以前我们也听说有的农村学生要点蜡烛做作业，却无法想象个中滋味；搬到村里之后才意识到这对他们来说就是生活的现实。这里经常停电，停电的时候如果不点蜡烛，就伸手不见五指。相比之下，城里 24 小时供电，孩子随时可以看书，农村孩子要和城里孩子竞争就必须加倍努力，付出更大的代价，他们求学历程之艰辛实在让人心疼。

高海拔的生活不容易，一到晚上往往温度骤降。我们很多邻居的房子不是用砖和水泥建的，而是用水混着稻草、木头和泥巴盖成的。夜里呼啸的寒风会透过缝隙侵入他们的寒窝。这时我们就特别感激张奶奶，因为她自己筑的水泥墙把风雨都挡在屋外，她的屋顶就像她的生活一样稳固、踏实。

奶奶家没有厕所和洗澡间。她在院子外面盖了一个猪圈，由她的狗小黑黑守着。猪圈里有个坑用门隔开，供人上厕所。她的很多邻居连这个都没有，只能到地里或屋子后面解决。

“孩子们，告诉你们一个好消息！奶奶家有一个名副其实的茅坑！我们常常从电影或历史书里看到西部牛仔和美国最初的拓荒者在户外的茅坑上厕所，却从未亲自用过茅坑。你们也不用走得太远，只要出了大门再走几步，就可以体验啦！你们要和猪共用那个地方，因为它们就被关在旁边。不过不用担心，它们都很友善！”晢彰对孩子们说。

“喔，你们要小心我的狗小黑黑呢。它守着我的猪。不过只要喂东西给它吃，它就不会咬你们。”奶奶提醒道。

奶奶家的茅坑虽然简陋，但保持得非常干净，我们很快就适应了。孩子们吃饭时习惯留一点吃的给小黑黑，免得它对他们狂吠。

这真是一次新奇的冒险。我们之前从未体验过每天用户外茅坑上厕所是什么感觉。对我们来说茅坑相当于半敞开的私密空间。虽然有木条把人和猪隔开，但它们的鼻子可以透过木条的间隙来闻我们的屁股。虽然我们只管自己方便，却感觉它们正在看我们的“好戏”。我后来才意识到这个私密空间除了猪，连蛆虫们也要凑热闹，因为它们从茅坑底下破卵而出以后会竭尽全力、争先恐后地往上爬。我不喜欢解手时小虫子爬得太近，我要让它们知道谁是老大，于是撒尿的时候就痛痛快快地把它们喷射下去，让它们前功尽弃。这种滑稽的方式有助于我们享受使用户外茅坑的日子。何况谁侵犯了谁的空间还真不好说，大概它们也觉得我侵犯了它们的空间吧！我们的反感是相互的，真有意思。当蛆的密度太大，我们就把奶奶的鸡放进来，只消几秒钟时间，鸡就让蛆的“人口”大幅度减少了。这时鸡很高兴，因为可以吃免费大餐；我们也高兴，因为有免费的“清洁工”，真是实现了“双赢”。

我们平时很少冲澡，因为天气太冷。刚好隔壁的派出所有太阳能淋浴设施，我们可以偶尔借一下洗个澡。村民觉得我们家很不讲卫生。他们每天晚上都会烧开水擦澡，把脚洗干净才上床。而我们一家因为怕冷，什么衣服都不想脱，也不想洗。张奶奶很惊讶，她原本以为我们是城里人，应该有更高的卫生标准，谁知我们睡觉前连袜子都不愿意脱，我们在卫生方面真的太不够格了！

事实上对我们来说，要适应这里的环境并不容易。因为实在太冷了，我们恨不得把所有衣服穿在身上，哪怕两个星期不洗澡、不换衣服、不换袜子，也比受冻强。确实，村民的很多生活经验都值得我们学习。我们常常彼此开玩笑：我们一面烧柴煮饭，一面使用网络连线上网；没有厕所和淋浴间，我们连最基础的卫生都偷懒。由于会使用现代技术，所以我们保留了一点文明的味道，却无法达到村里人的卫生标准，我们实在是太不文明了。

“什么？你们用火坑煮饭，却能上网？”

厨房的智慧：生火（妈妈）

张奶奶家院子中心有一间很小的房间，被用作厨房。所谓厨房，其实里面只有一个简朴的火坑，经年累月的油烟把墙壁熏得黑漆漆的。尽管厨房不是很美观，里面的油烟也常常熏得我们泪流满面，但比起没有暖气、冰冷的房间，这里实在是个温暖的地方。我们很喜欢用火坑烤土豆和苞谷，而这些是彝族人常见的主食。在天气寒冷又饥肠辘辘的时候，这些食物让人心满意足。对喜欢玩火的恩礼来说，这个火坑让他梦想成真。

“恩礼，来，看着我。把细小的干树枝放在最下面，这样只要有一点点火星就很容易点着。如果你把潮湿的细枝或大树枝放在最下面，火就不容易点燃，所以这些要放在最上面。来，试试看。”张奶奶这样教他。

奶奶教我们如何按照彝族人的方式生活，她是我们在这里的生活导师

恩礼兴奋得双眼闪闪发亮。他有生以来第一次可以名正言顺地玩火，而且帮忙生火将成为他农村生活的一部分，成为他的职责之一。

“啊……太好了！来，我再教你一个秘方，可以让火烧得更旺。我们彝族人喜欢买或收集一种带松脂的树皮。因为树皮里含有大量松脂，所以很容易点燃，特别适合用来引火。这个宝贝叫明子。”奶奶解释道。

这对我们来说都是全新的体验。如果没有火，就不能取暖，没有热水，也不能煮饭。城里人无法想象，村里头的孩子这么小就要和大人分担家务，甚至承担生火的责任。让孩子学习点火是不是太冒险了？的确是的。但我们也相信他们已经具备足够的基本常识。既然村里所有孩子从小就学会烧火做饭，我们相信三个孩子通过仔细观察、学习，也能够承担起这份责任，并且掌握常识，避免烧伤自己或把房子烧毁，让大家陷入危险。

发展的奥妙：既有火坑又能上网（妈妈）

“哎，怎么可能啊？你们一边用最原始的火坑煮饭，一边上网分享故事！你们的照片看起来真是不可思议！那里到底什么情况？”一位在美国的朋友发邮件问我们。

这就是科技发展的奥妙。即使在中国最偏远的山区，只要有政府部门在的地方，就有办法接入互联网。村里大部分村民会使用手机。我们的住处离学校很近，可以从学校接网线到张奶奶家，所以有电的时候就可以上网了。见证现代科技如何进入农村生活是一件很有意思的事情。一方面村民拥有一些现代产品，如手机、水管和电；另一方面他们能享用到的现代便利设施仍然十分有限，如无线网、电脑、厨房内的水电设施、个人厕所、煤气炉等等。对他们来说，保障食物和水的供应仍是村里的头等大事。

我们一家能拥有手提电脑，在村里是非常奢侈的事情。我们努力在两个截然不同的世界之间保持平衡，既满足我们对网络的需求，又要尊重村民的生活方式。我们可以不用煤气炉，但离开手提电脑就会活不下去，因在学校讲课、在家教育孩子、写文章、与山外的世界联络都要用到网络。这让我们意识到自己对现代科技有多么依赖。

身为全职妈妈，现代科技的便利对我来说多多益善，因为家务繁重，我还要负责一些联络工作，如果没有科技的辅助我一定会发疯。我很羡慕村里的妇女可以亲手做所有事情，但我实在很需要现代工具的帮助，比如煤气炉。我一度以为我也可以靠火坑烧饭给家人吃，但事实证明，每次我试着用火坑生火做饭，都熏得泪流满面，要是等我把饭做好，大家肯定饿昏了。后来张奶奶主动提出帮我们煮饭。原来，要在最短的时间内把火生起来，在烟熏到食物和眼睛之前把饭菜都做好，需要充足的经验和技巧，这些都是我所欠缺的。我尝试了很多次，结果都令我十分沮丧。有张奶奶帮忙后，大家起码吃饭不愁了。我帮她洗菜、备菜，由她来负责炒菜、炖汤。她做这些游刃有余。有了张奶奶的帮忙，我不用再担心做饭的事。如果这六个月都要靠我在火坑上做饭，全家肯定整天饥肠辘辘，我也肯定成天垂头丧气、情绪低落。张奶奶就是我的火源，我的安慰，是我在彝族村的妈妈。

边玩边学边笑：洗碗与劈柴（妈妈）

“爸爸，我真的要洗碗吗？这里的水好冰哦！哈哈，这个好玩，连鸡和鸭都来吃碗里的剩菜剩饭！这种洗碗的方式真好玩！”孩子们惊叹道。

“你们想想看，奶奶花了那么长时间给我们做饭，再让她洗碗公平吗？妈妈洗衣服要花大半天时间，所以让她洗碗也是不公平的。”哲彰跟孩子们解释。

爱是动手帮忙

没有柴就没有温暖，就没有火源煮饭、烧开水

“哦……我们会轮流洗碗！可是如果奶奶提议要帮我们洗碗，或者已经洗好了怎么办呢？你知道她做饭、打扫的速度多快吗？她在火坑上烧完饭以后还能用余温把水煮开，用来泡茶，最后还能把碗筷都丢进剩余的热水里去。我们的速度根本不能跟她比！”孩子们说出想法。

“孩子们，你们认为什么比较重要呢？最重要的是我们愿意主动帮忙，而不是认为别人应该为我们服务。也许我们做得不如奶奶那样又快又好，但只要我们愿意尝试，让别人知道我们愿意承担责任，真诚地为他们减轻负担，就是一种爱的表达。如果我们一直跟奶奶说，我们很感激她、很爱她，却一根手指头都懒得动，这是没有意义的。”晳彰说。

奶奶家的庭院里装了水管，孩子们可以在这里刷牙、洗脸、洗头以及洗碗。大部分时间里我们用水都没有问题，可是一到晚上，气温会降到零度以下，水和水管都会冻住，这时我们除了往冰水里掺一点奶奶烧的开水，在旧轮胎做成的“盆子”里洗碗，别无选择。但奶奶每天早上总是好心地帮我们灌一整瓶开水，让我们有热水喝，也有热水刷牙洗脸。这种日子对我们来说不是三天两天，而是一周又一周，要持续好几个月。

对很多人来说吃两三天的苦并不难，但要建立起一种生活方式，就必须持续不断地锻炼才行。孩子雪亮的眼睛在看着我和晳彰，在模仿我们的一举一动，我们的任何动机都瞒不过他们，要么就全心全意投入村里的生活，脚踏实地，努力提高自己的生活技能；要么在六个月里怨气连天，让身边的人不得安宁。但抱怨是一种不知感恩的做法，会让我们和孩子一起体验真实生活的努力功亏一篑。

幽默感可以带来力量，让我们坚持走前面的道路。我们常常嘲笑彼此的笨手笨脚，尤其是当鸡鸭抢在我们前面把碗里的剩饭吃得干干净净的时候。孩子们看到爸爸妈妈在困难中学习，在学习中玩乐，不怕成为小丑，他们会明白我们虽然不能解答所有问题，甚至在某些家务事上非常无知，但生活的每个角落都充满乐趣，失败的时候照样可以开怀大笑，自得其乐。

我们买了一车的柴火，足够我们过冬了。我们也观察过村民是怎么用斧头劈柴的，看起来好像很容易，奶奶或村里的孩子总是三下五除二就把一根木柴劈成一小块一小块。

我问奶奶："我可以试试吗？"

"好啊！只要瞄准，你这个角度砍下去绝对没问题！小心你的腿哦，不要让木柴滚开，不然你最后砍不到柴，却把腿给劈了。意外是很容易发生的。"奶奶提醒我。

我试了一次又一次。奶奶的斧头又轻又小，但要从正确的角度一刀砍下去实在需要技巧。我不管费多大的劲，都无法像奶奶那样利落地把柴劈开。哲彰和孩子们也轮流"操刀"。我们差点儿就把奶奶的斧子砍

"阿姨会不会劈柴？"

坏了，因为总是砍不到柴，一直砍在地上和石头上。

村里的孩子好奇地围着我们看，觉得很好玩。他们想不通为什么劈柴这么简单的事情，我们那么费劲还做不好。这是一次好机会，让我们学会保持谦虚的态度，对他们来说最简单不过的动作，对我们这些“城里人”来说却难乎其难。我们也从这点点滴滴中学会敬重、欣赏村民的生存技能和智慧。若是没有奶奶的开导和邻居的帮忙，我们就过不了这个冬天。

三天过去了，我们在各方面都渐渐上手，也慢慢适应了环境。有一天忽然停电了。我们一直在问：“怎么了？发生了什么事？什么时候才会来电？”可是没有人知道，也没有人担心或在乎，他们对停电司空见惯，这就是生活里很正常的一部分。我们逐渐适应在黑暗中吃饭、喝水以及看书，蜡烛是唯一的光源。当手提电脑的电量耗尽时，我们真的没辙了。对于农村生活的现实困难，我们终于有了清楚的认识。

为什么洗衣服要花那么长时间（妈妈）

搬到彝族村之前我很少动手洗衣服，我从小到大习惯用自动洗衣机和烘干机来打理衣物。我平均一到两个星期洗一次衣服，洗衣机一次可以洗 16 公斤。我把衣服分成两篓，一篓洗白色、淡色的衣服和内衣裤，另一篓洗带色的衣服，如黑色 T 恤、牛仔裤等等。我只要按下按钮放水，就可以做别的家务，过一会儿再把洗好的衣服取出来放进烘干机，再去做别的家务。等衣服被烘得干干爽爽，我就可以坐下来，一边看电视或听音乐，一边叠衣服，洗衣工作就结束了！

我之前对彝族村里的人需要用劳力洗衣服完全没有概念，我们买的半自动洗衣机对村民来说都是奢侈品。我洗衣服的时候，要先用皮管给洗衣机灌水，衣服洗过一轮后要手动排水，然后重新灌水洗第二遍，再排水，再把衣服装进去甩干，最后把衣服晾起来。之前我从来不需要把洗好的衣服一件一件晾在外面，而在彝族村，我不仅要晾衣服，还要“看天洗衣服”，因为高海拔地区时不时要刮风下雨。此外给洗衣机灌水的皮管还要用于浇灌菜园和苹果树，不可能一天到晚供水洗衣服。“哎呀，为什么要做这些？我觉得真烦，太浪费我的时间了！我明明可以做更有意义的事！晢彰，我需要你和孩子帮忙晾衣服！真的太费时间了！”我埋怨道，孩子们也埋怨，每个人都埋怨。但我们只是悄悄地发牢骚，不敢太大声音，怕一旦被张奶奶听到，

看天吃饭，看天洗衣服、晾衣服……

她会悄悄把一堆衣服全部用手洗好。我们知道让奶奶帮忙洗衣服太不应该了，就连孩子都很清楚这一点。

村民们也会来我们这里用机器洗衣服。他们很高兴有这台半自动洗衣机，不用完全靠自己动手。他们为享有这样的便利而心满意足。我们真是被都市的生活宠坏了，很多方面都应该向他们学习。

有一两个星期天天阴雨绵绵，天气阴冷潮湿，还刮着风，根本不适合洗衣服。

“哎，谁尿了我的床？”恩礼忽然暴跳如雷。

“对啊，谁尿了我的床？”敏慧也不解。

“哎哟，不得了了，谁尿了我的床？”姐姐宛慧也很吃惊。

“恩礼，你在床上尿尿了吗？”姐妹俩问。

“怎么可能！”他反驳。

“宛慧、敏慧，难道是你们尿了我的床？”恩礼一脸不信任。

“怎么可能！”两个女孩子气得跺脚。

“那到底谁尿床了？”三个孩子怒气大作。

我们的小白猫布兰卡忽然蹿到床上，看起来又打算尿尿了。

“哎哟……布兰卡，不可以！快停下来！不准你尿在我们床上！”孩子们不约而同地大叫。屋子里弥漫着一股尿骚味，床单上也是尿味，被子上也是尿味。我们有两个星期都闻着猫尿味过日子。等到雨停的那一天，全家如释重负，终于可以把所有东西洗干净了！终于不用与猫尿味共处了！我也终于体会到把衣服洗干净是多么享受的事。没有人再抱怨洗衣服有多么麻烦。回到昆明以后，我们仍然保持自己手洗部分衣物的习惯；虽然大部分衣服还是用洗衣机洗，但洗完以后我们会挂起来晾干，很少再用烘干机了！

什么，猪食是要煮的？（妈妈）

“什么，猪要吃热食？这是怎么回事？”我惊叹道。

“哦，这很简单！我们找一些青菜、剩菜，用刀切一切，放进大锅里煮一煮，就可以喂猪了！自我记事以来我们都是这么喂猪的。”张奶奶说。

“可是奶奶，猪不是吃生的吗？这样不是更健康吗？”我们问。

“咦，这倒是个新鲜的主意，我们还从来没这么做过。”奶奶回答。

农业因文化而异。在入住奶奶家之前，我们对中国的农业毫无概念。在北美洲，我们对农业的认识来自动画片和电影，印象中农夫都喂猪吃干粮，猪食是生的而不是煮过的。在奶奶家准备猪食是一种新鲜的体验：我们要把土豆、青菜、猪草和各种剩菜剩饭拌在一起，用大型炒

预备猪食的学问

锅在火坑上煮熟给猪吃。

我们本想引进更环保的养猪方法，因为村民要砍柴烧火，很多树被砍掉当柴火煮猪食，这样的做法一代代延续，造成土地流失和泥石流，以及环境的退化与破坏。但我们意识到，每个地方都有特定的养牲口方式，而在这个村子里，祖祖辈辈都认为把食物煮熟了给猪吃比较健康，就像人要吃熟食一样。村民除了给自己做饭还要给猪煮食，占用了大量时间，还要干农活，所以他们必须全时间工作才能兼顾。

“妈，小心！有虫哦！能喂鸡鸭吃吗？”孩子们问道。

这真是全新的理念。我几时对蔬菜里的昆虫变得如此敏感？以前我只要看到就立刻消灭它们，因为觉得它们是破坏蔬菜的害虫。慢慢适应农村生活以后，我意识到，这些小虫子是极其宝贵的资源，可以给鸡鸭增加营养。

吃饭啰！

“真的有人亲亲、抱抱猫狗啊！”

这让我大开眼界，开始用崭新的眼光看待周遭的环境：昆虫是鸡鸭美味的点心，不可以像过去一样不假思索地把它们踩死。

文化交流是一种双向沟通。我们在向奶奶学习如何饲养牲口的同时，也与她分享我们对宠物的爱。

“我以为，只有在电影里才会有人对小猫小狗又亲又抱，只是电影剧情而已，但看到你们一家对猫啊狗啊亲亲抱抱的，我才知道原来真有人做这种事！我从来没想到人和动物可以这么亲密。这不是我们的文化。”奶奶笑着说。

的确，我们习惯对小狗小猫这些宠物亲亲抱抱，照顾它们、爱它们、训练它们遵守家里的规矩。我们受西方文化熏陶，认为对待动物要温暖、友善、保护和尊重；重视任何生命的价值，以体谅、敬重的态度来对待他人、动物和环境，这种观念在西方文化中是根深蒂固的。身为世界公民，以体谅、敬重和爱心去待人是超越民族和文化界限的生活方式，它的核心就在于，我

小甜甜很聪明，喜欢被呵护

们活着是“做人”，而非“做事”。在西方文化的语境下，“做人”意味着重视人的价值，并由此出发去关怀他人、动物与环境，以实际行动表示对他者的尊重。相反，以“做事”为核心的价值观可能导致“为达目的不择手段”，以及对他人冷漠无情的处世态度。我们不希望我们的孩子成为没有爱心、只注重效率的机器，或是不懂得体谅、尊重他人，我们希望把他们培养成有爱、有情、有心的人。

我们跟张奶奶学会如何按照村里的方式喂猪，奶奶也跟我们学会了如何疼爱宠物。当时她买了一头小猪，小猪身上有黑白相间的纹路，特别可爱，我们叫它“小甜甜”——给小猪起名字也是一件新鲜的事。每次去户外茅坑上厕所，或者去屋后田地里的时候，我们会带上一把苞谷，喊小猪的名字：“来，小甜甜！过来！”

渐渐地，小甜甜听懂了我们在叫它，它会冲过来，拱拱我们的手，吃手里的苞谷，让我们抠抠它的耳朵给它搔痒。它也会扑到地上，翻过身来，露出肚皮让我们给它搔痒。这对奶奶来说是一种很特别的体验，她也学会了宝贝她家的猪。

看到奶奶对待她的小猪如同我们对待小狗小猫一样，也会拿着苞谷示意它吃，喊着小甜甜，我们看着觉得很温馨很好玩，可是也很心疼，小甜甜会长成大甜甜，到时它就变成过冬的腊肉了。

调教宠坏的鸭子（妈妈）

文化是随着时间形成的。经过一段时间的互动和潜移默化的影响，我们和奶奶各自的观念和做事方式都发生了微妙的变化，这种变化甚至是难以察觉的。我从未想过有一天我不得不调教我们的鸭子，让它们学会尊重主人。

奶奶在蓄养牲口方面是专家，她深谙它们的作息习惯。我们惊讶地发现，即使是我们从集市上买回来的一对小鸭子，也和孩子们一样有固定的作息时间！一到太阳落山、天色昏黄的时候，奶奶会吹一声口哨，声调很高，小鸡小鸭们一听哨声就你追我赶地从它们闲逛的地方跑回院子里，然后钻进用干草铺成的木箱里。它们一进去，我们就用毯子把木箱盖起来。等到第二天太阳出来，它们又从箱子旁边的裂缝里摇摇摆摆地钻出来，一点不怕被野猫袭击。小鸡小鸭们都知道奶奶是老大。虽然我们也喂它们吃东西，但奶奶说了算。没有人会跟老大捣乱，自讨没趣。

奶奶教我怎么喂买来的两只鸭子，它们一般吃苞谷面拌着剁碎的青菜和米糠之类的。我开玩笑称我喂的是“鸭妈妈营养餐”。小鸭子每次都老老实实把饭吃完。除非它们自己能逮到虫子当点心，否则一日三餐就只能吃这些东西。有一回我们一家要离开村子两天，奶奶答应帮我们喂鸭

陪伴的乐趣 我看书、你睡觉，
一起提防野猫来袭

点心时间：请你吃蚯蚓

子。她大概忘了它们只是家禽，竟拿它们当宠物惯着，喂它们吃自己剩下的米线和大米饭。我们的鸭子立刻学聪明了，知道它们只要缠着奶奶就可以吃到美食。它们一早起来，摇摇摆摆地走出大木箱，径直走到奶奶卧室门口一直敲门，直到她起床开门。如果她去忙自己的事，不理它们，这对被宠坏的鸭子就咬奶奶的裤脚，直到奶奶让步，给它们米线或大米饭吃。我们回来以后奶奶把情况告诉我。要不是亲眼看见这两个小淘气整天黏着奶奶，咬住她的裤脚不放，我还真是不敢相信。

“什么，奶奶？您竟然允许小鸭子这么耍赖？您是个专业的农民！它们可不能这么对您。我是它们的妈妈，我会给它们一个教训。竟然以为奶奶好欺负！”我哭笑不得。在我们家，如果我的三个孩子对食物挑三拣四，要吃这个不吃那个，我就采取最简单的解决办法——饿着吧！我做梦也没想到有一天我要对两只被宠坏的小鸭子如法炮制！我把苞谷面、青菜和米糠拌起来放在它们碗里，盯着它们说：“宝贝，你们做得太过分了！但你们也很聪明，竟然知道奶奶的房间在哪儿，还能靠敲诈吃到好吃的。但别忘了我才是你们的妈妈，现在我回家了！你们不许再骚扰奶奶！现在我说了算，你们只能吃这个！如果不吃，我也不介意饿你们几顿。你们知不知道，小鸡们只要能找到虫子吃就很高兴了。你们可别以为我好欺负！”

哈哈，小鸭子真是聪明透顶，它们知道谁是老大！饿了一天之后，它们又乖乖去吃“鸭妈妈营养餐”了！

学彝语，干农活（爸爸）

彝族的张奶奶教导我们在她家里要如何生活。我们按照她所教的学会了如何在她的四面围墙中好好过日子，而不至于影响她的生活作息。在这些祖祖辈辈都务农的村民中间生活，让我们意识到尊重大自然的规律和节奏的重要性。他们都是靠土地过日子的，要根据气候来估算四季是否有好的收成。如果对大地对自然没有敬畏之心，他们根本无法生存下去。张奶奶教会我们在大自然的怀抱中与之一同繁衍生息，而不至于成为大自然的侵略者。我们作为外来者进入这个社区、进入他们的文化，进入张奶奶的家，必须先在许多方面虚心学习，然后才有权利和他们分享我们的生活方式。

我们学了很多彝族话。每逢碰到左邻右舍，我们都试着跟他们说彝语，而很多人会朝我们微笑或是回答我们的问题。尝试用本地话跟他们交流十分有趣，而且大大有利于我们跟邻居互相认识。我们学的第一句话是“chesuogaji”（厕所在哪里），结果发现这句话在这里不太管用，因为在村里厕所十分罕见，解手一般都到地里。

由于不怕出洋相、大胆地学说彝族话，我们很快就跟左邻右舍熟络起来。有一回我们出去散步，碧清和一名彝族妇女一起坐在地上剥干辣椒的辣椒蒂。她们相处得很融洽，从那时起关系一直很好。

我们大部分时间都在学习彝语、做笔记，用学到的这点语言去拜访村民，感觉又回到了在南美洲背包旅行的日子，只不过换了一个新的语言环境。庆幸的是，孩子们愿意敞开心扉去学习新的语言，并且很快就能适应我们所到的每个国家、每个族群。用别人熟悉的语言与其沟通，可以表达对其文化的爱与尊重。即使我们常常闹笑话、出差错，只会讲简单的词汇或对话，对

晒干、保存苞谷才有明年的种子

即使我们不断训练，背 20 公斤的苞谷也是极限了，不能像奶奶那样轻松自如

方也会接纳我们的努力。要进入一个人的世界是必须付出行动的，我们要学会走进别人的生活，而不是等待别人进入我们的世界来为我们服务。无论处在什么社会阶层、文化或国家之间，服务都是一种双向的沟通，需要双方互相尊重。

在村里，我们常常觉得自己就像小孩子一样，奶奶为我们提供了一个安全温暖的家以及必要的指导，让我们学会过日子。刚到彝族村的时候，已经是秋收的季节，家家户户都在晾晒收来的红辣椒和苞谷，苞谷既要留作粮食，也要留作来年的种子，还要用来喂牲口。在收割期间，亲戚朋友和左邻右舍总是互相帮忙。这种社区合作让大家可以一起过冬。

“哇……奶奶，你一个人怎么背得动这么重的一篓苞谷呢？”我们惊叹道。她篓子里的苞谷差不多有 100 斤。

“啊，这没什么！我们所有人都常常背着四五十公斤的东西。我们从小到大早就习惯了！”奶奶笑着说。

编苞谷是技术也是艺术。村里的妇女一次又一次耐心地教我们怎样把苞谷的叶子剥开，编成两个一股或六个一股，直到我们学会为止。这些有经验的村民知道怎样照顾他们的收成，我

无论男女老少，剥苞谷粒是村里每一个人的工作

们要学的东西很多！编好苞谷，就可以把它们挂在柱子上。我们曾经以为丽江等地晾晒苞谷的场景只存在于摄影师的作品中，现在才知道它们是生活的一部分，是非常真实的。把一串串苞谷和红辣椒晾起来，不但是为了把家里装饰得更漂亮，也是保存食物的重要方法，既艺术又实惠。剥苞谷粒是每个家庭和社区重要的活动，一般大家是一边唠家常，一边做事。

“妈妈，为什么村民们都用大拇指剥苞谷粒呢？即使用螺丝刀剥，也还是那么费力，一辈子都干不完！”孩子们发现。

每天我们吃完午饭和晚饭，一有空闲就会坐下来围成一个圈，帮奶奶剥苞谷粒。有时我们一边看电影一边剥下苞谷粒装进小箩筐里。即使我们五个人全时间、全力以赴地帮忙，进度也十分缓慢。有一次我们去县城，发现有人卖用来剥苞谷粒的手摇机器，就买了一台。没几天，奶奶就把今年连同往年的好几袋苞谷都剥完了。看来无论我们的“拇指神功”有多么精湛，最终还是比不上机器代劳来得快！

编苞谷、晒苞谷是生活的一部分，既艺术又实惠

买菜吃肉：每五天一次的赶集日（妈妈）

起初我们疑惑这里的人是如何储存食物的。苞谷可以晒干，留作粮食、种子或者喂牲口；红辣椒、土豆和豆子也可以晒干储存。但村民要去哪里买新鲜的蔬菜和肉，买到之后又如何储存呢？很快我们就找到了答案。

这里的大部分家庭都没有冰箱，大家尽可能省电，只用一个或两个电灯泡，购买冰箱并支付相应电费对他们来说是不可想象的。人们既靠土地吃饭，也依赖乡上的“赶集日”，即每个月的2、7、12、17、22、27为赶集日。每个赶集日都非常热闹，可以看到很多人的马匹停在路边——城里是车，村里是马。他们用马驮着商品来卖，或者把买来的东西驮回家。妇女们穿着绚丽多彩的民族服装，戴着硕大的头饰。集市上的蔬菜又新鲜又美味。

我们通常会买白芸豆、茄子、生菜、米线和豆腐。每个赶集日我们都要享用的点心是“豌豆粉”，是用豌豆粉煮成果冻一样的食品，实在太美味了。我们特别喜欢把它切成一片一片的，淋上酱油、醋、红辣椒和其他调料。有时我们会把豌豆粉买回家，煎得又香又脆，再蘸着辣椒酱吃。其余大部分时间我们都吃奶奶园子里种的蔬菜和外面买的米，很少吃肉。

刚开始不太适应，毕竟在城里吃肉吃惯了，但打破吃肉的习惯是很健康的。村里的肉特别昂贵，因为它运输起来不像城里那么方便，把肉用卡车从县城运到村里要花很长时间，费用也

期盼的赶集日来了

生活就是要讲求实际，而不是虚浮的幻影

很高。每逢赶集日，有的村民会把他们养的猪宰了卖，这种家养的猪肉味道非常鲜美，价格也很昂贵。我们一般会在赶集日买一两公斤肉，剁成肉末，有时切成肉片，在吃早饭、午饭时给米线“加点料”，偶尔炒肉片吃。这样慢慢吃，支撑到下个赶集日再买肉。对我们来说，能吃这么一点点猪肉已经非常奢侈了，而心血来潮的时候多买一点肉吃烧烤就是巨大的享受了。我们很少吃鸡，因为集市上卖的都是村民放养的土鸡，我们一家人吃一顿鸡肉要花 50–80 块钱，所以宁愿把买鸡肉的钱攒下来买猪肉。只有那些有固定收入的人，如政府工作人员，或是富有的人家才能每天都吃肉。

“咦，妈妈，今天是什么特别的日子吗？”敏慧兴奋地问道，“怎么今天晚上有肉吃呢？”她提的问题让我觉得很好笑，也很惊讶，以前我们觉得能吃肉是理所当然的，而现在我们平时是不吃肉的。在赶集日，张奶奶会一早起床去买最好的猪油而不是猪肉。村民们喜欢用香喷喷的猪油炒菜，好让他们更有精力去干农活，另外食物吃起来也比较可口。以前我们习惯把肥肉丢掉，觉得脂肪太多；现在我已经学会熬猪油，偶尔用它炒菜、炒饭，这样做出来的饭菜确实很香！

猪、狗、猫、鸡、马总动员

妈妈

北美都市的规划是把住宅区和商业区分开，我们早已习惯。在住宅区，政府会严格限制宠物的种类，只有金鱼、狗、猫、天竺鼠等才能作为宠物饲养。要养一匹马，或者养鸡养鸭是很难的，因为农业方面的牲口只能在农业区饲养。搬到彝族村后，我们的一个梦想终于成真了，就是可以养各式各样的宠物！这让我们兴奋极了。

这也是为了让孩子们高兴。他们其实很想念都市生活，但如果这里能养宠物，也就值得他们留恋了。我们养的第一个宠物是一只非常可爱、毛绒绒的小狗，是花15块钱从邻居那里买来的，取名叫帕兹（Paz），就是西班牙语“平安”（peace）的意思。这是我和晢彰这辈子第一次养狗。遗憾的是，我们买了这条小狗之后，主人就把石头绑在狗妈妈身上，把它沉到水塘里淹死了。因为狗妈妈之前偷吃了一只鸡，那只鸡的价格是帕兹的两三倍。村民们认为，狗但凡杀过一只鸡，

帕兹身上有牧羊犬的基因，
连孩子它都想保护

就会再杀第二、第三只，成为恶习，给家庭带来很大的经济损失。帕兹很可怜，在它加入我们家庭那天，失去了它的妈妈。

几天后我们又从村民那里抱养了一只乳白色的小猫，给它取名叫“布兰卡”（Blanca），就是西班牙语“白色”的意思。它很快就跟帕兹相依为命。因为当时它们都刚离开妈妈，每天晚上都呜呜哭泣，一旦它俩窝在一起，互相安慰，就不哭了。从那时起，帕兹就习惯跟猫在一起，而布兰卡也不会怕狗。

我们希望布兰卡成为一只家猫，所以下雨天会把它锁住，偶尔才放它外出。而帕兹白天则可以到处跑。小孩子带自己的朋友到家里来玩是很正常的，但帕兹有一次却让我们瞠目结舌，因为它带回家的“朋友”太出乎我们意料。

那天我们听到庭院里传来一阵猪打响鼻的声音，就跑到屋子外面去看个究竟，结果吓了一大跳。

离开了妈妈，只能跟
“帕兹”相依为命

“帕兹，什么名堂？不要告诉我们，你跟三只小猪成为朋友了！你从哪里找来这三只小猪的？我从来没听说过小狗和猪也可以玩在一块儿！这三只小猪比你还大，你是怎么把它们带回家的？你知道小猪不见了，它们的主人会担心吗？对不起，你的朋友需要离开，它们不能待在我们家。”我结结巴巴地说着，用食物把三只小猪引到外面公路上，好让它们回家。后来我才知道，帕兹身上有牧羊犬的基因，它自有办法把鸡鸭甚至猪羊赶到圈里，连马匹和牛它都想赶。

这件事之后，帕兹又教会我们另一件事。俗话说“狗改不了吃屎”，过去我们从没意识到这句话描述的是一个事实，直到帕兹的饮食习惯出了问题。

正如孩子们会因为吃零食过多而偏食，不吃正餐，小狗也是如此，但情况又有所不同。我们一直以为动物天生知道怎么照顾自己，知道要正常进食，其实不然。有一天我们放帕兹出去，谁知它回家以后完全没有胃口吃正餐。我们纳闷它在村里的街头巷尾到底干了什么，有一次就悄悄地跟踪它——

“哎哟，帕兹，不要！”孩子们尖叫起来。

事实证明，我们可爱的宝贝宠物是一条名副其实的狗，它竟然在外面乐滋滋地享用各式各样的大便，如狗粪、牛粪、马粪……难怪它回家完全没有胃口吃正餐！后来我们会把它锁在家里，直到它吃完正餐才放出去，以免它再把粪便当零食吃了。

我们大人和孩子都觉得拥有一只小狗和一只小猫真的很幸福，于是不断发展家庭成员。一旦母鸡孵出小鸡，我们就全力以赴守着它们，看是野猫厉害还是我们厉害。我以前喜欢各式各样的猫，可是一住到村里就非常厌恶野猫，它们真是我的头号公敌！它们不但常常跑到厨房偷吃我们的肉，还会到庭院里吃掉我们的小鸡。我常随身带一把石头，一见到这个不速之客就用石头打它。每天从早到晚，我们一家五口会轮流在庭院守护小鸡，确保可恶的野猫不会来偷袭。要让小鸡安全长大，是一件费心费力的事情。

不久我们又迎来另一个梦寐以求的宠物。

“孩子们，想不想要一匹自己的马呀？”哲彰问孩子们。

“爸爸，真的吗？可以吗，可以吗？”孩子们兴奋得尖叫。

“只要我们一起分担买马的钱，而且一起照顾它，就可以。”哲彰说。

“萨尔塔”认得我们，会亲密地嘶鸣

爸爸

在南美洲旅行时，我们非常享受在马背上驰骋的感觉。孩子们想到可以在村里骑自己养的马都兴奋不已。这匹马花了我们 1980 块钱，孩子们每个人“投资”了 100 块。

有几个理由让我决定买一匹马。首先，我们计划带着孩子走访偏远的村寨，马是很方便的交通工具，骑着马到处逛逛，我们可以了解整个农村地区；其次，孩子们可以趁机学习如何饲养大牲口；第三，这也许是我们这辈子唯一的机会，可以拥有一匹属于自己的马，即便只是短短六个月，也很值得。

那天马一到家，孩子们就很兴奋地轮流骑。他们不愿用马鞍而直接骑到马背上，因为马鞍不是很稳。我们成了村里人的参观对象，因为他们第一次看到有家庭买马只是为了骑，而不是用来驮东西。我们每天吃完晚饭都出去骑马，村里的孩子就在我们后面跟着，于是我们也让他们轮流骑一会儿。我们用阿根廷城市“萨尔塔”的名字给这匹马命名，因为在那里我们全家第一次学会策马奔腾。

我们和萨尔塔的感情很深。每次我们一走近，它都会发出嘶鸣声，表示它认出我们了。它也允许我们亲密地靠在它脖子上，它会用鼻子嗅我们的脸，就像狗狗一样。它是一匹年轻的马，精力很旺盛。有个成语叫“老马识途”，我们以前从未验证过这个成语的真实性，养了萨尔塔之后才知道这是千真万确的。每次我们骑着它到深山里去，不管进山的路有多么陡峭艰险，它都一定要原路返回，哪怕有更平坦的路可以走它也不肯，十分顽固。一旦靠近村子，它就会飞奔回家！

我们在阿根廷学会了骑马，在彝族村继续策马奔腾

4.2 与村民成为家人

彝族新年：自制火腿腊肉（妈妈）

马儿认识它的槽，狗儿能找到它的窝，鸡鸭都知道过夜的地方在哪儿，而我们则在张奶奶和彝族村民中间找到了我们的家。张奶奶的家成了我们的家，她的邻居也成了我们的亲戚。

从张奶奶和邻居身上，我们看到他们生活的规律和节奏。不但如此，他们也时常欢迎我们加入他们的社区生活，庆祝彝族新年、婚礼和各种特别节日。每年十一月初的时候，彝族人会杀“年猪”庆祝他们的新年，把猪肉做成腊肉过年吃。从那时起到隔年春天，也就是四月份，赶集日都买不到猪肉了。一家人如果没有养“年猪”，就没有腊肉过冬，必须坐车去县城才能买到肉。

在彝族新年期间，杀年猪是当地一大盛事。邻居们会互相帮忙宰杀、清理，然后一起烤新鲜的猪肉吃，剩下的肉则用辣椒、香料和盐腌制、晒干，留着过冬吃。这是爱与丰收的美味盛宴，让人难以忘怀。

我们买了一整只大后腿，奶奶教晢彰一步一步做火腿腊肉。首先要用盐水浸泡猪肉，再用几周时间让它在夜间寒冷的天气里慢慢风干，这时肉的味道特别香！我们非常感激在村里能有机会学习，这就像是打开了一扇门，让我们看到一个全新的世界，没想到我们有一天也能亲手做出香肠和腌肉。以前我们只在杂志、图书或电影里看到过，那存在于我们的想象中，不是现实生活。在彝族村，我们把想象变成了现实，甚至成了生活的一部分。搬回昆明之后，我们入冬还是会自己做腊肠。

/ 杀年猪是一年一度的大事

爱的回报：生命的留影

为民服务：留下宝贵的瞬间

免费为村民拍家庭照片（妈妈）

“如果我们想免费为村民做一件有意义的事情，当作礼物送给每个家庭，你觉得他们会喜欢什么呢？”皙彰若有所思地说。

“当然是免费的家庭照片！”我们住在村里有几个月了，村民渐渐适应了我们作为“老外”的习惯，对我们的行为见怪不怪了，例如对宠物又亲又抱，在屋外水沟里而不是猪圈里小解，以致庭院里有一股臭味，不洗脚就上床睡觉，等等。皙彰非常热爱摄影，也很有创意，善于抓拍精彩的瞬间。于是我们做了很多海报，宣传赶集日免费拍照的活动。

看到村民们回家换上最漂亮的衣服，欢天喜地地来拍照，我们也很开心。大家都穿上最好看的民族服装，留下了很珍贵、很难得的瞬间，我们铭记于心。左邻右舍聚在一起又说又笑的，也是很宝贵的回忆。过了几个赶集日后，我们去县城把照片洗出来送给他们。跟村民一起生活了几个月，我们诚心诚意跟他们学习如何在乡村生活，现在总算有机会回报他们的爱。留住他们瞬间的微笑、家庭的喜乐，这是我们可以送给他们的宝贵礼物。

难忘的圣诞节和七岁生日（妈妈）

日子一天天过去，文化交流就像一种轻缓而曼妙的舞蹈，不知不觉贯穿在日常生活中。我们不必刻意用一些方法或形式去分享各自相同或不同的地方。因为我们只有踏踏实实地生活，认认真真地做自己就可以了。

“爸爸，十一月份和邻居、朋友一起过彝族新年挺好玩的。现在已经十二月份了，能不能邀请朋友来和我们一起过圣诞节呢？这是我们非常重要的节日，我们很想跟他们分享。我们想从昆明订购一些圣诞节的饼干、糕点和装饰品可以吗？我们想要自己的圣诞派对！”孩子们提议道。

“这是个好主意！来来来，我们要好好策划一下。我们可以做圣诞节的手工，唱圣诞歌，还可以演个话剧来解释圣诞节真正的意义！”哲彰也提议。在我们家，他是短剧和派对方面最有经验的导演和组织者。于是所有的计划马上启动了。

昆明的朋友帮忙买来圣诞节的饼干以及糖果，通过夜班车送到县城，我们再坐货车去取。家里充满普世欢腾的气息。我和敏慧去山里捡各式各样的小树枝、松枝和松球来做装饰品，因为亲自动手更好玩。圣诞节对我们而言意味着救赎、悔改和新生，圣诞树上的星星则代表盼望。我们又在纸上描出手的形状，把它剪出来，贴成圣诞树的样子，上面写着我们的圣诞祝福和新年梦想。全家五个人，要轮流演播报员、约瑟、马利亚、天使、牧羊人以及三个博士。整个过程十分有趣，欢声笑语不断！

圣诞节真的不是一个灯红酒绿的时刻，不是为了让人精心打扮去参加“疯狂平安夜派对”，或者互赠火柴盒以及华丽的苹果花束。在北美文化中，圣诞节真正的意义是纪念、尊崇耶稣基督为救赎我们而降世为人。圣诞节是一家人团聚、向上帝献上感恩的时刻，

跨文化的圣诞剧

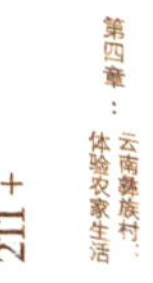

难忘的 7 岁生日

也给我们机会去纪念并救济贫困的、不幸的人。圣诞节提醒我们什么是真正的爱，要如何对待彼此，以及做一个有人性的人意味着什么。我们和孩子都会记得要尊崇我们的创造者，因他为了救赎我们而牺牲，用血洗净我们的罪，给我们恩慈，给我们重新开始的机会，而不必害怕失败。如果没有圣诞节所纪念的上帝的一切恩典，我和晳彰就不是今天的我们，孩子们也不会成为他们将来要成为的人。

没有任何矫饰的诚实、坦率与爱，只有通过最质朴的形式才能表露无遗。再多的钱，再豪华的礼物也无法取代这份真诚与爱。真诚和爱是生命中自然流露出来的，而且无时无刻不被传递着。只有生命才能影响生命。是诚实地活着并舍己呢？还是自私而虚伪地活着？此外别无选择。这是我们从圣诞节的真意中所学到的。

“我要在村里过 7 岁生日！”

“敏慧，请问你想在哪里庆祝你的生日？是想在昆明开派对，还是在彝族村过呢？”我问她。

“妈妈，我想和这里的朋友一起过生日！”敏慧决定。

“好！那我们计划一下邀请哪些朋友。爸爸可以带你去县城买生日蛋糕，这算是咱俩的约会。你觉得怎么样？”晳彰建议。

敏慧笑得心花怒放，能私下和爸爸“约会”，而且下山去县城买东西，可是个特别的机会。他们还可以一起挑选生日蛋糕。村里是没有糕点铺的，买生日蛋糕也是非常奢侈、非常特别的事情，因为除了蛋糕，我们还要支付下山上山各 45 分钟的车马费。孩子们已经适应了村里的生活，很少离开村子去县城，能出去是一大乐事。

“哇，你的蛋糕真漂亮！我都快忘记白色鲜打奶油是什么样子了！看到

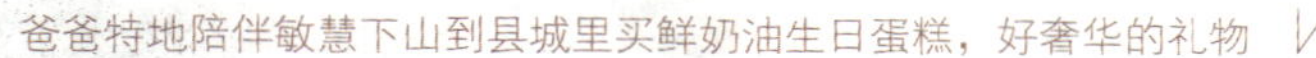

爸爸特地陪伴敏慧下山到县城里买鲜奶油生日蛋糕，好奢华的礼物

这个我忽然觉得好特别！”我悄悄对敏慧说。

有些日子就像第一次尝鲜打奶油的味道，甜甜绵绵的，如梦如幻，让人觉得好满足。过生日那天，敏慧想要玩“鸭鸭追鹅”，这是北美小朋友们喜欢的游戏。中国也有同样的游戏，叫“丢手绢”。对敏慧而言，这个游戏将她过去在北美的记忆和这里的生活联结起来：圈外的孩子跑呀跑呀，碰一下一个人的肩膀，把手绢丢下去，然后那个人要赶紧追赶丢手绢的人，被追上的人要么唱首歌，要么跳个舞，要么讲个故事或笑话。看着敏慧用“鸭鸭追鹅”的游戏将东西方文化融合起来，我心里有说不出的感触和安慰，就像尝到鲜打奶油一样。

夫妻共吃一颗土豆（妈妈）

一起分享食物让关系更亲密，也是一种乐趣

圣诞节和生日对我们的重要性，就像彝族过新年一样。我们不仅要和村民分享这些习俗，也分享日常生活中的一些文化习惯，虽然当时并未意识到会在彝族村里产生多大的震撼。

皙彰和我同时在西方和亚洲文化的影响下长大，不知不觉就把两种文化里的饮食习惯融合在一起，有时根本没有意识到融合的结果会让人觉得好笑，甚至让人看得目瞪口呆。在南美洲，我们和孩子第一次意识到这种“文化熔炉”里出来的饮食习惯确实挺另类的。

在北美，从别人盘子里拿东西吃是很出格的，但朋友之间分一口面包、饼干和饮料也是很正常的事，当然这只是在很亲密的亲人或朋友之间，跟陌生人是行不通的。我跟皙彰已经非常习惯共享食物，往往是你尝一口，我尝一口……“咦，挺好吃的！来来来，吃吃看！”这种习惯也凸显出我们之间的爱、友谊和亲密的伙伴关系。我们从不知道，这些经年累月形成的习惯对彝族人来说是闻所未闻且让人讶异的，甚至在他们中间引发了一项“创举”。

有一次放学后，我们跟学生走了几个小时的山路去探访他们的家人。村里的长老前来迎接，邀请我们到家里共进晚餐。吃晚餐时，皙彰剥了一颗土豆，想都没想就让我咬了一口，我也不假思索地把喝过一口的饮料递给他。我们就这样交换食物，轮流吃土豆、喝饮料。因为我们觉得没有必要开两瓶饮料，一瓶就够我们两个人喝了。这是我们旅行以来的习惯，也是家庭生活方式，对我们来说最正常不过：随意、亲密、节约环保。

“哇，苏先生，这可是个创举，我们从来没见过！你知道吗，在我们的文化里，男人和女人是不会在一起吃东西的，更别说共享一份食物了。我们的习惯是男人先吃，女人和孩子在外边等着，或者在另一张桌子上吃饭。你们的做法对我们来说太新鲜了！丈夫和妻子坐在一起，还彼此分享食物，真是个好主意！来来来，大家一起试一试！”长老高兴地说。

底下一对对夫妻都看着我们偷笑。于是丈夫坐在妻子旁边，一起剥土豆轮流吃，还轮流喝一瓶饮料。他们觉得又好玩，又害羞，但也都很享受，就像在玩新婚游戏！我们看着他们的举动，感觉非常温馨，也非常感动。我们“非传统”的做法在那天晚上竟引发了如此特别的反应。其实我们只是很随意地做自己，半开玩笑、毫无戒备地分享夫妻之间多年的习惯而已。这种习惯很实用，也让我们更亲密。对村民们来说这个做法很新颖，但确实很切合实际，他们就真的付诸尝试了。

/ 一家人在一起，感觉真好

那天晚上大家一边吃烤土豆，一边喝饮料，一直笑声不断，实在是一次很难忘的经历。

4.3 打造家庭文化，共度家庭时间

“火坑”上的全家亲密时光（妈妈）

“哲彰，碧清，好的习惯都不是偶然形成的。要培养好的习惯，必须投入时间、精力，做好计划并多加练习。如果你们想让婚姻生活和养育孩子的过程更有意义，就要安排一些具体的活动并实践。你们要仔细计划，以战略性的眼光建立一种家庭文化，这和建立强有力的公司文化是同样的道理。你们认为做什么事会对你们有帮助呢？”我们的婚姻辅导老师心莲和德伟对我们提出了挑战。

“我们家喜欢玩游戏，比如扑克牌和图版游戏。只要是好玩的、有互动性的游戏，我们都喜欢。我们还喜欢一起看电影、读故事、吃点心、讲笑话，还有一起去徒步、爬山、运动，一起祷告，一起唱歌敬拜上帝，一起开怀大笑，这都是我们喜欢做的事情……”

“很好！那就把这些事情安排到时间表里面，形成生活习惯！”

我们把他们的建议谨记在心。哲彰本来就是个善于计划、张罗事情的人，喜欢把新想法付诸实施。我则喜欢服从指示，别人说什么我就做什么，不太喜欢当领导。所以每当哲彰有新提议的时候我都很高兴，因为这样我就不用再动脑筋，只要照做就行了。我们这样两个人结成夫妻倒是挺轻松的。

经过南美洲三个月的训练，我们学会了各式各样度过“家庭时间”的方式，比如打扑克牌选择床位，数蝴蝶赢取冰淇淋，分享各自的故事、感受、挫败感等等。因为每天 24 小时都生活在一起，全家人情感的凝聚力就越来越强。这种凝聚力是要靠每天操练才能形成的。只有每天操练，才能把一个家庭打造成坚强的团队，建立亲密的关系，彼此能够互相理解，互相帮助。

在有电视机以前，很多家庭往往习惯围着火坑听录音机唱歌或讲故事，这是他们享受家庭时光的方式。住在彝族村，我和哲彰仿佛回到了童年，我们的邻居常常围着火坑，一边烤玉米、土豆，一边喝茶聊天，分享各自遇到的事情。花时间与家人相处，这是非常值得的。我们也养成了吃完饭围着火坑取暖的习惯，晢彰朗读《纳尼亚传奇》，我们一边展开想象，仿佛和书中的人物一同冒险，一边帮奶奶剥苞谷粒。

冬天渐渐来临，晚上越来越冷，我们一家窝在主卧室的床上，打开电热毯，蜷缩在一起取暖。当五个人挤在一张一米五的床上看电影或听晢彰念故事的时候，一点也不觉得挤，而且很暖和。虽说20世纪80年代的电视剧《三国演义》版本很老了，对我们却很有教育意义，通过这部连续剧我们可以轻松学到有关中国历史和文化的知识，比如了解“草船借箭”等成语的来源。我们还有一张斯皮尔伯格的电影集DVD，可以通过《拯救大兵瑞恩》、《兄弟连》、《辛德勒名单》这些电影系统地了解第一次和第二次世界大战。

有时电影会引发我们思考一些人生议题，然后讨论一整天。我们陪着孩子消化历史事件，反思剧中人物面对族群冲突所要做的艰难抉择，从中吸取经验教训，学习如何面对现在和未来。我们并没有刻意安排这方面的学习，只是觉得这些电影既有吸引力，对孩子们也很有教育意义，能激发他们观察、思考的能力，促使他们选择正确的人生观和价值观。身为母亲，我不允许自己年幼的孩子单独看充斥着痛苦和血腥场面的电影。战争绝不是平静、浪漫的故事，所以我要陪着孩子，按照他们能消化的程度一起审视人性的丑陋、人生的痛苦。我们还看一些比较轻松浪漫的片子，比如梅格·瑞安的电影。我和晢彰都挺喜欢看爱情喜剧，何况还可以和孩子们一起开怀大笑，讨论美国文化以及情感方面的价值观。

共度家庭时间的时候，我们的床就成了一家的“火坑”，大家窝在这小小的空间里特别温馨。有电热毯真是美妙的事，被窝里可以保暖，电热毯可以取暖，我们的身、心、灵都暖洋洋的。

家庭时间需要刻意保护，不要让手机、微信、iPad偷夺

我们常常在床上玩游戏，享受亲密时光，不知不觉就成了一种习惯。之后无论搬到哪里，是在哈尼村庄还是昆明，我们还是习惯一家子窝在双人床上一起玩，一起讨论事情或看连续剧。

有时把家人紧密联系在一起的不只是床的温暖。有一天晚上，天气实在太冷，我们带了一个火盆回房间取暖。张奶奶先前警告我们："别忘了在火盆旁边放一盆水。另外，室内二氧化碳浓度太高很危险，带火盆进屋的时候千万不能把门窗都关起来，否则二氧化碳中毒是会死人的。你们一定要记住！"

可我们为了取暖，把奶奶的警告忘得一干二净！

"爸爸，妈妈，我头痛，好想吐啊！"宛慧、恩礼和敏慧冲到我们房间抱怨。当时正值深夜，他们却一直说想吐，感觉很不舒服。我们忽然清醒过来，意识到自己险些铸成大错，导致全家窒息身亡！这实在太危险了！我们紧紧抱在一起，感谢上帝让我们平安地活下来。虽然人有常识，却还是会因为一念之差犯错，甚至付出惨痛的代价。我们一家一起经历了这种生死攸关的险境，才明白生命是多么脆弱，因而愈发显得宝贵。我们要更加珍惜彼此。

"家庭时间"需要刻意保护（妈妈）

我们发现花时间和家人相处并不是一件自然而然的事，必须刻意去计划、行动才行。至于这段时间要做什么、玩什么，我们一家五口都会出谋划策。我们会在纸条上写下自己的想法，比如想玩的游戏、想看的电影或电视剧，放在一个袋子里，然后抽纸条决定"家庭时间"的活动内容。如果我们不严格设立界限"保卫"家庭时间，工作、饭局、邻居朋友或同事的邀约就很容易把我们五个人相聚的时间挤掉。所以我们规定饭后的时间必须空出来陪孩子，周末必须一起到户外活动，这也是我们这几个月在彝族村养成的习惯。

"我们去跟邻居学放羊吧！"在一个周末里晢彰提议道。

"爸爸，羊怎么知道要去哪里呢？一个人怎么有办法管好这么多羊呢？它们会到处乱跑啊！"孩子们问。

"所以我们要去看才知道啊。走吧！"晢彰鼓励他们。

我们轮流骑着小马萨尔塔跟在邻居后面，惊讶地发现小狗帕兹竟然本能地知道该做什么。它和别的小狗追着羊跑，把离队的羊赶回队伍，确保一整群羊在一起吃草。

“帕兹，停下来！那是一头牛！用不着你去赶。快回来！那是一辆摩托车！不是跑掉的羊！”我们的孩子对着帕兹大喊大叫。

我们的小狗太有趣了，它本来就是一条牧羊犬，看到会动的都要去赶。更让人惊叹的是邻居和羊之间的沟通。他用一种声调吹口哨、唱歌，而羊听到这个声音就知道要去哪里，要做什么。每天陪着这群羊是需要耐心的。我们跟着去放羊的时候正下着小雨，我们带了塑料袋，一路上拼命捡地上的蚯蚓。因为地上比较潮湿，蚯蚓都跑出来透气，这样我们就能捡很多蚯蚓给鸡鸭当免费的点心，这让我们一家特别开心！

那天我们并没有特别的计划和想法，只是随着羊群闲逛，一边捡蚯蚓，一边玩乐。孩子们和爸爸妈妈彼此陪伴，共同打发时间，不必刻意去做什么事情。花时间一起闲逛的感觉很美妙，家人在一种很放松的状态下越来越亲密。这种情感无法用言语来解释，它本来就是如此美好。

深山迷途：一家人在一起真好（妈妈）

“孩子们，你们往前看可以看到雪山。太阳在雪山的西边，我们朝着雪山的方向往北走就可以回到村里。”晢彰把路指给我们看。

我们正骑着马深入光茅山的心脏地带，这里的海拔高达 3800 米。晢彰跟孩子们讲解如何辨认方向以免在山里走丢。到了目的地，我们收集所有树枝和干叶子，生了一堆火烤自带的土豆——从村民那里我们学会了如何享受生活。

我们刚出发的时候天气还比较温暖，但走着走着，海拔越来越高，地面和树林渐渐被白雪覆盖，一切显得冷冰冰的，林子里光线也很弱。当我们沿山路返回时，我并没有专心看路。当时晢彰和宛慧、恩礼走在前面，敏慧陪我一起捡一些花草，准备用来装饰圣诞树。我们只顾欣赏飘飞的雪花和美丽的森林。

“妈妈，我们在哪里呀？爸爸呢？”敏慧忧虑地问。

“喔……我们好像迷路了。我的手机在这里没信号。”我开始冒汗。

“妈妈，我们该怎么办呀？我好害怕！”敏慧轻声说。

“敏慧，我也很怕！”我们说着抱在一起。

“妈妈，我们该怎么办呢？”

“宝贝，在这种时刻，我只能做我这么多年来学到的一件事情——祷告！只有上帝能告诉

学习挖安全的火坑烧土豆，绝对要预防火灾

发慌的时候，一定要保持冷静，有思考的空间

我们该怎么走，保守我们的平安。”我告诉她。

于是我们抱在一起祷告，求上帝帮助我们保持冷静，指引我们走出森林，回到村里。为了女儿，我必须以上帝所赐的全部力量保持冷静，不能发慌，以便有清晰的思路想出办法。祷告后我们的心有了平安和力量。在这座深山里，我们虽然害怕，却相信上帝一定会给我们指一条路。

“敏慧，你记得爸爸的话吗？他说回家要走哪个方向？”

“爸爸说，太阳在山的西边，不能跟着太阳走；我们要找雪山，跟着雪山的方向一路走回去。妈妈，你不用担心，我们会没事的，上帝与我们同在！”敏慧提醒我。

于是我们坐在雪坡上往下滑，树枝之间隐约有阳光透进来。我提醒自己，要一直往北走。当时我们有种错觉，以为往下滑得越快，就可以越快下山，事实上这样做是错的，不小心就会掉进河里去。我们走了一个小时，到了海拔较低的地方，可以越过树林看到周围的环境，雪山清晰地出现在眼前！接下来的问题是，村民们砍柴走的是哪条路？

我们再度停下来一起祷告，睁开眼睛后发现，东边的树林看起来不太一样，每隔几棵树都有一堆堆得很巧妙的石头，看来是路标；有些树看起来也被斧头砍过。我终于如释重负地舒了一口气，因为哪里的树被砍过，那里肯定有一条村民们常走的下山的路。我们就跟着这些树走。幸好我们不是初来乍到，而是已经在村里住了几个月，可以辨认出作过标记的树和其他树之间的细微差别，对此我十分感恩。刚搬到农村的时候，我对村民如何设置路标根本一无所知。可见平时细心观察、聆听别人的指导有多么重要。

后来敏慧和我终于走到一个比较熟悉的地方——有个农民把三堆柴放在那里，而皙彰、宛慧和恩礼刚好在那里等我们。失散后又相聚是一件多么让人开心的事！

“碧清，你怎么认出下山的方向的？”皙彰问我。

“幸好你教孩子们认路时我也注意听了！还有我们一起祷告，上帝的恩典救了我们！我们实在不敢再迷路了！”我笑着说。

回到家后，我们围在张奶奶厨房的火坑旁边，感谢上帝在这次“探险”中保守我们一切平安。孩子们说的话让我们深思：“爸爸，妈妈，谢谢你们花时间陪我们，我们觉得这样的生活太好玩了！不管我们在哪里，不管我们有什么、没什么，一家人在一起的感觉真好。”

回顾和孩子们在彝族村的时光，我们发现这里的人虽然在物质上贫乏，但社区和家庭生活却相当丰富，这种“富足”也充实了我们的心灵。我们感到内心的世界更广阔了，也更有同理心，能让我们拥抱并融入邻居的生活。能和家人一起同甘共苦，是祝福也是幸福；能和我们的孩子一起领受这份礼物，更显得无比珍贵。是的，一家人在一起，感觉真好！

4.4 为什么村里的学生难以教育？

做学生的困惑（爸爸）

我们住的地方离当地小学大约一百米，恩礼和敏慧都去那里上学。恩礼上二年级，敏慧在一年级旁听。我们鼓励恩礼和敏慧去上学，这样可以认识村里更多的小朋友。通过他们，我们也可以更加了解村里的教育情况和相关需要。

恩礼和敏慧在学校里很快成了名人，因为大家都知道他们是从外地来的。他们一走进学校，学生们就簇拥着他们，好奇地观察他们的一举一动。宛慧只参加中学里体育课、音乐课这些比较轻松的课程，因为我们在家给她上课。每天我和碧清轮流教她英语写作、语法、数学和汉语。通常我们在庭院里学习。我时常在当地中学做义工，教体育和英语，有时也教自然科学和地理。碧清则教英语发音和性教育。

“今天上学怎么样？”恩礼和敏慧回家吃午饭的时候，我们问他们。

“妈妈，学校的男生和女生跟我想象中的完全相反！男生们总是安安静静的，说话也非常

报名上学

我愿意陪伴你们一段路程

敏慧第一次上学

斯文；女生们反而很顽皮，精力也很旺盛，总是推来推去，玩得很疯。女生比男生更容易吵架、打架，有些女生甚至喜欢吐痰、打人……为什么她们这样呢？”孩子们问。

这种情况出乎我们意料，也是我们从未遇到过的。通常小学里都是女生比较爱讲话，在这里却反过来，男孩子动口，女孩子动手。我们不太明白这是怎么回事。是家里人太宠女孩，她们想保住自己的地位，就把权力范围扩大到学校？还是家里重男轻女，她们只能在学校发泄她们的不满，想在这里占有一席之地？真实情况也许介于两者之间。

恩礼是个比较安静的孩子。令我们惊讶的是，有个女生竟然无缘无故地打了他，抓了他的脸，扯掉他的眼镜，还往他脸上吐口水。其他男生把这件事当成是对全体男生的挑战，于是男女大战就在课间爆发了。老师们听到骚动的声音赶紧来解围并制止他们，也把事情告诉了我们。

这种情况涉及村里一些比较敏感的问题。我们始终不明白，这些女生出于什么动机要站到男生的对立面，对他们大打出手。尤其恩礼是新生，她们根本没什么理由打他。的确，他是汉族人不是彝族人，不是所有彝族孩子都和汉族孩子相处得很好，因为有的彝族家长在汉族人那里受了委屈，会把这种不满的情绪传递给孩子。由于这件事可能涉及民族之间的冲突，我们需要智慧地处理，才不致伤害到任何一个孩子。

张奶奶刚好是村里的长老，于是她也出面调解。她用彝话问那些女孩子为什么要打恩礼，可她们支支吾吾说不清原因。我们实在不明白，她们家里到底是什么状况，以致她们在学校会有如此表现。由于老师的警告，女孩们终于退让一步，不再找男孩们的麻烦了。这件事也有好的方面，因为之后老师们会在下课后花更多时间陪伴学生，而不是躲进办公室喝茶，对孩子们的情况睁只眼闭只眼。

我们认为学校应该组织更多可以让男女生同时参与的互动游戏，这样他们就能体验作为一个团队和谐、互助的相处模式。所以我们开始主动发起一些团队游戏和建设性活动。在那几个月里，男孩和女孩的关系渐渐不那么紧张了。

我们意识到，村里和学校在互动中其实暗流涌动，各种因素我们无法理解，只能时常祷告，求上帝给我们智慧去处理。不是所有学生的父母都在身边，很多学生的父母至少有一方甚至双方都外出打工了。这些留守的孩子都是爷爷奶奶或外公外婆在照顾，而老人家的大部分精力要用来干农活，确保全家能吃上饭；至于启发孩子的思维，培养他们阅读、写作能力以及为人处世的能力，对老人来说都是很陌生的概念。他们干完一天的农活已经筋疲力尽了，难以有多余精力投在孙子、孙女身上，更别说监督他们做作业了。孩子们一旦缺乏家长的爱、关注和激励，在学校可能就会有出格的表现。如果有老师愿意付出时间去关怀这些孩子，这一点点心意就有可能改变孩子的一生，帮助他们建立良好的自我意识与价值感。

教学中的“放牛吃草”（妈妈）

中国有句话叫“放牛吃草”，也用来指学校里的老师不管学生。起初我们很困惑，为什么有些老师那么不负责任，不愿意花精力好好教学生。

恩礼的语文老师是一位很负责任的老师。她是住在本地的彝族人，她在外地获得文凭以后，毅然决定投身村里的教育事

∠
彝族人有坚韧不拔的气质

业，她家就住在学校附近。她教书一丝不苟，能让学生学有所得。在她的帮助下，恩礼打下了扎实的语文基础。但数学老师就另当别论了。她是个汉族人，是被分配到这个偏僻的山村里来教书的，而她的家人则住在县城，和她两地分居。从周一到周四她都住在学校宿舍里。说实话，要教一群文化背景和自己完全不同的孩子很不容易，会遇到诸多挑战，尤其是教一到三年级。

孩子们在家里习惯说彝话，不太习惯听、说汉语，给他们上课足以让人体力透支。由于汉族老师的文化背景与学生相异，学生们要理解、吸收老师所讲的概念和知识点很有难度。而老师要日复一日尽可能催赶学生跟上城里孩子的课程进度，身边却少有家人和朋友支持。在这种环境下，即使是最忠于职守的人也会逐渐精神透支，以致失去动力。我们目睹许多老师每到周五来不及等到中午就跳上面包车下山回家，以便最大限度地延长周末时间，陪伴他们的配偶、孩子和其他家人。

恩礼的班级同学就深受其苦。一方面他们在彝族老师的认真指导下，语文水平不断进步，每次语文考试全班平均成绩都在 80 分以上；另一方面他们的数学成绩却都不及格，几乎全军覆没。因为数学老师早已失去教书热情，上课时心不在焉，对学生敷衍了事。她的心早在周五之前就跑回家去了，根本没花什么心思检查学生的作业，概念也讲解得不清不楚。快到期末考试了，我们惊讶地发现，恩礼虽然上了数学课，却连书里的基础概念都搞不明白。最后不得已，皙彰只好每天快马加鞭地给他补习数学，仔细给他讲解书中的概念，检查他的每一次作业，直到确认他掌握了该学的知识。

说真的，恩礼还有我们全时间地辅导他，如果连他都差点不及格，可想而知当地其他学生的学习效果了。这件事为我和皙彰敲响了警钟，敦促我们在理解老师的苦楚和学生的困难面前，寻求解决办法。

彝族学生的心声（妈妈）

在孩子成长的过程中，他们的世界会从一个点，也就是他的家，渐渐拓展到左邻右舍和公共社区。我们家的生活圈子也同样从张奶奶的家逐渐往外延伸。从学习语言到学习农村的生活方式，我们渐渐和这片土地结下深厚的情感，也融入了整个社区。我们的生活开始和左邻右舍紧密相连。

通过观察并亲身体验村里孩子们的教育问题，我们不但开始理解贫困地区的居民所面临的困难，更看到这些孩子在困难中所保留的来自大自然的淳朴与尊严，那是彝族人在深山中以其特有的节奏和韵律所唱出的生命之歌。他们喜欢被群山环抱的生活空间，也喜欢自主自立的生活方式。他们邻里之间的相处方式和别的民族不太一样：尽管他们会在农事、庆典和各项需要上互相帮助，但大体上还是更倾向于保持独立，不会过于相互依赖；每个人都全力打理好自己的田地，而地与地之间也存在较大间隔。

他们这种生活与社区建设方式在我这个开拓者的心里唤起了共鸣。像美国西部随风纵马驰骋的牛仔一样，他们的自由精神如歌声一般在大自然中回响。他们拥有发自内心的平安与力量，不是因为可随心所欲地支配各种人际关系，而是因为山中宁静的氛围让他们对事对人都保留一份尊重。他们能够相处融洽，不是靠娴熟的社交手腕，而是因为他们拥有朴实的品格。这一点我们从邻居和孩子们的身上都能看到。

当地学生身上那种独立而坚韧不拔的气质很难用言语来形容，对我这个在西方国家长大的人来说非常熟悉，却往往成为学生和汉族老师之间冲突的导火线。即使在北美，也不是所有老师都有足够的能力和技巧与学生建立彼此信任、尊重的关系。我们在当地学校的第一项工作就是找到我们和学生的共同话题，建立彼此信任的关系。

“大家好，我是你们的新老师。我会帮助你们学英语，好让你们更轻松地记住英语单词并用英语阅读、写作，因为我也是这么教我家孩子的。我的秘密是‘英语自然拼音法’，它跟汉语的拼音挺像的。可能你们在村里还用不上英语，但如果将来你们去大城市打工，会说英语的人可以获得更多的工作机会。我以前面试过很多从农村到城里找工作的年轻人。如果你们愿意花时间学习，以后找工作就会更有优势。非常感谢能有这个机会和你们相处。如果我什么地方讲错了，或是我讲的内容你们不理解，你们可以直接说出来，不必有任何顾虑。虽然我懂的英语比你们多，但你们比我更了解这里的生活。我们可以互相帮忙，跟对方分享自己知道的东西，做学习上的伙伴，好不好？”通过简单的自我介绍和目光对视，我们为建立互相尊重的关系打下了基础。

ai ea ee
aim each eel
rain eagle feel
train eat three
rail neat

做完自我介绍，我用第一堂课来问学生各种问题。我先问每个人的名字、喜好、最喜欢的颜色和食物、兴趣，又问他们在学习的过程中最大的困惑是什么。随后我请学生告诉我，我能为他们做什么，因为少了他们的帮助，我也无法教好他们。在不知不觉中，彼此尊重的互动关系产生了。当我以平等的态度跟他们交流，无论是跟他们对视还是对话都诚心诚意的，这时他们就会以同样的方式回应我，并说出他们真实的想法。我用真心待他们，他们也以真心回应我。这种互动挺奇妙的。我也告诉他们，等大家都讲完，我会随机抽一个人，问他刚才另一位同学说了什么，让他们有机会互相取笑、玩闹。在欢笑里，我们有机会做真实的自己，化解了年龄和文化差异造成的隔阂。

我教的是九年级的学生，年龄在 15-18 岁之间。和他们一起度过的那几个月，让我想起自己在成长和受教育过程中，也曾经遇到跨文化问题的困惑和挣扎。这个艰难的过程让我认识到，传统的亚洲人强调权威，师长有权发号施令，学生必须尊敬并服从师长；北美的文化则不同，认为老师和学生是平等的，鼓励师生之间双向沟通、教学相长。我在加拿大长大，从小就习惯这种开放的沟通方式，习惯在学习过程中尽情提问，还可以质疑老师的权威。在西方的学校和社会里，批判性思维很受鼓励和重视。

可是当我们一家搬到台湾地区以后，我的思维就受到了现实的挑战。我痛苦地发现，在这里，如果孩子对长辈或老师的想法、动机、做事或教学方式提出质疑，哪怕他们只是单纯地提出自己的想法，都会被误解成一种挑衅。西方人鼓励孩子批判地思考，把问题弄清楚，这种做法在亚洲社会却被看作调皮捣蛋或不尊重师长。一次又一次的打击让我学会了安静，不再问问题。只有在家里问父母是安全的，但在外面我不可以随便问大人问题。我的父母很注重培养我的批判性思维，但我一走出家门就不能再用这套思维了，否则会被批评甚至责骂。要在两种截然不同的文化之间找到平衡点，实在是一件痛苦的事情。渐渐地，我习惯了亚洲人的思维方式，可是后来我进了当地的国际学校，又重新认识到当众发表批判性言论的重要性，因为老师要求我们逐条解析文学作品、课本、报纸上或电视访谈中呈现的观点，指出每本书、每个想法或观点的价值、长处与不足。这让我极其困惑，美国老师非常赞赏学生有批判性思维，敢于挑战师长的观点，认为这么做才是对的。当时的我实在不知道该如何思考了。

虽然我早已成年，但把东西方的思维方式融合在一起，仍然是一条漫长而痛苦的道路。西方的教育告诉我，学生可以对师长的观点做出分析和批判，同时并不减少对他们的尊敬与爱戴，

爱使我们相聚在一起

比如以幽默感的方式表达敬意。在西方，这种沟通方式给人平等的感觉，但要把它移植到亚洲社会是很困难的。我必须找到一种方式让我可以真实地表达自己，既不压抑西方教育和跨文化成长经历给我的影响，又不至让传统的亚洲人感到不被尊重甚至被冒犯。但我确实找不到完美的办法让所有人皆大欢喜，反而常常让人觉得我是个爱惹麻烦、总犯错误的北美人。

然而，跟这些九年级学生互动的过程让我十分愉快、放松，我被他们耿直、豪爽、干脆的性格所感染。我不必担心说“是”或“不”会冒犯到他们，因为他们都知道事情是就是，不是就不是，不会把它理解成某种白色谎言，或者某种为了委婉拒绝而使用的社交手腕。我的学生让我想起少女时代在跨文化海洋里的种种困惑。

我开始想到，我的学生和他们的老师之间的许多冲突，可能是诸多因素综合引起的。本来十几岁的青少年正处在精力旺盛、情感丰富、充满好奇心的阶段，他们的民族文化也鼓励人要耿直，但他们要面对另一种文化，要求他们安静、听话、不鼓励提问。这种文化差异再加上青少年易冲动的个性，难免就会在课堂上擦出火药味，因为双方最根本的思维方式就不一样。

在我的英语课上，一方面我在教他们英语发音，另一方面我也在学习如何理解他们的情绪，聆听他们内心的困惑与痛苦。我真的很喜爱这群又可爱又真诚的年轻人。

我所爱的宝贝们，想你们，为你们祷告、祝福、加油

4.5 体育课不简单：大老师小老师（爸爸）

开学一个星期以后，校长问我可不可以给当地的学生上体育课，这很出乎我意料。我本来想婉拒的，觉得要做一名真正的老师自己还不够格，顶多当一名助教。但经过仔细考虑以后，我认为借这个机会我可以认识村里的学生，和他们建立个人关系，这样也许我们彼此都能有所成长和转变。宛慧、恩礼和敏慧想到可以做我的体育课助教，也特别兴奋。

状况百出的第一堂体育课

“把球放下！”宛慧冲一个男生喊道。

“不要乱动球！”她又冲另一个学生喊道。

她的表情很复杂，既有害羞，又有愤怒、沮丧和绝望。还有五分钟才开始上体育课，但很多男生已经开始争夺放在旗杆旁边的三个新篮球和一个旧篮球。彝族学生们看到我们为他们买的新篮球都兴奋不已，宛慧再努力也没办法同时守住那四个球。有些调皮的学生看她好欺负，就偷偷揣起两个球跑了。恩礼追着他们，想把球要回来。

我拿起口哨用力地吹了几声：“来，大家把球给我！排队！”

宛慧、恩礼、敏慧和我站在一米的高台上。我们跟前站着47名学生。这是我第一次教体育课，我请三个孩子当助教。我看着宛慧，宛慧也看着我。我们虽然没有对话，却知道彼此心里都很恼火。

这个七年级班级很出名，因为学生最多，也最难教。我们听说他们的英语老师曾在课堂上被气哭过，这些学生极度不听话，不肯跟老师合作。现在我们算是领教了他们的厉害。

在投身于农村社区发展的七年时间里，我充分认识到“参与”的重要性。所以我希望借助一些能够促进身心发展的纪律来管理这个班级。我首先从班里找来三个男生、三个女生一起讨论。我想知道他们期待什么样的体育课，想学些什么，免得我把自己对体育课的看法强加给他们。

宛慧坐在我旁边，一边听一边做笔记。

我发现他们特别喜欢体育课，因为体育课让他们在其他繁重课业中间可以喘口气。我也发现他们其实很重视做有氧运动并参与技能训练，而不只是玩玩而已。我希望设计一些活动，让每个学生都能参与并且觉得有趣，而不至于成为他们另一项学习负担。

据我的了解，他们以前上体育课大部分时间都在“自由活动”。通常一帮男生会为了抢球而打架。有人拿到球后就自顾自地投篮，不存在所谓规则，也没有比赛，没有团队合作，他们从中很难学到什么。由于只有一个篮球，那些个头小的男生就只能眼睁睁地看别人玩。女生们既不想运动，也不想跟男生一起玩，就坐在操场旁边聊天。

了解学生的想法以后，我和宛慧私下讨论要在课上安排什么活动。宛慧给了我一些很好的建议，我也到网上搜索篮球的各种创意玩法。首先我们决定每节课都要有伸展运动以及慢跑。我计划第一节课先让他们慢跑 5 分钟，然后每节课增加一分钟，直到他们可以慢跑 20 分钟。然后再让他们玩侧重于不同篮球技术的游戏，尤其要训练他们传球，因为他们习惯于不传球只是一味投篮。

我和孩子们在住所的庭院里练习相关的技巧，为上课做准备。我给孩子们示范正确的动作，让他们模仿。我们作为一个团队一起提高篮球技术，这也为我们提供了亲子沟通的机会。

下面是我们开始上的第一堂课。

学生们慢跑的时候，我惊讶地发现，大约四分之一的学生跑得相当吃力。有意思的是，有

我应该先去了解他们，而不是评论他们——学生才是老师

的学生边跑边脱衣服。后来有些学生开始掉队，明显上气不接下气。我本以为农村的孩子身体应该更健壮才是，因为他们既要做农活，又要走很远的路来学校。不得不承认，当时我只当他们偷懒，并不同情他们。那些没有跑完全程的学生，宛慧在点名册上做好登记，我们打算过后再想方法惩罚他们。

进行篮球技能训练的时候，我和三个孩子一起示范标准动作。我们站在一米高台上，确保每个学生都能看到。宛慧和恩礼并排往前跑，一边跑一边来回传球，跑到平台边缘以后又传着球跑回来。能给我做助教，他们很引以为荣，他们成了老师了！但他们还是比较害羞，毕竟那么多双眼睛都在好奇地看着他们，就因为他们是从美国来的。他们并不认识这些哥哥姐姐，而且由于年纪小，对这些学生来说他们没有什么权威可言，唯一的权威就是他们是我的孩子。

我把学生分成四组，开始练习传球技巧。要是哪一组的学生不够，我的孩子就去凑数。大部分女生都练得比较专注，但男生们却吊儿郎当的，没有心思练习，只想玩球作秀。上这堂课真是一场噩梦，因为在上课的同时还要维持秩序。班里有 47 个学生，却只有 4 个球（其中一个属于学校，另外三个是我买的）。我在四个组之间跑来跑去，手忙脚乱。宛慧已经发火了，对那些男生干瞪着眼。有几次我实在控制不住脾气，对着那些调皮的学生大吼。

下课后我问宛慧对这堂课有什么想法。

“爸爸，名字后面打叉的都是没跑完全程的，打圈的是那些不听话的学生。”

点名册上几乎“满江红”。我觉得很懊恼。我们花了那么多时间准备这堂课，还花钱买了篮球，好让每个学生都有机会参与，为什么结果这么不理想？我开始明白为什么有些老师会对学生听之任之了。即使老师累得筋疲力尽也只能吸引一下他们的注意力，而要让他们专注到足以学会

学生们最了解如何彼此管理，我需要虚心请教他们，向他们学习

一点点东西就更困难了，因此老师很容易就把失败的原因归结于学生太过调皮、不可救药。

回到家以后，上帝忽然提醒我要以更开放的态度去看待学生。也许是身体不适或其他原因导致他们不能跑完五分钟；也许农村的孩子在营养方面比不上城里的孩子，所以耐力低于同龄孩子的平均水平。我应该先去了解他们，而不是评论他们。

学生才是老师

我决定和学生再谈一谈。

我和宛慧去了他们教室，当时有几个学生正在那里吃饭。我问他们对体育课有什么看法。他们给我的答案很让我意外。显然他们知道应该怎么维持课堂秩序。

“苏老师，可以给每个组任命一位小组长。”

“那谁来当小组长呢？”我问。

“我们需要挑选八位小组长，四个女生四个男生。”学生们开始热烈讨论小组长的人选。他们写下四个女生的名字，这几个人要么特别擅长运动，要么很受大家尊重；而在男生里面他们则挑选了那些擅长运动但特别调皮的同学，这些男生虽然自己不守纪律，却喜欢对别人发号施令。这些学生还告诉我们哪些男生不能分在同一组。他们如此了解同学，知道谁适合当小组长，

游戏教学能启发人的潜能和创造力

这也让宛慧和我大为惊讶。

我还决定运用奖励方式。每堂课后我可以奖励上课最认真的学生，选出一名男生和一名女生，各自保管一个篮球，在下一节体育课之前，课间和放学时间他们可以自己玩球。我安排宛慧上课时仔细观察，最后决定奖励谁。另外我决定每节课都和他们一起慢跑，而不是在一旁监视他们。我后来发现这很有效果，他们跑得更用心了，因为他们认识到我要求他们做的事，我自己也身体力行。

我和孩子们都很期待下一堂课，想知道这些改变能带来什么效果。

那些调皮的学生当上小组长以后，果然严格督促其他学生听我的指令。他们不再用他们的精力来调皮捣蛋，而是尽心尽力地确保其他同学都认真听课。有时男生小组长管同学管得太过火会引起争吵，但大部分时间里小组长都有办法维持秩序，大家的篮球技术也大为提高。对我来说额外的奖励就是，我的孩子们在整个过程中，不但提升了自己的篮球技术，也因为给我当助教而变得更加自信！

下课之前宛慧选出课上表现得最好的一名男生和一名女生，让他们分别保管一个篮球。但让我们困惑的是，那个男生似乎不太情愿要篮球。

直到下一堂课我们才明白其中原因。原来学校里一个年龄更大、更有力气的男生打了他，把球抢走了。篮球运动是学生们的最爱，而篮球又是稀缺资源，每个人都想要。那些年龄较大、体格强壮的男生为了得到篮球可以不择手段，不管是明抢还是殴打别的学生。这件事情发生后，我和宛慧决定取消这项奖励。

教过几堂课以后，我慢慢记住了更多学生的名字。他们对我来说不再只是一张张陌生的面孔。每逢在别的地方遇到他们，我都用彝话跟他们打招呼。他们看到我会咯咯地笑，我和他们的关系也越来越亲密。有的学生尽管害羞，但还是会来家里拜访我们。我们帮张奶奶收苞谷的时候，还有一个学生过来帮忙。

这些学生让我学会谦卑。他们比我更清楚怎样管理班级更有效，什么方法不管用。要不是他们提醒，我绝不会想到让调皮的学生当小组长。当我打算用篮球来奖励学生时，也没有听取他们的意见，我以为篮球是很好的奖励品。他们不好意思直接否定我的点子，但当看到他们犹疑不决的神情时，我应该追问原因才对。其实他们也是我的老师。

4.6 地理课与天文课的创意教学

模仿火山爆发（爸爸）

我教了几周体育课和英语课后，有一天一名老师来找我，他要离开一周，希望我可以代他上地理课。我看了下课程内容，发现那节课刚好要讲板块构造理论，以及板块交界处常见的地震、火山爆发现象。

我上网查找资料，考虑如何更有创意地演示板块交界处的地理现象，忽然一个标题吸引了我的注意力："如何制作自己的火山"。我兴奋地想，用这个方法肯定能激发学生的兴趣，而我的孩子们也会乐在其中！

模仿火山爆发需要三样东西。首先是酸性液体，比如醋；其次是碱性物质，如苏打粉；另外还需要一个玻璃瓶让它们发生中和反应。彝族村民用的醋一般是梨汁做的，浓度不高，不过这是村里唯一能找到的酸性液体了。于是我买下了小卖部里所有的醋，也买了很多袋村民用来蒸馒头的苏打粉，而梨子醋的瓶子刚好可以用来做实验容器。

全家人围在一起观察实验成果。孩子们还从来没做过也没见过别人做任何科学实验。我跟孩子们解释，当醋和碱性物质相混时会发生化学反应，释放出气体，看起来就像泡沫。随后我把一袋苏打粉倒进空瓶子，请孩子们后退一步，再迅速把梨子醋倒进去……

忽然间浓浓的一层泡沫从瓶子里涌上来，好像一瓶汽水被人猛力摇晃。可是几秒钟后泡沫就停了，一点儿不像火山爆发，反而像是有人打了个小嗝。我们都很失望。

"也许我们应该多放点苏打粉？"碧清提议。

宛慧拿来几袋苏打粉，帮我倒进空瓶子里。这次一连放了三包苏打粉。我又往瓶子里倒了一瓶醋。

"哇呜……"

泡沫像喷泉一样不停往上冒，一直持续了一分钟。

实验成功了!

大家兴奋不已。但我们还要让瓶子看起来像真的火山。我们到奶奶家的菜地里挖了一些泥，堆在一个破盆子里，把玻璃瓶放在盆子中间，再把泥揉成山的样子，上面留出“火山口”。宛慧从猪圈旁边的砖头墙上刮下一些青苔铺在“山”上，看起来就像山上的树。装饰这个火山对她来说是一种享受。

我们又做了一次火山爆发的实验，觉得有些不大对劲。原来瓶子里冒出来的泡沫不像岩浆，既不是红色的，也没有火光，看起来就像被摇晃过的啤酒冒泡沫一样，颜色苍白，毫无说服力。

恩礼和敏慧找来一些带银色内膜的土豆片包装袋，把它们剪成碎片。在光照下它们看起来就像闪烁的火花。我们把碎片装进空瓶子里，以便制造出火花的效果；又去店里买了红色染料，和苏打粉混在一起，这样发生化学反应的时候看起来就很像是岩浆了。

实验准备好了!

我搬着“火山”进学校，立刻成为大家关注的焦点。学生们都拥过来，想看看我手上抱着什么东西。他们对我要上的那节地理课充满了兴趣。在课上我给他们讲解板块构造的原理和火山的不同结构。很快下课铃响了，可我们还没示范火山爆发呢!

有个学生迅速帮我把“火山”抬到学校草坪中央。由于是下课时间，有 150 多名学生围在火山模型旁边。宛慧帮我维持秩序，让大家往后退一些，这样每个人都能看到。

瓶子里已经放了苏打粉、红色染料和银色碎片。我迅速将一瓶梨子醋倒进“火山口”。学生们目不转睛地看着。

红色泡沫和银色的亮片开始从“火山”里往外冒，学生们兴奋得鼓掌欢呼起来。今天无论对他们还是对我们全家来说都是难忘的一天。这是我的孩子们平生第一次和爸爸一起做科学实验，而且是用梨子醋和别人丢掉的包装袋！通过做实验，不但可以增加亲子互动，还可以让学生们增长见识。

碱性和酸性物质混在一起就能发生化学反应

成功了

全家一起参与火山实验

星星与镭射——把南美洲带到彝族村（爸爸）

“这是什么？”我考孩子们。

“爸爸，那是‘猎户腰带’。三颗星星连成一排，就组成猎户星座！”孩子们答道。

“现在它比九月份时的位置更高。”

“答对了！每当夜里我出去上茅厕的时候，就看到它的位置越升越高。”

“哇，爸爸快看！两颗流星！”

此时我们正站在张奶奶家的庭院里。这天晚上很冷，也没有月亮，在这海拔高达 2600 米的地方，可以看到夜空里群星闪耀。

看星星已成为我们家新的乐趣。碧清夜里去上茅厕的时候，会看着星座估算当时是夜里几点。自从在智利参加了令人难忘、富有启发性的观星之旅，我们就很期待在彝族村也能有同样的经历。我们住的彝族村处于高海拔地带，灯光也很少，所以星星在这里和在阿加他马沙漠一样明亮。我在香港花 75 元港币买了一支绿色的激光笔，这样就可以学艾伦用绿色激光笔指星星。在离开厄瓜多尔的首都基多之前，我们还买了一个尼龙吊床，盼着有一天可以躺在吊床上，像在南美洲时一样悠闲地仰望星空。

但我们遇到一个问题。

奶奶的庭院两面围着矮墙，另外两面则是房屋。只有一面墙旁边长了一棵很小的树，没有任何足够高的地方可以挂吊床。过了几天，我们还是想不出别的办法，就找奶奶商量。

“哎呀，这个很简单！”她爽快地说。

她走进储藏室，拿了一把锤子和一个钢桩出来，在靠近南面矮墙的地方用锤子把钢桩敲进水泥地里。我们一面对她的十项全能佩服得五体投地，一面又惊讶得说不出话来，因为她竟然为了我们在自家漂亮的水泥地上敲出两个洞。要是在美国，如果我们想在水泥地上钻两个洞，可能要找两个建筑经理一起商量如何获得资格以及估算钻洞的价格，整个过程可能要花两个星期以上。而在彝族村，奶奶三两下就把事情搞定了。

她先是在地上钻了两个直径 20 厘米、深 50 厘米的洞，然后在柴堆里找出两根约两米高的木桩，又用水泥混合水和沙子，倒进钻好的洞里，立刻插上木桩，再把小石子塞进缝隙里。不到一个小时，院子里就竖起两根坚实的木桩。

过了两天，奶奶告诉我们木桩已经够坚固，可以用了。

我们把吊床的两头绑在木桩上，三个孩子迫不及待地跳上吊床看星星。就这样，我们在彝族村度过了无数个用激光笔看星星的夜晚。

后来，我们不约而同地有了一个主意……

一个周四，我向彝族村中学八年级的几十名学生宣布："今晚苏老师要给你们一个大惊喜！"

我看了一眼窗外，太阳快下山了，傍晚的天空很晴朗，只飘着几片白云。我又翻了月历，太好了，今晚是新月，不会太亮。

我迫不及待地想知道，学生看到我的激光笔像电影《星球大战绝地大反攻》里的镭射光刀一样扫过地面，会是什么表情。孩子们也和我一样兴奋，因为他们对智利的那个夜晚仍然记忆犹新，也希望这里的学生能分享他们的经历。

为了准备好这堂课，我买了一本讲解星座和星星的汉语书，也下载了专用的软件，只要输入我们住地的经度、纬度、海拔和当地时间，就可以锁定星座位置。我和孩子们在准备这堂课的过程中，也加深了对星星的了解。

宛慧再次成为我的助教，碧清和恩礼、敏慧跟着其他学生一起听课。我先向学生们介绍太阳系，告诉他们跟整个浩瀚的宇宙比起来，地球就如一粒微尘一般。我希望学生们记住，我们不能自以为知道一切，因为这个世界有太多超出我们理解能力的事情。我们必须以谦卑、敞开的态度去学习。

我告诉他们，地球和其他星星、星座之间的距离极远；又告诉他们辨认北极星的重要性，尤其在航海的时候，没有北极星就很可能迷失方向；我还给他们讲了星星运转的原因，以及在中国文化中与星星有关的一些民俗。他们惊讶地得知，一光年相当于十万亿公里，而太空探测船"旅行者 1 号"已经在太空中旅行了 30 多年，这段距离等于只走了一光年里的 14 个小时！

上完课后我们从教室走到操场上，最好玩的部分开始了。

这堂课十分成功。另一位老师随即邀请我为九年级的学生上同样的课，所以当晚我又给九年级学生讲了一遍。第二堂课也同样成功。我告诉他们，虽然这里属于边远地区，科技并不发达，却是全云南最好的星星观测点，因为这里海拔高、电灯少，所以夜空特别清澈，可以看到无边无际的浩瀚星空，没有任何东西挡住视线。因此，如果他们对星星所知甚少就太可惜了。我鼓励他们在观看星座的同时可以自己给它们命名。

难忘的观星课（宛慧）

太阳准备下班了，所有景色都悄悄地染上了昏黄的影子。田野的各个角落都响起了知了和蝈蝈合伴奏的交响曲。不远处，在彝族中学里有一班初二的学生，屏住呼吸急不可待地等着夜幕降临和星星们显身。我也跟他们在一起。

“你们都准备好了吗？”我爸爸问。

“好了！”我们一同回答道。

我爸爸不慌不忙地拿出一个盒子，然后再轻轻地拿出一支像钢笔一样的东西。他把它往对面的房子一指，一束深绿色的灯光射了出去。

“啊卜！啊卜！”所有的学生同时用他们的民族语言发出惊叹，他们不自觉地涌到我爸爸面前，紧紧地围绕着他。

“这是一支镭射笔。它比平常的激光笔强好几百倍，所以即使射上天空也能看得见，很适合指认星星。”爸爸说着，便把镭射笔往天空上一指。没错，我们果然看得一清二楚，轻易地能分辨出他指的是哪颗星。

我爸爸把这奇妙的镭射笔交给我，让我帮他指出天上的物体。所有的学生都很羡慕我。

“你们知道哪些星星和星座呢？”

“北斗星！”

南美洲的吊床陪伴我们到彝族村

“北极星！”

“笨蛋，北极星和北斗星是一样的！”

“其实你们两个都对也都不对。”爸爸打断他们说，“你们看那里，那颗最亮的星星就是北极星。然后看它周围的星星，是不是有点像小勺的样子？那个就是小北斗星座。在尾端，勺子把的最顶端，其实就是北极星。从古至今，北极星对人类都有很大的帮助。”

“哦，真的吗？”

“是啊，北极星很特别，因为它始终在北边。如果你正面对着它，你就正面着北方。左边是西，右边是东，而后面就是南啦！以后如果你们迷路了，找到北极星就能找到回家的路。”

“哦……”学生们赶紧记住北斗星座的样子以防万一。

“那你们知道牛郎与织女的故事吗？”

“知道。”

“你们看，天空上是不是有一整片密密麻麻聚在一起的星星，从远处看就像一条河流？那就是银河。由于那一片的星星很多很多，所以看起来像天空上的小河似的。在银河这边的那颗星就是织女，而在另一边的那颗星和旁边两颗比较小的星星就是牛郎和他的两个孩子。”

“哦……”大家点点头。

我爸爸继续指出了很多星座，包括水星和木星。他解释完后，我就让学生轮流用那新奇的镭射笔指认星星，他们非常开心。

就这样我们一边抬头看星星，一边了解了更多天文地理知识。从那以后，每当我抬头看到星星，就会想起南美洲那难忘的观星之旅，想起那晚精彩的课程，还有我乡下的同学们、宁静的乡村和那一片星罗棋布的天空。

难忘的星空夜晚

4.7 乡村教英语：不走寻常路

寻找创意、合适的教学路程（爸爸）

有一天，碧清跟学校的老师分享她是如何借助“自然拼读法”教孩子正确拼读单词的。过去许多公立学校都借助字典里的标音方式——国际音标来教授英语发音。后来在 20 世纪 70 年代末 80 年代初，一种截然不同的教学方式渐渐流行起来，这种方式叫“边看边说”。这种理论认为，如果学生同时看到单词、听到声音并看到相应的图片，他们会动用大脑的不同部位来记住它，从而达到更好的效果。这种方法至今都很受欢迎，在加拿大被极力推广。

比如，老师拿出苹果的图片说“apple”，学生跟着念。这种方法在一定前提下是很有效的，就是学生的父母在课后跟进他们，念书给他们听，让学生在特定语境里更深地理解单词。然而后来北美许多学校发现，如果课后父母没有督促学生学习，不管家境好坏，他们都有可能在高中毕业后仍然是文盲。为了遏制持续增长的文盲率，很多学校把音标和“边看边说”方式结合起来，这就是自然拼读法（phonics）。通过学习不同字母的主要发音规则，孩子们可以在看到单词的时候形成一定的发音联想，通过大量阅读掌握不同情况下字母和发音的对应关系，从而不断丰富这种联想。借助这种方式，孩子们不仅能正确读出单词，也能享受阅读的乐趣。

村里的英语老师对这种教学方式很感兴趣，于是邀请碧清在六年级的课上作示范。看碧清夸张地开口示范如何正确读出元音和辅音是一件很有趣的事情。后来学校邀请我们全家都来教这门课，于是我选了七年级班，因为我给他们上过体育课，彼此已经很熟。我再次请宛慧和恩礼当助教。

教英语自然拼读很像教字母表，但教的不是单个字母，而是单词中的基本音素，像 PH、EN、CH、SH 等等。我给学生解释这些音素，宛慧和恩礼则给大家做发音示范，学生们听完之后就跟着读。

宛慧天生是个好老师。她虽然不擅长篮球，没有自信去教其他孩子打篮球，但英语却是她熟悉的语言，在英语发音方面她是“权威”，可以信心满满地给学生作示范。她还是个很负责的小老师，会告诉我哪个学生课堂上不认真听讲搞小动作或者作弊等。

恩礼年龄比较小，才上二年级，所以在七年级的学生面前当小老师让他感到不好意思。但我很高兴他愿意尝试。能给爸爸做助教，他以此为荣。几个星期之后，他和学生越来越熟，学生也慢慢认识他，他也就不再感到害羞了。

刚开始学生们听得很认真。毕竟我作为爸爸带着儿子女儿给他们上课，本身就很有吸引力。看到有学生做笔记，有的学生学得很快，我特别有成就感。可是几堂课之后，他们没有了新鲜感，开始有人在上课时讲话或睡觉。我虽然尽可能地邀请他们读出单词，很多人却不愿意配合。

每次下课我都会问宛慧对课堂的感觉，“你觉得爸爸教得好吗？还是太难了？学生们喜欢吗？你认为我们该怎样教英语？”

我们跟学校的四名英语老师也交流了很多。通过交流，我愈加明白老师们在彝族村教英语面临的挑战。

首先，如果要用全国设立的英语学习标准来考察学生的英语水平，那么农村的孩子是非常难达标的。在全中国，英语教学的标准是统一的，也就是说，彝族村的学生使用的英语课本和大城市的学生是一样的，但他们起步却比大城市的孩子晚很多，也无法和大城市里的孩子一样有很多补习机会。老师们觉得，在既定的教学时间内，老师根本教不好，学生也学不好。

其次，学生也缺乏学习的动力。他们中很多人只想离开村子去外面打工赚钱，根本没想过要努力学习，进入高中和大学。村里的英语教学又注重死记硬背，学生感觉学英语难以进步，又不实用，很快就丧失了兴趣。

第三，老师们虽然很努力地教课，但时间长了也会疲惫。他们远离家人，只身住在偏远地区，每天都要面对一群基础薄弱、缺乏学习动力、纪律性又不强的学生。而外界基本上是根据学生的成绩来评估教师的教学能力的，久而久之，他们最初的积极性和热情就耗尽了。经过一两年逆水行舟的奋战，最终只能听之任之，无奈地给全班学生当保姆，看住他们就行。

第四，对很多英语老师来说，教学的挑战并不在于听力和发音，而在于单词拼写与短文写作。这一点出乎我们意料。我们以为发音和听力对他们来说是头等困难，因为他们很少有机会听到正统的英语。但原来，单词拼写和短文写作才是最主要的考试项目。

听了老师们的心声，我们才意识到在农村教英语比想象中困难得多。与此同时，也有了解决问题的思路：我们要让学生乐意花时间去记单词和语法，要让学英语变得更有趣！

我和小助教宛慧、恩礼商量后，决定编一个游戏帮大家记单词。这个游戏叫“幸运之轮”。

我们把学生分成六组。第一组大声喊：“我们选择 A！”

宛慧回答：“不好意思，这个单词里没有 A！”

第二组学生接着喊：“我们选择 L！”

宛慧说：“对，确实有两个字母是 L！既然你们掷骰子掷出来的数字是 3，那就是 2 乘以 3，第二队总共得 6 分！”

“大家猜猜看，是哪个单词？”我问学生。

每一组学生都要猜我们从课本中选出了哪个单词。他们猜对的字母个数乘以他们掷骰子得到的数字，就是他们的得分。如果哪一组认为已经猜到那个词了，就可以大声喊出来。如果猜对了，就用英语自然拼读法温习这个词的正确拼写方式和发音。我们还准备了一些学习用品来奖励胜出的队伍。

学生们猜得热火朝天！每个学生都努力翻阅英语课本挑选单词。大家热情高涨，笑成一团，没有人会睡觉。这种教学方式对我们来说也很有趣。恩礼帮忙传骰子，确认没有人作弊，并记录分数；宛慧负责把正确的单词写在黑板上。

接下来的几堂课里我们玩了不同的游戏。圣诞节时，我教他们唱《铃儿响叮当》。他们要把歌里的单词抄下来并记住，然后用英语把歌完整地唱出来。

四年之后，宛慧给三个年龄分别为 6 岁、8 岁和 12 岁的澳大利亚孩子补习汉语时，她在彝族村中学当助教的经验派上了用场。虽然她教的是汉语不是英语，但理念相同，就是要让学习变得有趣！宛慧编了很多创意游戏来鼓励学生尽可能多地练习说汉语。比如每人一句用汉语编故事，或者玩汉字记忆游戏。

给学生尝试的空间

在村里当助教

宛慧

在彝族村给爸爸当助教的时候，我在跟人打交道方面增长了学问。我发现每个人不管是学习还是跟别人互动都是不一样的，所以要学会化解不同的人引起的冲突。管理一个班级很重要的一点是，要把学生分成不同的小组，选出合适的组长。

起初我觉得很害羞，因为我是新来的，跟他们还不熟。我也不知道该做什么。后来有些学生开始问我问题，比如“美国是怎么样的”，“你在那里有什么感觉”，“你会回美国吗”，“你住在彝族村感觉如何”，“喜不喜欢吃这里的东西”……跟他们有了更多交流以后，我们会一起吃午饭，他们还会问我：“你更喜欢她还是更喜欢我？”我们要离开彝族村的时候，学生们抢着要跟我拍照。

爸爸

宛慧说，这段经历对她来说是无价之宝，她从中得到的体悟和训练是我们无法给予的。她一次次受挫，又一次次努力尝试，通过细心观察以及操练忍耐谦卑，她学会了如何与人交往，如何更好地理解与自己不同的人，包括如何跟他们合作。我们一家人一起学习，然后一起把学习成果带到新的地方、新的人群中。

4.8 最后一课（爸爸）

学期末，我快要迎来七年级班的最后一堂课。有好几天时间我都在考虑，是教他们英语，还是体育，还是别的。有一晚我从睡梦中醒来，想起几个月前去世的兰迪·波许教授以及他的“最后一课”。美国很多大学都有传统，让即将退休的教授假设自己时日无多，借此举行一次名为“最后一课”的演讲。每每这样的时刻，演讲者和听众都会思索这样的问题：如果我们只有最后一次机会，我们将把怎样的智慧传给后人，我们将给世界留下什么印记？

在 2007 年 9 月，身患绝症的兰迪教授在离校之前，利用最后一堂课告诉学生他一生学到的最重要的东西。他演讲的题目是“让童年的梦想成真”。他的故事现已闻名全世界，他的作品《最后的演讲》也成为《纽约时报》畅销书。兰迪教授于 2008 年 7 月 25 日去世。

于是我决定要在我的“最后一课”上，跟学生分享我的人生故事。我希望这堂课可以在轻松的氛围中进行，于是买了一些学生们最爱吃的零食，让他们把课桌椅围成圈，我坐下来讲我的故事。

“我 9 岁的时候从台湾地区移民到美国。从此，在家乡度过的童年成了令我神往的回忆。摆在我面前的是作为新移民的艰辛路程，因为当时的我既不能用英语阅读，也不会用它写作，我必须从头开始学习一门新语言。这个过程十分痛苦。在家乡的时候，我的成绩在班里名列前茅，而现在我成了聋子、哑巴和班里垫底的学生。上课对我来说成了一种煎熬。当全班同学为一句笑话笑得前仰后合，我却根本不知道他们在笑什么。

“但我六年级的老师布莱尔先生改变了我的一生。他很关心我，在我苦苦拼搏学英语的时候，他给了我自信。他常常为了我而把单词写在黑板上。在一堂历史课上，他讲了一个故事：二战期间，人们在山洞里发现了一名生还的士兵。人们问他是怎么活下来的，士兵的答案让全班学生笑得喘不过气。这时布莱尔先生看到我的脸上一片茫然，就对我说：‘乔纳森，你用词典查查 c–o–c–k–r–o–a–c–h。’于是我赶紧翻英汉词典，原来是蟑螂。‘啊……哈哈哈……’我忍不住大笑起来，全班同学陪我又笑了一通。这一刻对我来说意义重大，我第一次觉得被全班同学接纳，成为这个班的一分子。

最后一堂课

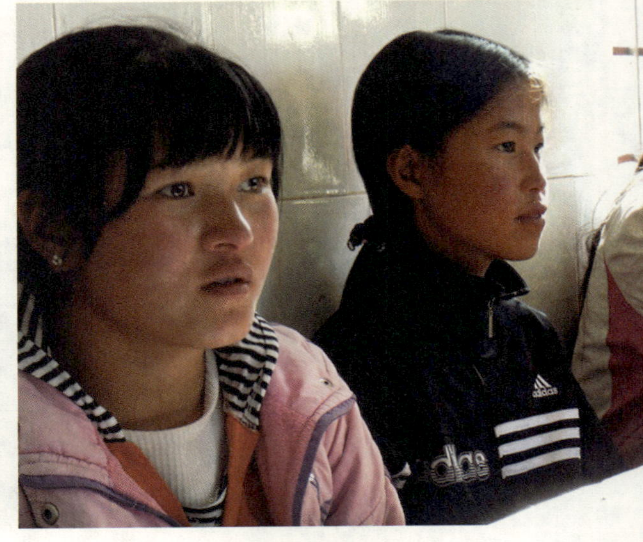

你是有价值的，我相信你可以做到最好

“我花了两年时间克服语言障碍，终于开始能听懂、看懂英语了。我不但可以用英语阅读、写作，甚至在梦里也会说英语。我上高中以后，我的父母从美国回台湾地区教书，我和姐姐则搬到波士顿和舅舅住在一起，社区邻居大部分都是白人。我成了班上唯一的亚洲人。我特别想念父母。有一天我碰到一个从中国来的新生，很想跟他聊几句，可是当我开口要用汉语跟他交流的时候，却一句话都说不出来。我被自己吓了一跳——原来我已经忘记怎么用汉语和别人沟通了！这件事让我觉醒，我觉得上帝要借此鼓励我重新学习被遗忘的汉语。我买了汉语的儿童报纸，每天阅读上面的故事。要重新掌握汉语又得经历一番苦战。我开始用汉语写灵修日记，提醒自己不可以再忘记母语。

“学习新的语言，同时维持母语能力，这并不是我移民以后面临的唯一挑战。在台湾地区我的家境比较宽裕，到了美国却住在贫民区，靠政府救济维生，这需要我去适应。但贫困的生活并没有给我造成什么困扰。虽然住的公寓很小，我却能感受到父母给我的爱和安全感。后来我搬到波士顿，没有父母在身边，文化冲击才真正开始。虽然我的舅舅住在富人区，房子又大又漂亮，我却时常感到孤苦无依、怅然若失。那时我发现，物质的丰富并不能取代父母给我的温暖和安全感。不管生活有多贫困，我们一家人在一起，就是彼此的财富。我把对爸爸妈妈的思念藏在内心深处。我很快学会了独立，因为我别无选择。

“在我高中的最后一年，我的父母搬回美国，我终于找到了属于自己的家，安全而温暖。我的父母很了解我。我们搬进洛杉矶一个有很多亚洲人的中产阶级社区，家庭环境让我如鱼得水。我也富有过，知道做有钱人是什么滋味。作为硅谷的企业管理顾问，很多公司都愿意为我提供高额薪水和优厚待遇。但这些东西要用等价的劳动去交换，工资越高意味着我工作、出差的时间越长。可我又很珍惜和太太、孩子相处的时间，极力想找一个平衡点。

“在 31 岁生日那天，我告诉爸爸，我对我的人生非常满意：我已经实现了周游世界的愿望；我小时候梦想成为发明家，而现在我是硅谷的高级技术工程师，我设计的一些产品也申请到专利了；我拿到两个硕士学位——斯坦福大学的电子工程硕士和西北大学的工商管理硕士，这两所学校都是美国顶尖的大学；我和心爱的女孩结婚了，有了两个孩子；我觉得我的生命已经很完满了。我告诉爸爸，如果哪天上帝要接我回天家，我也不会有任何遗憾。可是爸爸对我说：‘晳彰，听起来你过得很好。可是我要问你，你为上帝、为这个社会做了什么呢？’这个发人深省的问题改变了我的生活方向。我觉得上帝通过爸爸让我想起童年的梦想，就是用一切可能的方式去服务贫穷的人。而在我追逐‘美国梦’的时候，童年的赤子之心被我闲置在一边了。

“我花了一个季度重新评估我的人生目标和使命，上帝再次提醒我，财富和舒适生活不是生命的全部。这也是我从小就学到的重要一课。我曾经住在富人区，内心却十分空虚，因为家人不在身边；而刚移民的时候家里虽然很穷，但来自父母的爱和支持，让我心里充满自信和活力。我这一生到底想要什么？我希望和妻子、孩子一起过怎样的生活？什么事情才是有意义的？人要有勇气才能保持创新精神，才能去探索未知的、充满不确定因素的世界。为了做有意义的事情回馈社会，而带着妻儿离开原本安定的生活，这需要更大的勇气。我挣扎了好几个月。当时女儿宛慧只有 4 岁，儿子恩礼才 8 个月大。那时我和妻子常常一起祷告。其实我们该有的东西都有了，如果不去尝试一条少有人走的路，我会不会觉得惋惜？几个月后我们心里终于豁然开朗。我毅然决定，要告别‘美国梦’，带着家人去服务中国的穷人。”

班上悄然无声。我凝视着每一个学生。宛慧和恩礼也是第一次听到我的人生故事。我向学生道歉，因为他们在课堂上捣乱的时候，我曾经对他们发过脾气。说到这里我已经控制不住情绪，声音哽咽，眼里噙满泪水。我告诉他们，我发脾气是因为我很在乎他们。这时很多学生也哭起来。后来宛慧告诉我，当她看到我流泪的时候，她知道我说的都是发自肺腑的，而学生们能被感动正是因为他们也知道这一点。宛慧也告诉学生们，她会想念他们，想念这个地方。

“苏老师知道，你们每个人都非常能干。你们要相信自己。如果有人说你们不够好，是二等学生，因为比较好的学生都去县城上中学了，只有不好的学生才留在村里上学，请你们不要相信这些谎言！请允许我跟你们握手，因为能做你们的老师，我十分荣幸。”我再次哽咽了。

就这样，我一个一个地跟班里的学生握手。

“你是有价值的。我相信你。我相信你可以做到最好。”我用我全部的爱祝福每个学生。

“最后一课”临近尾声，我们拍了集体照，我为每个学生都冲洗了一张照片。为了能一直记住他们，我在照片上写下每个同学的名字。那张照片后来一直放在我办公室里。我会一直记着他们的面孔、他们的笑声、他们的梦想。我祈祷他们每一天都能过得充实。

六个月过去了，我们要离开彝族村了。

虽然这里的天气有时会冷得让我们受不了，但这段经历对我们来说是毕生难忘的。当时宛慧很希望我可以留下来当中学老师，这样我们就能一直住在彝族村了。在这些日子，我们慢慢地和大家有了感情，这里对我们而言也如家一般温馨，要离开确实很难过，我们非常恋恋不舍。

4.9 别了，彝族村（妈妈）

我们住在彝族村的时候，孩子们不在乎和猪共享茅坑，不在乎两个礼拜才冲一次澡，不在乎不小心会踩到猪粪牛粪，也不在乎每天都吃蔬菜。我发现，孩子们想要的东西其实非常简单，他们不需要那么多东西。他们真正需要的是父母能花时间陪他们。这半年以来他们过着最平淡、最简朴的生活，但或许也是他们最开心的日子！因为父母在哪里，家就在哪里。

要跟我们的小马、鸭子、鸡和猪告别，我们都很难过。敏慧特地提前几天过生日，以便可以邀请她在村里的朋友一起庆祝生日。我给学生看这六个月来拍的照片，跟他们分享我的人生故事。九年级的学生也拍了一个短片送给我们，短片记录了我们和他们相处的时光。学校也邀请我们参加学年结业的聚餐。

我们把心爱的小马萨尔塔送给了张奶奶的侄子，因为我们很喜欢他，知道他需要马却买不起，而且以后我们还能看到它。张奶奶的侄子为了答谢我们，杀了一头乳猪为我们践行。我们本不想接受这么隆重的招待，可是盛情难却。那天晚上我们大吃了一顿，吃了好多烤猪肉。我们是当地一家非营利机构的志愿者，那家机构也从水库买了许多鱼给我们践行。在张奶奶家吃晚饭的时候，张奶奶又为我们杀了一只鸡。最后机构送给我们家每人一套少数民族服装，我们穿着新衣去参加婚宴，这让主人非常高兴。因为对他们来说，客人穿最好的衣服——他们的民族服装赴宴是为了向主人表示敬意。

我们花了两天时间打包。来的时候我们只拎了六个小包，走的时候竟然发现要带20个箱包，真是满载而归！我们和大家道别，带走的是毕生难忘的记忆。我们感谢上帝在这半年里的保守，让我们有如此美好的经历。

在我们离开前一晚，彝族中学一位学生悄悄地给我们写了一封信，给我们很大鼓励，我们带着这份祝福迈入下一个旅途：

你们知道吗，你们刚来的时候，我们老师说你们是钱多来玩的，但现在我知道这一切都是谎言，你们是带着一番热情来这儿的。我以前做任何事情，从来不去思考它的意义，也没有留意过身边的事情，因为总是提不起兴趣。我现在才发现，原来我们的一举一动，哪怕是看起来微不足道的事情，都会给别人带来影响，让生活变得更加有趣。我会永远怀着一颗感恩的心去生活。我要向你们学习，一生要做一个对别人有用、对社会有价值的人。

萨尔塔，舍不得离开你

宝贵的聚餐

难忘的童年

\| 一起打跳是婚宴的高潮

带着彝族人的歌声奔向下段旅程

第五章　间隔年在继续

我们非常怀念在全家间隔年度过的美好时光。一提起在厄瓜多尔的桥上跳蹦极，在温哥华观看树上的鹰宝宝，在彝族村把猪膀胱吹成排球，我们就兴奋极了。家里“冒险墙”上的照片记录了我们在南美洲的美好回忆。我们用西班牙语给家里养的每一只宠物命名，电脑屏保播放的也都是间隔年的照片。每逢听到与南美洲有关的新闻，我们都会格外关注，也更能理解这些新闻的背景。2011 年，我们又回彝族村去看望张奶奶，再度登上那些熟悉的山头，并与当年的学生们彻夜长谈。

七年前的间隔年就好像发生在昨日一样

5.1 意犹未尽的孩子们

百闻不如一见（宛慧）

去南美洲旅行以后，我对世界开始有了更清晰的认识。毕竟百闻不如一见，我亲身经历的，单单通过地理课本是难以体会的，因为那只是别人的观点。我可以把自己的想法融入平时所学的知识里，因为我们到过那个地方，知道那里真实的生活是怎样的。比如，我们在秘鲁见过印加人凿的巨型石砖。课本里只是说，这些石块被切割得天衣无缝，接缝处连刀都插不进去。但只有亲自到了那里，亲手触摸那些比人还高大的石砖，我才明白这些工程有多奇妙！

我在云南住了将近十年，目睹了中国的许多变化。我看到一栋栋高楼不断拔地而起，服装潮流时时变迁，式样越来越时髦。我为中国今昔的变化感到高兴。能看到这些变化是件很酷的事。

在彝族村的那半年里，我认识了很多人，亲身体验了村里人是怎么生活的，比如每五天有一次赶集日、把木头砍了烧火等等。在村里我爸爸成了学校的老师，这对我来说是件很特别的事情。后来我们又去了哈尼族的山谷，在那里，很多我以前认为理所当然的事都变得珍贵起来。我很喜欢看到村民在庆典以外的日子里仍然穿着民族服装，因为这种服装是他们生活的一部分。

百闻不如一见

在那里，我家后院还有一条小河流，我们在屋顶上还有自己的小农场。这种经历不是人人都有的，所以我很享受这种生活。

过去十年里我经历了许多事情。虽然有些对我来说是很大的挑战，但如果让我再选择一次，我还是想过这种生活，因为这些经历是我人生的一笔财富。

赶集日是日常生活的亮点

南美洲之旅塑造了我（宛慧）

跌宕起伏的南美洲之旅对我的改变是文字难以形容的。如果一定要用一个词来形容这趟旅程对我的影响，那便是“我”。它塑造了现在的我，也让我知道将来想成为怎样的“我”。这段旅程是我生命的转折。

不论是心理上的成长还是身体上得到了锻炼，从内到外我都有了改变。在这三个月当中，我们从一个城市穷游到另一个村庄，渡过这条河流，爬上那座高山，汗水常常湿透衣服，我们的耐力也得到了极大的锻炼。特别是在瓦拉斯长达 20 公里、为期 4 天的长途跋涉中，耐力被逼到极致。在每天必须徒步 8 小时的情况下，当我累到走不动了，我学会了怎样再跨出一步；当鞋子已被溪水浸透时，我套上塑料袋继续前进，我学会了坚持到底。除了耐力，南美洲还给予了我前所未有的勇气和胆量。当我站在蹦极的桥上，面对下面礁石嶙峋的河流时，我选择了冒险，珍惜仅有的机会，鼓起勇气跳了下去。这让我学到，以后不管遇到什么困难，我都能用这份勇气来面对。不仅如此，我还有幸在海洋里潜水，我看到了一个全新的世界，因此开始了我海洋里新的生活——5 年后我拿到了潜水执照！

爸爸陪着我和恩礼潜水

那三个月里给我留下了许多感动至深的回忆。有一次我们刚爬完山，饥肠辘辘，看到有家小卖铺卖炸香蕉，赶紧去买了一根。又甜又脆，好吃极了！我们一人一口分着吃，一边狼吞虎咽一边称赞摊主的手艺。谁知她又递给我们两根香蕉，说是免费的，让我们好好享用！这不是第一次碰到当地人对我们表达善意，但每次都让我感激不尽。他们的笑容与善意永远铭刻在我的心中。通过简朴的旅行，让我更深地体会到当地人朴实的生活。虽然他们很多人都不富裕，甚至生活在贫穷当中，但他们的善良与纯朴远远超过我认识的许多人。他们深深地打动了我的心。正是这些人，以及南美洲风流千古、各式各样的风景，使我深深地爱上了南美洲。

南美洲之旅还拉近了我们一家人的关系，让我们更加亲密。以前我爸爸总是在忙工作，整天东奔西跑，很少有机会跟我们在一起。虽然他也努力抽出时间陪我们，但没法跟在南美洲的时候比。在南美洲的三个月里，他时时刻刻都跟我们泡在一起。不管是吃饭、玩耍、做作业，还是登山下水，我们都一起分享。我们一家五口，一口一口地分着吃饭，睡觉也是一起睡。吵架、流泪的时候固然有，但正是通过这些喜怒哀乐，我们一家的关系有了很大的变化。

这次旅行还使我懂得了食物的珍贵。我们每天的饭量很大，但又没有足够的钱给每人都买食物，在这种情况下，我们懂得了分享食物的美妙。其实一碗汤每人一口传着喝，比一个人独享更香更美味。因为当你在等着下一口时，你有更多的时间回味那香甜的滋味，同时期待下一口的美妙。如同吃食物一样，生活也应当如此。我们应该分享我们所有的，简简单单地生活。在被迫离开生活中许多的“必需品”后，我发现了生命里真正的必需品，如对生命的热爱、对大自然的向往、友情和家人。即使没有电脑和电视，我们依然能享受生活。

南美洲短短的三个月，它塑造了我的未来。以后不管去哪里，我一定会以徒步背包的方式来旅行：一个背包、较少的预算、有弹性的日程，慢慢地欣赏每一处风景，踏踏实实地了解每一个地方。如果以后我成家了，我一定会和我的家人一起去旅行，探索世界。

南美洲给予我的知识和收获数不胜数。这个地方在我心里有着特殊的地位，它让我爱上了旅行，爱上了探索上帝所创造的奇妙世界，它使大自然和冒险变成了我的一部分。我有一片心是属于大自然，属于探险，属于南美洲的。今天的“我”已然有了南美洲的痕迹。

穷游改掉了我的坏习惯（恩礼）

我跟家人的南美洲背包之旅已经过去 5 年了，那段经历让我有了巨大的改变。

那时我才 8 岁，是一个普普通通的孩子，在昆明的学校读一年级。当时我有许多坏习惯，比如浪费粮食、挑食、不喜欢做作业、不喜欢早睡、不爱换衣服、不爱运动……但穷游改掉了我的这些坏习惯。

穷游期间，我们每天都要走五六个小时的路。由于运动量很大，我吃饭的时候都是风卷残云般扫荡眼前的食物。我再也不挑食了，因为爸爸点的菜量只够五个人完全吃饱，所以吃饭的

再也不会浪费食物

时候我跟姐姐妹妹都是你争我夺的！在穷游期间，我尝到了饥饿的滋味，所以现在很少浪费食物。

我们去了南美洲许多地方。你能猜到大部分地方是怎么去的吗？对，是走路。我们徒步穿越了茂密的森林和干旱的峡谷，登上了寒冷的雪山。此外，我们骑自行车越过广阔的沙漠，坐班车穿过碧绿的平原，搭船渡过浑浊咆哮的大河。我的耐力逐渐提高，体格也变得健壮起来。去南美洲之前我只能连续走上一个小时，现在我能走 6 个小时。

去南美洲之前我只能连续走上一个小时，现在我能走 6 个小时

但让我改变最大的还是那里的人们。有一次我跟家人去参观当地的银矿，看到那里的人为了养家糊口，冒着生命危险去采掘稀薄的金属资源，甚至连孩子也要做这种高危的工作！看到他们为生存而卖命，我现在很少为一些小事跟父母抱怨了。

回头看，我一点儿都不后悔去了南美洲。

彝族村的生活让我变得更加坚强（恩礼）

你肯定从课本里读到过农村里的人生活有多贫困、多辛苦，也从照片里看到过他们住的地方有多简陋、多么与世隔绝。作为城里的孩子，在彝族村生活的那半年让我对这一切有了更深的体会。

从我们的村子去最近的县城，要坐一两个小时的面包车。在村里，半夜时气温会降到零度，一盆水会被寒冷的天气冻成冰。因海拔高气候冷，村民们只能种土豆和玉米。

我住城里的时候，每天饭桌上至少都有一盘荤菜。可是搬到农村以后，每天就只能吃蔬菜和米饭。虽然头几个星期不吃肉还很不习惯，但后来就成了家常便饭。我以前很少运动，可是在农村里我经常运动，因为爸爸买了一匹马。他每天下午会带我们骑着马散步，一直走到很远的地方，那里往往有崇山峻岭、青山绿水。农村里的排水管很少，在彝族村我每天都运动，但两个星期才能洗一次澡，所以我到现在都比较耐脏，运动后不会急着马上洗澡。

相比我们的状况，村民们要辛苦好几倍。住在那里的孩子每天要早起劈柴，然后才吃早饭，再走差不多一个小时的路去上学，放学后又要走路回家，回到家后先做功课，再帮父母干农活。他们得去山里收集晒干的树叶和树枝作为柴火，然后回家用斧子劈开那些柴。他们把柴火准备好以后，才能生火煮饭。农村里的孩子生活得又苦又累，连吃饭也不是简单的事。比起我们，他们为了上学和生活要忍受更多的艰辛。

在彝族村那半年使我变得更坚强，也更健壮。看到村里孩子艰辛的生活，我告诉自己，要在任何情况下都学会知足。

生活的需要使人坚韧不拔

5.2 继续走少有人走的路

一片树林里分出两条路，

而我选了人迹更少的一条，

从此决定了我一生的道路。

——弗罗斯特《未选择的路》（顾子欣 译）

能在一起庆祝圣诞就心满意足了

2010 年的环岛之旅

哈尼族山谷里的圣诞节（爸爸）

2009 年的圣诞节，我们是在云南的哈尼族山谷里过的，当时间隔年已结束将近一年。我负责一个农村项目，帮助那里的贫困儿童。当时我们全家坐在主卧室的床上，拆开我们为各自准备的圣诞礼物。在彝族村的时候，因为天气太冷了，我们每天晚上只好一起窝在床上看书、玩游戏、看电影。从那时起全家就养成了在床上聚会的习惯，甚至圣诞节也在床上一起过。

美国很多孩子在圣诞节会得到最新式的电动玩具或服装首饰，我们的孩子却花了很多时间亲手为彼此做礼物：每个人都用彩笔画了圣诞节卡片，写上感恩的话，并准备两块钱以下的礼物。恩礼的礼物是漂亮的石头和贝壳，那是他在南美洲精心挑选并保存下来的；敏慧给了每人一元零用钱，因为那是她最宝贵的东西；宛慧在给我的卡片中写道：“爸爸，谢谢你带我们去了南美洲。”看到南美洲人民贫困的生活，他们意识到自己拥有的比其他人多太多了。我们一家人能一起庆祝圣诞节，就已经让孩子们十分满足了。

庆祝圣诞节的同时，我们也分享 2010 年的梦想。

“我希望可以和同学一起度过更多有趣的时光。”敏慧说。

“我希望能减少跟敏慧打架的次数。”恩礼说。

“我希望能通过散步、听音乐更好地成长。”碧清说。

“我想继续完成我们的家庭梦想，让我们的家充满乐趣，敢于冒险。”我说。忽然，我脑海中闪过一个绝妙的想法，“要不我们租自行车环游台湾岛？这样我们可以继续在南美洲的穷游旅行！骑车的时候我们可以随时停下来，吃各地最美味的小吃。”

一提到好吃的东西，孩子们就兴奋不已，旅途中最让我们享受的就是吃东西了。于是我们立刻开始做准备工作。宛慧负责搜索台湾地区最好吃的小吃；敏慧和恩礼负责研究好玩的地方；碧清负责研究台湾地区原住民的历史文化；我则计划骑车线路。我们也开始列清单，准备背包里要带的东西，并在家附近骑车锻炼。这感觉就像是又要去一趟南美洲。

2010 年春节期间，我们租了五辆自行车，开始了自行车环岛之旅。我们从台湾地区最东边靠近花莲的太鲁阁出发，一直绕到最南边的猫鼻头，再骑到西边的台南，全程 663 公里，历时 7 天。一路上我们每天都吃四五餐，吃的全是当地美味的小吃和水果，夜里则住民宿。

在吴哥窟探险

一路上见识了海滨与山区的美景，还泡温泉缓解全身肌肉的酸痛。有人说：“走路太慢，开车太快，骑车刚好。”事实的确如此。这次环岛之旅让孩子们更加了解台湾地区，也把我们一家紧密联结在一起。

业余背包客家庭（爸爸）

虽然 2008 年的间隔年已经结束，但我们还是会有意无意地延续间隔年的旅行方式与生活方式。

每年我们一家最少会有一次大型的冒险旅行，而且往往都是临时决定的。除了 2010 年骑车环游台湾岛，2011 年我们还背包去了老挝、泰北、缅甸的边界；2012 年则去了新加坡、马来西亚和泰国的一些岛屿；2013 年带孩子去柬埔寨拿潜水执照；2014 年和碧清的妈妈一起去印尼爬火山。

跟去南美洲一样，我们都是轻装上阵，不带旅行箱，只是用背包背着一些必需品，时间保持弹性，走少有人走的路。在老挝，有一次我们抵达一个小镇的时候已是凌晨 3 点。我们决定，与其住几个小时的旅馆，不如就在一家餐厅门口的凳子上睡觉。在泰国金三角地区，我们没有直接坐车回中国，而是搭小货船沿湄公河返回，沿途还经过老挝和缅甸。

在这些地方，孩子们依然会尽情享受攀岩、穿越原始森林、在大海里浮潜、从峭壁上跳进水里的乐趣。他们对睡夜班车、住简陋的青年旅舍也习以为常了。孩子们的打包技术已经非常

2014 年爬上印尼的火山

娴熟，可以在很短时间内把东西收好。我们甚至为全家制作了旅行名片分发给一路上遇到的朋友，自称是“苏家徒步背包历险”，上面有我们的名字和博客地址。

延续家庭时间建设（爸爸）

除了旅行，我们在生活中同样继续间隔年的活动。住县城的时候，我们会沿着山谷里的河流游泳，在附近森林里徒步 8 个小时去看瀑布，或是一天内骑自行车环绕滇池 115 公里。冒险的生活方式已经在我们每个人生命中扎根了。

另一方面，我们也延续了间隔年里共度家庭时间的习惯。在间隔年里，我和碧清每天 24 小时都和孩子在一起。住彝族村的时候，我和孩子有很多互动交流，例如陪他们做功课，徒步去别的村庄，或是在火坑边一起烧火煮饭。每天吃完晚饭，我们就窝在床上，打开电热毯，享受“家庭时间”。

间隔年结束后我继续上班，孩子们也回学校上学。但我们还是会不由自主地一起度过家庭时间，不论时间长短。有时我们会玩纸牌，读《纳尼亚传奇》，看韩剧，或是一起运动。没有家庭时间的时候我们会觉得哪里不对劲，心里有失落感，好像有什么重要的事没做。

爸爸是家里的 VIP，不再坐冷板凳（爸爸）

“我先抱爸爸的！”敏慧撒娇。

“才不是呢，是我先的！”恩礼反驳。

我下班后一踏进家门，孩子们都争先恐后冲到门口，看谁能先跳上来抱住我，一般都是我们家狗狗赢。然后我就变成一棵圣诞树，三个孩子挂在我身上，狗狗则围着我窜来窜去。这种争抢让我特别享受！

我在孩子们身上花时间就像往“爸爸情感账户”里存钱。如果我投入时间与爱，这个情感账户上的余额就越来越多；做有损我们关系的事则相当于从账户上取款。如果账户上余额为零

爸爸是我的

或者赤字，就意味着我和孩子的关系已经岌岌可危了。

间隔年开始之前，孩子们总是为谁坐在妈妈身边而争吵，却没有人想坐在爸爸旁边。在间隔年里，我终于有机会扭转局面，让情感账户逐渐大丰收，甚至在间隔年之后的几年里，账户上依然有盈余。孩子们喜欢和我在一起，因为我挺风趣的。如果我和他们发生争吵，或是命令他们做一些他们不想做的事，他们冷静下来后还是会记得我对他们的爱，以及我在间隔年为他们付出的时间，因而愿意原谅我或倾听我的想法。他们和我已经有了很深的感情，也知道我真心爱他们、关心他们。

全家人的改变（爸爸）

“那块骨头是不是按照我们在南美洲的标准啃干净了？”宛慧会这样问恩礼和敏慧，“让我检查一下。”

在南美洲和彝族村，肉是稀缺资源。我们养成了一个习惯：吃饭时把骨头传来传去，直到上面的肉和骨髓都被啃得一点儿不剩。骨头被我们传过几轮以后，即使丢到桌子底下喂狗，狗都不会啃。这个习惯一直延续至今。我们也习惯了多吃蔬菜、少吃肉。敏慧以前很挑食，不爱吃蔬菜。但在南美洲穷游时，为了节约开支，我们五个人会分吃两三个人分量的菜。她意识到如果她再挑食，眼前的食物就会马上被扫荡干净，她连一口都吃不上。尝过饥饿滋味的她，现在能吃很多蔬菜。我们发现食物不够的时候吃起来最香。尽管场面看起来会很混乱，但我们直到现在还是喜欢一起分享食物，在饭桌上把盘子传来传去。

住彝族村的时候，孩子们养成了洗菜、洗碗的习惯，也学会了喂宠物、打扫庭院和房间、晾衣服等。四年过去了，孩子们还是会轮流做这些家务。间隔年里我们还养成了其他很多习惯，比如把衣服晾干而不是用烘干机烘干，亲手缝补衣服上的破洞，出门尽可能骑自行车而不是坐出租车，尽情享受养各类牲口或宠物的乐趣，尽情享受大自然，而不再那么在乎衣服会不会弄脏……

相比生活方面的习惯，有些改变显得更加重要，比如孩子们的态度和观念的改变。

在哈尼山谷实现屋顶动物园的梦想

孩子们在南美洲接受了诸如攀岩等一系列挑战，在彝族村住了 6 个月，我又因为工作需要举家迁往一个偏远的县城。从那里到最近的机场或火车站要坐 10 个小时的车，但孩子们很快就适应了那里的环境。宛慧 13 岁时要自己坐夜班车沿蜿蜒的山路走 10 个小时去昆明，她相信自己可以做到。在南美洲和北美洲的时候，我们要边旅行边写作业，孩子们从中学会了自律。现在他们都在家上课，自律的品格对他们实在大有好处。

我们在彝族村最穷的人中间生活过，孩子们看到村里的孩子要走 4 个小时的山路去上学，也体验到做农活、搬运重物的辛苦。现在他们会同情那些因为家庭负担过重而休学的学生，愿意主动捐款给有需要的人。他们看到有些人家里只有泥砖砌成的墙和破破烂烂的家具，就不再把自己所拥有的当成理所当然的，而是当作特别的馈赠。如果我让他们赚自己的零用钱，或是花自己的零用钱买一些他们想要而非必需的东西，他们也不再抱怨了。

去了很多地方旅行，见识了不同的种族、语言、文化之后，孩子们由此学会了尊重并接纳来自不同文化背景的人。就像孩子们觉得南美人在所有食物甚至炒饭里都放炸薯条很滑稽，南美人或许也觉得中国人用筷子吃饭、互相分享食物很奇怪。宛慧告诉我，她现在能理解，每种文化中独特的衣、食、住、行方式都是有历史成因的。

刚搬到彝族村的时候，我们以为可以教村里人怎么讲卫生。几个星期以后，我们才恍然大悟，原来我们是全村最不卫生的一家！因为我们不适应这种寒冷的环境，而当地人知道怎么在这种环境中很好地生存。村里人

在哈尼山谷认识的新朋友

一树孩子，满脸幸福

如果去了城里，城里人可能会看不起他们，因为他们不习惯用坐式马桶，也不会用电脑。但城里人到了农村很可能更是什么都不懂。见识了他们的世界以后，我们感受到大家都是平等的，我们住在同一个世界，同一个地球村。

没错，当我们“选了人迹罕至的一条路”，踏上了间隔年，我们的生活永远不再一样了！

微笑就是幸福

5.3 结语

我的家人，我的家乡（宛慧）

我是一名随家人到处“流浪”的国际游民。由于爸爸工作的原因，我们一家从美国（我的出生地）搬到了昆明，又从昆明搬到了云南的彝族村，然后从彝族村来到我现在住的地方——山清水秀的哈尼山谷。我们是处处为家，处处是家。地球的每个角落都是我的家乡，似乎世界的每一条路、每一座山都存留了我美好的记忆。昆明就是其中一个角落。

我在昆明长大，见证了这里一栋栋矮房怎样变成一座座高楼大厦，唯一不变的是大街小巷里总有香气扑鼻的小吃。

每一块豆腐里都隐藏着一段美好的回忆，每一串烧烤里都蕴含着家乡的味道。每当我一口咬下那带着一层腐乳、伴着麻辣鲜香调味料的生嫩嫩的豆腐时，我便会想起我和妈妈怎样逃过老师的眼睛去买这种诱人的豆腐块，之后又怎样互相嘲笑对方的“犯罪行为”。回味着嘴里孜然粉和烤猪皮的香味，我眼前浮现出我们一家怎么把一串烤串抢来抢去，直到剩下一根光溜溜的棍子。

家乡的味道：烤豆腐

说起“家乡的味道”，我第一个想到的总是昆明的小吃；而我心中另一种家乡味道是属于彝族村的。

只要提起“彝族村”，我的脑海便会浮现那遥远的村落、碧绿的青山、茂盛的松树林、透凉的空气……仿佛我又回到了海拔高达 2600 米的地方。虽然这地充满了绿色的生机，但冬天也无比寒冷。在那寒冷的黑夜里，我们一家便聚在厨房的火坑边听爸爸读《纳尼亚传奇》。虽然这个火坑非常简陋，但它却给予我们温暖和家庭的温馨。我们会在火坑上烤肉吃，享受火坑带来的嫩滋滋的鲜肉。

无论是在昆明的大街小巷，还是在彝族村的火坑边，家人在哪里，家就在哪里。虽然我不知道下一站会去哪里，但那里一定会有我的家人。

贫穷中的幸福（宛慧）

每个人的过去铸造了现在的自己，我也不例外。说实话，在彝族村的那六个月，我没有经历什么惊人的大改变，不过它对我的影响是微妙的，是永久的。

由于我当时还小，只有 11 岁，所以很快就融入了乡村生活。我认为我跟村里人没什么差别，我是他们的一分子。

来到乡村，观看周围的环境，我并没有对看到的贫困目瞪口呆，而是卷起袖子，与他们一起动手，做他们所做的。

我们所吃的所有食物不论是稀饭还是米线，都是在火坑上诞生的。跟村里人一样，我们的生活空间也不宽裕。一家五口侥幸可以住在两个房间，我父母一间，而我和弟弟妹妹在另一间，共用一张大床。不仅如此，我们有幸与猪共享厕所的空间：它们在一头，我们在另一头，之间隔着一块木板的距离。

我还记得每次出去远游的时候，我们都会带上一袋土豆和柴火。累了饿了，就像当地人一样，找几根枯树枝，生起火，把土豆扔进去，然后等待香喷喷的烤土豆。那些日子真的很开心。

虽然我感觉自己跟村里的人差不多，但事实上，从文化背景和经济状况来看，我们还是有

享受彝族村的丰收

能穿雨靴、玩泥巴很满足

很多区别。但因着与他们一起简简单单地生活，我受益匪浅。在彝族村里我经历了许多事情，也见到了许多人，我印象最深的是他们的笑容。他们两边嘴角一翘起来，就显现出两个又粉又圆的高原红，可爱极了！不管你是谁，或是做什么，他们都不会吝啬他们灿烂的微笑。不论何时何地，或洗菜，或做农活，或谈话，那温暖的微笑始终在他们的脸上，像形影不离的朋友……

快过年时，家家户户都忙着杀猪过年。这是一个轰轰烈烈、热热闹闹的季节。经过一年的努力与汗水，他们终于能把肥肥的年猪宰了与家人分享。虽然他们所拥有的只是那么一点点，但他们依然眉开眼笑，欢喜快乐。

看着他们每个人开心的笑脸，我也笑了，这是打从心底的笑容。就这样，这些村民悄无声息地给我上了人生中很重要的一课：在这世上，幸福无关乎环境或事物，而只有人才能给予幸福。在这里，我在贫穷中找到了幸福。

你的生活也可以如此精彩（爸爸妈妈）

在现实生活里，两个平凡的人结了婚会发生什么？

吵架、争执、冲突。

孩子出生后又会发生什么？更多不同的意见出现了！

在生活的每个环节里，我们的心、我们的身份认同感会一次一次受到冲击。如果没有目标，没有梦想，我们对生活的热情很快就会被各种琐碎的细节耗尽。与孩子们一起踏上旅途的时候，我们正是以这种追求的态度、这种视角去创造回忆的。

我们很感激有这个间隔年的机会，可以更新我们的婚姻，重新有机会学习如何养育儿女，打造截然不同的生活。

我们诚恳邀请你加入这场历险！生活是真实的，你的生活也可以如此精彩！

第六章　全家间隔年答读者问

我们在间隔年的旅途中坚持写博客。下面的问题大都是从博客上读者的问题中整理出来的。

6.1 父母的问题

Q: 你们如何筹备旅行一年所需的钱?

A: 公司让我停薪留职一年，所以我不必担心一年后还要找工作，只需筹备这一年的花费即可。虽然工作以来我们有一些积蓄，但用钱还是必须要非常谨慎小心。

在南美洲，我们通常都不会去餐馆吃饭。每到一个新的城市，我们都会先去找当地的菜市场，那里卖的小吃很地道，价格则是餐馆的一半，而且去那里吃会更有趣。我们也不住宾馆，而是住当地的民宿或青年旅舍。一般会先比较两三家的价格，看哪家最合适。我们一家五口会订两人间或三人间。在温哥华，我们不坐出租车，而是借朋友的自行车出行；也很少在外面吃饭，而是在岳母家做饭吃，这样可以省下一大笔钱。住彝族村的时候我们大部分时间都吃蔬菜，那半年的花费比在昆明要少得多。

我们这么做不只是为了省钱，更是为了体验一种全新的生活。每个地方的五星级酒店其实都大同小异，但青年旅舍各有特色。有些民宿具有一定历史感或独特建筑风格，旅舍主人也是当地人，他们很乐意为我们介绍所在城市以及相关的历史、文化，会告诉我们菜市场在哪里，有什么特色小吃，骑自行车要走什么路线。在省钱之余，我们的经历也因此更加丰富。

Q: 我们很羡慕你们家的孩子，但在中国只有极少数的家庭能仿效你们。我们既没钱又没时间，一家人要怎么出去旅行?

A: 金钱买不到快乐，也买不到充实有趣的旅程。同样，我们不一定要为“家庭间隔年”花费很多时间和金钱。有时我们也会花一天或几天时间出去短途旅行。这些旅行都非常有趣、有冒险性，对孩子们有教育意义，也有助于一家人建立更深的关系。最重要的是能够设立目标来调动大家的积极性，并且愿意尝试不寻常的旅行。

以下创意可供参考：

a. 徒步或骑车环绕你所在的城市一周。

b. 像游客一样住进你所在城市的青年旅舍或民宿，做游客会做的事。

c. 搜索最后一分钟的特价机票，来一次几天的即兴旅行。

d. 一起去做义工。

e. 找一个美丽的地方一起写生。

f. 如果附近没有亚热带海滩，可以去公共游泳池浮潜。

g. 每年先想好今年想去什么地方旅行，并利用各种机会帮孩子了解这个地方。例如有的学校会要求学生围绕某个话题演讲、写作文或做研究，你也可以鼓励你的孩子选择跟旅行目的地相关的话题。

h. 在一天的时间里关掉家里的水电，体验如何在没有水电的环境里度过这一天。

如果你去尝试这些想法，或是其他有创意的想法，我相信你的孩子也会有与“家庭间隔年”类似的体验。

陪伴就是最切实的爱

Q: 旅行这么长时间，孩子们的学习怎么办？

A: 我们是带着孩子的中英文课本和练习册出发的。孩子们接受过中国体制下的教育，很清楚在学汉语的时候要怎么记字词及其含义，怎么练习听写等等。在英语方面，我们使用美国一套在家教育的教材，里面把所有课程都安排好了，我们只要按部就班去学就行了。

我们在途中一般都是旅行两天，再花一天时间在青年旅舍做作业。这样我们也能喘口气，不必一直奔波，孩子们也因此学会在工作与娱乐中找到平衡。我往往一边在网吧更新博客，一边监督孩子们写作业，碧清则找点事让老三敏慧做。

孩子们会在等车的时候，或是在不怎么颠簸的长途大巴上写作业，分秒必争地利用时间。他们由此学会了自律，学会了为自己的学习负责。他们知道一旦做完作业，就可以尽情享受旅途中的各种活动了。

孩子们经过旅行会更喜爱学习地理、历史方面的知识，因为他们亲眼见过书上描述的地方。即使好几年过去，他们从书上看到那些去过的地方，内容依然会非常鲜活。

这趟旅行对孩子们学习的唯一负面影响是，他们学汉语的进度有些慢了，因为他们离开了汉语的环境，时间也只够做完练习册。

学习与工作、休闲与生活的平衡

穷游能锻炼、提升逆商

Q: 你怎么知道你的孩子已经够大，可以胜任所有的挑战了呢？

A: 说实在的，我们也不知道。间隔年开始的时候，我们最小的孩子敏慧只有 6 岁。但我们之前在中国短途旅行时，她也只有 4 岁。孩子一旦学会走路，就面临很多可能性。最重要的是要一步一步训练他们的耐力和面对逆境的能力。身为家长，我总是尽可能鼓励他们，在他们完成一些新任务时夸奖他们。有哥哥姐姐做榜样，敏慧往往很想跟他们竞争，不想落在后面。

有时我们对他们的要求确实太高了。在环游台湾岛时，有一次我们正努力骑车爬上一个陡峭的山坡，这时恩礼实在撑不住了，他把自行车丢在路边开始哭。当时我们意识到这件事对他来说太难了，于是只好放弃这个计划，坐下来吃一些美味的点心，互相讲笑话，享受在一起的时间，先休息一下再决定是否继续。这件事也让我们懂得要放轻松，免得这些活动对孩子造成负面影响，以致他们再也不想参加了。

每个孩子都是独一无二的。不管你的孩子现在能做到什么程度，最重要的是着手去做，他们的能力会随之提升。

Q: 如果孩子在途中生病或受伤该怎么办？

A: 我们带了一个小型急救箱，主要是为南美洲的旅行准备的，里面有抗生素、抗生素软膏、创可贴、肠胃药、抗过敏的药以及敏慧哮喘的药。为了预防亚马孙丛林里蚊虫的叮咬，我们也带了万金油和防蚊液。幸好我们大部分时间里都很健康，没有生大病或受重伤。我们也买了覆盖全世界的旅游保险。

Q: 孩子们如果发生争吵，要怎么处理？

A: 在间隔年里，我们的孩子们通常会为两件事争执，一是谁坐在或睡在父母旁边。我们住旅舍往往只有两张床，所以要么三个孩子挤一张床，要么有一个孩子跟爸爸妈妈睡，因为我们规定爸爸妈妈要在一起睡。除此之外，他们也常常为了谁吃得最多而争吵。旅行期间，为了品尝不同种类的食物，我们必须分着吃。为了节约开支，我们也不会点太多食物。所以孩子们改掉了挑食的毛病，只要有东西吃就很高兴。

孩子们争吵的时候，碧清通常是吼得比他们还要大声，但这样会让大家更烦躁。我的方法则是冷静地让孩子们坐下来，让他们说出感受。等吵架的双方都表达清楚到底是什么让他们觉得不公平，他们认为解决方案是什么，该有怎样的处分，我就会判断他们到底谁对谁错，还是两个都错或两个都没错，并据此执行处分。我会告诉他们，如果我们能冷静地把这件事谈妥，之后就可以大吃一顿。一提到食物他们就会立刻冷静下来，想办法解决争执，因为他们通常都饿着。如果他们吵得过于严重，我会把他们分开，再分别跟他们谈话。

Q：如果孩子们已经很累了，怎样才能鼓励他们继续往前走？

A：我们喜欢把体能锻炼与旅行结合在一起，所以孩子们通常都很累。我们有两种方法可以鼓励他们不要放弃。一是许诺他们走完某段路以后会奖励好吃的。我们一家对美食充满激情，在旅行的时候尤其如此。只要告诉他们坚持到最后就能吃到冰淇淋或一大盘菜，他们就有动力再走上 5 公里。

第二种方法是跟他们解释，旅行就像生活一样，既有我们享受的部分，也有我们必须忍受的部分，每个人都必须面对自己不喜欢的情况。我们会警告他们，如果他们继续抱怨，以后就不带他们出来背包旅行了。

Q：如果孩子在你很疲惫的时候想让你陪他，你会怎么做？

A：在南美洲期间，有一次我们已经累得筋疲力尽，于是在青年旅舍让孩子们自己去看西班牙语的哆啦 A 梦动画片，我和碧清则去睡午觉。孩子们并不介意这些节目是什么语言的。有时碧清很累，我就自己照管孩子，让她去网吧休息，或是去逛逛街、散散心。因为我们是自助旅行，所以累的时候可以在旅店休息，什么都不做。

Q: 间隔年里肯定会有压力很大的时候，你们是如何维持夫妻关系的？

A: 旅行是件很累的事，带着年幼的孩子旅行更是如此。偶尔我和妻子会两个人单独出去约会。在秘鲁伊卡市，有一次我们就把孩子留在青年旅舍玩牌，我们俩去附近喝了一杯皮斯科酸酒。住在彝族村的时候，我们会在晚饭后一起绕着村子散步，享受夕阳西下时分的美景。我们也会找时间一起为孩子以及我们遇到的人祷告。这些时刻可以修复我们的夫妻关系，把我们重新联结在一起。

\ 敞开心怀认识、尊重不同的文化

Q: 你们是如何定义“间隔年”的?

A: 不同的人对“间隔年”会有不同的定义。对我们来说，“间隔年”是暂时中断我们所习惯的日程，如上学、工作、做家务等等，同时去尝试一些不同的事情，一些你从未做过但一直想做，甚至过去不敢做的事。间隔年通常都会让我们离开自己熟悉的环境、文化和安全区去放眼看天下，我们也因而更加了解自己。“家庭间隔年”则意味着，我们在这期间有很多机会来重建夫妻关系、亲子关系、手足关系，孩子们也可以借此培养自己的智商、情商、品商和逆商。

Q: 要如何设计间隔年？考虑的重点是什么?

A: 首先要考虑的是，在什么时候安排间隔年。如果你在上班，理想时机是在结束一份工作之后、开始下一份工作之前。若有可能，也可以向公司申请停薪留职。如果你的孩子在上学，那么可以在毕业、升学之间安排，如幼儿园毕业升小学之前，或高中毕业升大学之前。如果你的孩子还在上小学，间隔年对他们学业的影响比初高中要小得多，在间隔年给他们补课的压力也会小很多。由于缺乏安全感，很多人会在离职之后立即投入新的工作。但过了五年十年再回过头看，你会发现间隔年对整个生活的影响，要远远大于当时它带来的经济压力。所以好好把握时机吧!

然后要考虑的问题是，间隔年要做什么。许多人觉得，间隔年是放眼看世界的大好机会。你也可以问孩子最想去什么地方，让他们和你一起研究这些地方。对另一些人来说，间隔年让他们有时间实现自己的梦想，比如写一本书、做义工，或是花更多时间陪孩子、配偶和父母。间隔年的好处就在于拥有无限可能性。

如果你决定至少拿出一部分时间来旅行，那就必须考虑地点，然后根据你的国籍考虑哪些地方的签证比较容易办理。如果有可能，尽量选择可落地签或免签的国家，这样就有更大的弹性。如果必须办签证，则要提前作计划。

在选择旅行目的地的时候，花费、语言和安全都是必须考虑的重要因素。有的国家消费水平较高，机票也比较贵。如果会说英语，大部分国家都可以去，但也要学一点生存必需的当地语言，如“厕所在哪里”、“多少钱”、“某某地方在哪里”以及数字等等。如果你会说几句当地的话，就等于打开了一扇门，有机会真正认识当地的人。至于安全问题，除了非洲和中东某些地区，世界上大部分国家都相对安全。

最后你要考虑如何实施计划。我通常会在出发以前看一些旅行指南，如《孤独星球》。通过这本书我可以粗略地决定要去哪些城市，并且了解到旅行和住宿的费用大概是多少。但我不会制定精确的旅行计划，因为背包旅行的乐趣之一，就是即兴、随性。我们也会先在自己的国家短途旅行，积累一些背包旅行的经验，并且规律地运动，提高身体素质。至于用钱，我更倾向于在自动取款机上取款，而不是使用现金或旅行支票，因为从取款机上提取外钞比较方便、安全，汇率也更公道。

千里之行始于计划

我们崇尚轻便出行，只携带最基本的必需品，如洗漱用品、防晒霜、一两套衣服、游泳用具、洗澡毛巾、帽子、凉拖、相机、瑞士军刀、手电筒、药、轻便的家庭教学材料、水瓶以及一本旅行指南。如果相机里没有空间继续储存照片，我们就找相关的商店把照片拷到光盘上。其他东西我们都在旅行过程中租用。

Q: 间隔年有没有什么负面影响?

A: 说实在的，我们想不出有什么负面影响。如果一定要说出一个，那就是尝试间隔年后会“上瘾”的。

虽然南美洲之旅已经过去好几年，我们还是会不断谈起在那里的一些令人激动的时刻与美好的回忆。我们已经对这种“旅行式生活”上瘾了。现在我们每年至少会旅行一次。即使住在昆明，我们还是喜欢像背包客一样出去徒步、骑车、吃东西。现在，我们已经上瘾到开始计划下一个间隔年要走丝绸之路去中东。

Q: 如果重新过间隔年，你会有什么改进吗?

A: 回顾经历，我认为有几个方面是需要改进的。

首先，去南美洲的时候我们应当在饮食方面做更宽的预算。虽然我们喜欢讲一些跟饥饿有关的有趣故事，例如我们怎样把盘子里最后一粒饭都舔干净，但不可否认孩子们每天都在运动，又正在长身体，需要吃更多东西。如果我们从一开始就知道菜市场的食物比餐厅便宜得多，就可以省下很多钱，不会一直觉得那么饿。

其次，我们会多找一些机会，一对一陪伴孩子。虽然我们一整年里每天都在一起，但大部分时候一家五口都一起待着。不必工作而可以去异域旅行意味着我们有很多空余时间，事实上可以一对一地陪每个孩子做一些有趣的事，让他们分别与爸爸妈妈建立更深的关系。根据我们的经验，如果我们能花些时间单独和每个孩子相处，这个过程培养出来的亲密感将远远超过同时和三个孩子相处。

第三，我们会将家庭教学的材料与旅行更紧密地结合在一起。虽然我们在出发之前让孩子们了解了这些地方，但其实还可以在旅行期间启发他们更深入地思考一些和当地历史、人文有关的议题，思考殖民者给南美洲原住民的生活带来了哪些影响，甚至思考南美洲每个国家应该如何发展才更有利于他们文化与环境的稳定。我们也可以多鼓励孩子为去过的每个国家和遇到的人祷告。

最后，我们会考虑将志愿活动和旅行结合起来。在我们去过的一些青旅，背包客可以在旅店打工赚取住宿费，并免费跟老师学习西班牙语和当地文化；他们也可以去有机农场当义工，学习可持续的农业栽培方式，同时在青旅免费住宿。在中国有一家网站提供了大量关于间隔年志愿活动的信息，网址是 www.freegapper.com。

能爬到教堂的钟塔令我难忘

6.2 孩子们的问题

Q: 间隔年里最令你们难忘的是什么？

A: 敏慧：我喜欢蹦极、攀岩、沙丘冲浪、在海上冲浪和露营。我喜欢吃牛油果、奇多点心、爆米花、美国的谷类早餐。在彝族村过生日很好玩，因为邻居家的孩子都来我们家了。在彝族村我喜欢骑我们的马萨尔塔，喜欢喂住在厕所里的小猪小甜甜。

恩礼：我喜欢温哥华的足球夏令营，也喜欢和外婆还有舅舅在一起。爬海拔 5100 米的雪山以及徒步旅行四天时，我觉得很好的一点是我手里一直有糖果吃，可以随时补充能量。我也喜欢学习生火，吹着火苗让它燃起来。我们的后院也很好玩，可以摘苹果，擦干净就能吃到最新鲜的苹果。村里杀了年猪之后会取出膀胱，把它洗干净，吹成一个球。这是猪身上最有趣的部分！

宛慧：我喜欢蹦极、沙丘、浮潜，喜欢一边泡温泉一边看火山等等。一路上难忘的时刻太多了。能见识不同的文化也很有趣，比如见识玻利维亚的圆顶硬礼帽。这是我们一家人在一起时间最长的一次，我们每天都在一起，因为爸爸不必去上班。此外还有很多难忘的事，比如我和爸爸大吵一架之后又和好，喝外婆做的牛尾汤，最后一次见到曾外公，和爸爸一起去买马，在爬山的途中一起烤土豆等等。

Q: 间隔年里最糟糕的时刻是什么？

A: 敏慧：因为地方太小，我和哥哥只能挤在一张床上，而姐姐有自己的床。我只有 6 岁，每天却要走很长很长的路，在南美洲没有一个地方是不用走路的。我不喜欢吃那么少，常常饿肚子，甚至连骨头都要分着吃。我还得背自己的背包。

恩礼：我不喜欢和妹妹睡，因为她在床上总是乱踢。奶奶给我们吃的维生素太多了。在美

徒步到 5000 米，已经到达耐力的极限

国我们要花很长时间开车去不同的人家里，我总是憋着不能上厕所。彝族村太冷了，我必须穿4层衣服，而妹妹有一次还穿了6层！晚上上厕所也很不方便，因为外面又黑又冷，狗也一直狂吠，猪还会随时来闻你的屁股。

宛慧：在南美洲的时候，我们到了新的城市总要晃荡很久，才能找到青年旅舍过夜，我不喜欢。

Q：有害怕过吗？

A: 敏慧：我最害怕的就是功课落后太多，等其他人都上二年级的时候我还在上一年级。妈妈说我太好动了，所以旅行的时候没做太多作业。我也害怕会饿死、走路累死、怕黑、怕从床上被挤下来、怕鲨鱼、怕被淹死、怕被抢劫。我怕鲨鱼是因为看过太多鲨鱼的电影。

恩礼：在秘鲁的菜市场我跟家人差点走散，那一次是我最害怕的时候。那个菜市场中央有一棵很大的树，那里有许多小摊在卖天竺鼠（这是南美洲的特色菜），周围还有很多小巷和摊位。当时我慌了，我问自己："爸爸在哪儿？妈妈在哪儿？他们为什么不在这儿？他们是在等我，还是把我落下了？我是应该留在这里，还是去找他们？"这些问题一直在我脑海中回响，我不知道该怎么办。冷静下来以后我想起来，最理智的做法就是留在原处，大声喊爸爸的名字，一边喊一边听。最后爸爸找到我了。因为我以前也跟他们走散过，所以这一次我没有到处乱跑。我知道如果我留在原处，爸爸妈妈最后一定会回来找我的。

Q：累的时候会做什么？

A: 敏慧：我睡觉，因为我只有6岁。如果有东西可以吃，我就吃，因为我很饿。

恩礼：我会在阴凉的地方坐下来找东西吃或喝水。我学着尽量不抱怨，保留精力，因为越抱怨就越累。但每个孩子都有自己的极限，过了这个极限就会崩溃。

宛慧：我会坐下来跟爸爸抱怨说"我累了"。如果这时已经是下午5点，爸爸就会自己去找青年旅舍，让我们坐在路边等。有时我们会因为太累而到不了目的地。食物是旅途中最大的动力，吃东西对我们来说就是休息。如果有东西吃，我们就不再觉得累了。所以爸爸常常会说：“好的，好的，我们很快就有东西吃了。”他经常用食物来贿赂我们多走一小段路。

Q:. 住在彝族村最大的困难是什么？

A: 敏慧：天气太冷了，我们必须用冰冷的水洗脸。我穿 6 层衣服：一件 T 恤、一件长袖衫、一件长毛衣、两件小外套还有一件大外套。吃饭的时候，火坑上的烟会被风吹进我眼睛里，我必须把这些烟吹走，否则就会咳嗽。我的数学老师也是小学校长，他非常严格，我很害怕上数学课。

恩礼：在村里，有个不好的老师是很麻烦的。如果你有个不好的老师，考试就很难考好。在我们班里，每个人的语文成绩都在 80 分以上，但由于数学老师不太上心，大多数人的成绩都在 60 分以下。冲淋浴太冷了，因为没有热水，所以我两个星期才冲一次澡。

宛慧：我们住的地方只有一个客厅和一个房间，我们全家的东西都放在里面。这里既没有电视也没有沙发。我所有的课本都堆在一个小凳子上，我们还要在外面吃饭。因为天气很冷，我穿了 4 层衣服，最里面那两层我绝不换掉，除非是在每两个星期冲澡的时候。虽然茅坑不像公共厕所那么臭，但却在猪圈旁边，而且里面有很多蛆和蜘蛛。我每次上厕所都要带卫生纸，否则就只能从挂在茅坑旁的旧课本上撕下一页擦屁股。有时我会觉得如果能多吃点肉会更好。

Q: 跟父母旅行让你们学到什么？

A: 敏慧：我尝到了两脚酸痛、饥肠辘辘的滋味。我学会了说西班牙语，会用西班牙语问“厕所在哪里”，这样就不用比划了，那样会觉得很不好意思。我也学会了把第二天要穿的衣服叠好、放在枕头边，这样第二天一起身就可以一溜烟地穿好衣服，因为我们每天都要起很早。

恩礼：我学会了带很少的衣服去旅行，同时随身携带地图、词典、银行卡。旅行最好结伴而行，

家的味道是什么？是一起同甘共苦的温馨

这样会比较安全，也比较有趣。如果有东西吃就使劲吃到饱，因为你不知道什么时候能吃下一餐。我也懂得了每种文化都是独一无二的。在玻利维亚波托西的银矿里，矿工们在地面上敬拜基督教的上帝，在地下却敬拜撒旦，因为他们相信上帝统治地上世界，而撒旦则统治地下世界。另外，每个地方都有美味的特色小吃，以及非常美丽的景色。

宛慧：我吸取了教训，知道车子上下山颠簸的时候不要在车上写作业，因为我会晕车呕吐。我学会了以最快的速度将所有衣服整理好丢进背包，这并不难，因为我的衣服很少。我懂得了一起分享食物会更美味，虽然会很心疼。另外要尽量去菜市场吃饭，不要去餐厅，因为菜市场的小吃分量大、好吃而且便宜。我认识到亲身去一个地方了解它的文化，跟通过电视了解是截然不同的，这是非常酷的经历。我明白了参加蹦极这样的冒险活动不必害怕。在旅行过程中我也意识到，家庭时间是很重要的，和探险一样有趣。将来我一定会再次和家人、朋友一起去旅行。

Q：你们喜欢旅行还是喜欢待在家里？是否会觉得家里的生活太过平淡？

A：敏慧：我更喜欢旅行。在家的时候，我会写作业、看书、惹哥哥生气——因为这样很有趣。无聊的时候我会看电影或玩电脑游戏。

恩礼：去旅行比一直留在一个地方更有趣。在家的时候我会写作业，而生活还是一切照旧。在日常生活中我也会尽量找一些有趣的事情做，比如一家人一起去运动、玩图版游戏、骑车去不同的地方、一起做饭、一起读故事书。我很期待一年一度的穷游，比如今年我们要去柬埔寨。

宛慧：以前我以为我可以一直旅行，但随着年龄的增长，我发现我也喜欢待在家里。最好是花三分之二的时间旅行，三分之一的时间待在家里。如果在家的日程安排可以一成不变，或者如果我忙到没时间去想这些，那我也会习惯待在家里的。但去旅行的时候我总是特别兴奋。

七年之后我们再度出发，丝绸之路一年之旅，我们来了。

从流浪到归家

蒋烨华 著

不是每个困惑都有答案，

不是每段旅行都能圆满。

不是每场抗争都有结果，

不是每次寻找都有收获……

本书作者也是这样一个80后IT小青年，忙碌又单调的生活让他感到迷茫。他虽然自称是一个基督徒，但身上却看不到上帝雕琢的痕迹。他决定出走，去外面的世界看一看，寻找生命中有关真理、自由、真爱的答案。他一路向西，经过四川、云南、西藏，然后又在喜马拉雅腹地转了个圈，一路行走，遇到很多和自己有相同迷茫的人，他们彼此开导，却最终在黑暗中迷失。直到有一天，在尼泊尔的边境，他遇到一个充满上帝之爱的牧师，他身上散发出光芒。当他靠近光的时候，曾经在黑暗中难以寻见的答案，逐渐地变得清晰。

人生休止符：家庭安息年得力之旅

林为千 蒋佩蓉 著

林为千先生是职场上的成功人士，妻子蒋佩蓉女士是著名畅销书作家。多年来，他们在职场与教会中殷勤服侍，可有一天他们发现自己陷入了“精疲力尽”的忙碌、茫然、盲目状态！为了找回最初对上帝的爱与火热，他们毅然而然地辞去工作，带着孩子踏上了环游世界的探险之旅。上帝会如何带领他们？他们如何胜过心灵的忙乱而重新得享安息？在以色列，他们又会有什么样的收获？

作者简介

林为千先生毕业于美国麻省理工学院，是微软创投加速器创始人。蒋佩蓉女士是著名畅销书作家，毕业于美国麻省理工学院，曾供职于世界著名跨国公司，并成功创业。佩蓉集中美教育专家、儿童成长力培训专家、国际商务礼仪培训专家等诸多称谓于一身，然而最让她津津乐道的却是先生的好太太、三个孩子的好母亲。著有《佩蓉的妈妈经》《佩蓉教孩子学礼仪》《给孩子一个间隔年》等畅销书。

图书在版编目（CIP）数据

不上班，不上学，陪孩子穷游到地极 / 苏哲彰，吴碧清著．-- 北京：中国文联出版社，2015.7
ISBN 978-7-5190-0134-6
Ⅰ．①不… Ⅱ．①苏… ②吴… Ⅲ．①游记—作品集—中国—当代 Ⅳ．① I267.4
中国版本图书馆 CIP 数据核字（2015）第 177094 号

不上班，不上学，陪孩子穷游到地极

著　　者：苏哲彰　吴碧清
出 版 人：朱　庆
终 审 人：奚耀华　　　复审人：李　民
责任编辑：刘　旭　　　责任校对：傅泉泽
整体设计：门乃婷工作室　　　责任印刷：陈　晨

出版发行：中国文联出版社
地址：北京市朝阳区农展馆南里 10 号，100125
电　话：010-65389137（咨　询）65067803（发行）65389150（邮购）
传　真：010-65933115（总编室）　65033859（发行部）
网　址：http://www.clapnet.cn
E-mail：clap@clapnet.cn　suj@clapnet.cn

印　刷：北京盛兰兄弟印刷装订有限公司
装　订：北京盛兰兄弟印刷装订有限公司
法律顾问：北京市天驰洪范律师事务所徐波律师
本书如有破损、缺页、装订错误，请与本社联系调换

开　本：710 × 1000　　1/16
字　数：230 千字　　　印张：21.5
版　次 2015 年 9 月第 1 版　　　印次：2015 年 9 月第 1 次印刷
书　号：978-7-5190-0134-6
定　价：58.00 元